权力之治：人工智能时代的算法规制

Regulation of Algorithms in the Age of Artificial Intelligence

张凌寒◎著

上海人民出版社

序一
算法时代的规制理论与实践

算法时代，算法技术的广泛应用带来了社会生产效率的极大提高。算法加持下，海量信息中轻轻点击即可获得自己最感兴趣的内容，自动驾驶汽车自动识别路况解放司机，行政流程变得顺畅迅捷……此时技术乐观主义成为了主流，甚至有学者断言人本身就是一种“生物算法”。然而，算法的外部性风险也随着其嵌入人类社会的广度与深度不断增加而累积。推荐算法造就了信息捕猎者（information shark）的天堂，政府决策者被算法所“俘获”，风险识别工作本身就交给了算法，甚至算法利用人的生物弱点与内心欲望来控制“自由意志”，正如赫拉利所言“在算法入侵之前，时间不多了”。

面对这个既是最好也是最坏的时代，张凌寒的《权力之治：人工智能时代的算法规制》讨论了在人工智能时代算法如何成为权力并如何应对，回答了一系列算法治理的问题：算法是什么，算法如何成为权力，算法权力运行在社会各领域的影响，以及规制算法权力的工具。本书第一章介绍了算法的概念和规制溯源，并剖析了算法的技术逻辑与在社会各个领域的应用广度与深度，作为算法规制理论研究的起点。第二、三章研究算法如何嵌入社会架构成为新兴权力，即算法权力规制的制度框架。第四章到第七章分别探讨了算法权力嵌入社会权力架构的典型代表场景，如搜索引擎、社交媒体、行政活动与司法活动等。第八章到第十二章则从平台治理、政府监管、个人赋权等角度探讨算法权力规制的具体制度，并梳理与总结了国外的制度实践。这是一部内容丰富翔实，框架清晰且富含洞见的力作。

人类对技术的立法态度经历了促进、协调、应对的历程，对技术立法的态度也经历了"经济面向"到"经济+社会面向"的转变。面对技术对人类社会的巨大作用，人类思维的主流模式对技术的认知倾向是"仅仅以经济学和经济史的术语来对待这一问题"。如工业革命期间，鼓励科技发明及其经济利用的专利法——通过授予发明人以专利权和相关的财产、人身利益，以便极大地刺激和鼓励科技发明和经济应用，英国借以成为最早的工业强国。我国在改革开放后也提出了"科技是第一生产力"的论断，还先后制定了《科学技术进步法》和《促进科技成果转化法》，在微电子、生物技术和新材料等新领域又形成新一轮"技术—经济"高峰。此时对于技术的规制理论，集中于探讨分配社会财富、分配生产损害，鼓励与促进技术与社会发展的层面。

算法时代，这种早期延续对于技术的膜拜，促成一种技术统治乃至技术垄断的技术意识形态后果。算法早期在证券交易领域的运用成为人类作出金融决策最快的方式，算法应用者通过算法技术的应用攫取了大量财富。然而随着算法逐渐嵌入社会生活的各个领域，并被平台用来在经济生活中扮演引导协调和组织各种生产要素的角色，甚至被广泛应用于政府公共部门进行行政管理活动，算法

"大数据杀熟"、算法歧视、外卖骑手"困在系统里"等现象相继涌现，这即是风险社会理论家贝克称之为"工业社会的自反性"或"自反性现代化"，即"生产力在现代化进程中的指数式增长，使风险和潜在自我威胁的释放达到了前所未有的程度"。

本书既探讨了在科技立法的"经济面向"下，法律将算法作为一项科技的网络与版权法的立法模式；也讨论了在人工智能时代，算法科技嵌入社会权力运行而形成的"算法权力"现象。对社会经济与政治资源分配的巨大权力，使得算法丧失了其清白无辜的面目，产生了算法权力异化的现象。在人工智能传媒、内容分发、电商平台、社交平台、搜索算法、公共服务（包括政务、司法等）、交通（无人机、自动驾驶）等领域，算法不仅接管了人类的决策权，甚至有取代人类决策之势。这导致了一种"计算主义"新思潮：似乎世界不过是由计算或信息流构成的。这种信息简化主义世界观，引发了有识之士对"技术致死"的忧惧：如果我们的道德、伦理和公共事务等问题被所谓的技术重构，变得这样简单可控，那么世界究竟会变成什么样？此外，算法基于它在认知能力上的发展而具有与人的相通性，还带来了棘手的重新塑造"人与人造物关系"的全新课题。而本书不仅进行了算法规制具体场景的讨论，也尝试回答这一全新课题。

算法无论从研发还是应用，都包含了巨大的共享和协同需求，同时也蕴含了巨大的共享和协同价值，还暗含新时代的普惠追求。一方面算法科技立法的研究应仍然致力于促进人工智能科技的经济意义，助力我国的对外国际竞争和对内消除贫困；另一方面必须引入和提升人工智能科技社会规范。这是极为急迫而重要的。世界范围内已经开始产生大数据、人工智能与竞争政策的新问题，出现了数据驱动型、算法驱动型的反竞争行为甚至是垄断行为。本书正是在这个意义上，探索算法时代规制理论与实践问题，既是一本系统的学术性著作，也可供实务部门和学生阅读。

龙卫球
北京航空航天大学法学院教授、博士生导师、
教育部长江学者特聘教授

序二

今天，我们从事的所有事情几乎都与算法有关。每个人都与算法有着不解之缘，有些人在使用算法，有些人被算法所使用。每个人都是算法的受益者，但同时也有可能是受害者。毫无疑问，我们已经生活在算法社会。就日常生活而言，算法可以帮助我们节省时间和精力，比如网上搜索工具、网上银行以及智能手机的程序等。而期待中的数字个人助手可以整合各种适合我们的信息，并且预料我们会有什么样的需要。从经济的角度来看，机器学习算法可以刺激创新和生产增长。有研究表明，用于机器学习算法的大数据能够为很多行业带来增长点，诸如广告业、医疗卫生、基础设施、物流、交通运输，等等。

算法权力已成为社会、媒体和社会科学中一个熟悉的话题。越来越多的人认为，算法使不平等现象自动化，算法是复制种族主义的有偏见的黑盒子，或者算法控制了我们的金钱和信息。在这些讨论中，一个不言而喻的共识是，算法中渗透着规范性，而这些规范性塑造了社会。因此，许多评论家、学者和政策制定者都呼吁确保管理我们生活的算法是透明、公平和负责任的。如果要让算法造福于人类而不受其所害，就必须要对算法进行规制。

在这个意义上来说，张凌寒教授的《权力之治：人工智能时代的算法规制》一书的问世恰逢其时。本书对算法的规制问题作了系统而深刻的研究，是她多年来在智能科技与法研究领域辛勤耕耘得来的成果。本书可以粗略地分为三个部分。第一部分为基本概念和背景，内容涵盖算法的概念与应用现状、算法规制的溯源与演进、算法权力的兴起与异化，以及算法权力治理的制度框架。第二部分探讨了算法在一些重要部门的应用及其规制，包括搜索引擎的算法责任、社交媒体内容的算法治理、算法嵌入行政活动的正当程序控制、司法活动中的算法应用规制、平台监管的算法问责制，以及《电子商务法》中的算法责任及其完善。第三部分分析了与算法规制相关的几个问题，诸如算法解释权制度，算法决策与人的主体性，以及域外算法规制的制度与实践。纵览全书，这是一本内容翔实，文风简洁，适合知识大众阅读的专著。

正如她在书中所写的，算法这个古老的数学程式，在电脑时代本来只是由编程员编写的一些电脑程序，但人工智能时代的算法已经能够通过自学改进和完善自己。它们接受的数据越多，读懂人的行为的概率就越大，在人工智能的路上就更进一步，尽管我们目前还无法判断在这条路上走下去是好还是坏。算法嵌入了社会运行的诸多层次，在新闻媒介、数据保护、司法审判、行政部门等领域发挥广泛作用。算法变得重要的根本原因是数据成为了社会生产要素，而算法决定了数据的价值。无论是算法设计，即设计者编写算法决策代码，并输入数据使算法自主学习，优化决策流程的行为，还是算法部署应用，即网络平台等企业在其平台之上部署应用算法的行为，算法在不同层面影响着个人与社会生活。

为了更好地理解算法权力，有必要分析算法工具如何重塑国家、私营公司和公民之间的权力关系。在过去十多年中，社会生活的许多领域都感受到了算法的力量。不管是用“信息权力”“阐释权力”“数据权力”，还是“心理权力”来定义，很明显，算法的嵌入性及其在社会过程中的潜在作用需要得到充分认识和认真对待。这意味着需要把算法看作是权力在社会中行使的一种形式。而且，还必须认识到，算法并不是简单地拥有古典意义上的权力，比如以主权的方式施展权力。相反，算法构成了政府和企业的控制技术。它们为那些试图在集体和个人层面上推敲、操纵或管理行为的技术提供了“可操作的见解”。

故此，我们应该超越算法解释的技术品质。这意味着，我们不应该仅仅专注于技术问题：“什么是算法？”相反，还必须关注涉及算法社会功能的问题。它们是如何工作的？出现在哪些领域？它们对我们的行为有什么影响？政府如何利用它们来治理社会？平台如何通过算法引导用户行为、侵害消费者隐私，从而影响市场秩序与社会公平？通过提出这些问题，我们可以更深入地了解算法在社会中的具体部署方式。张凌寒教授的这本书对这些问题都作了详细探讨。

事实上，人们已经在规制算法方面做了不少有益的尝试。比如，建立严格的监督机制；达成更严格的访问协议；签署数字管理的道德规范和指定信息管家；在线跟踪个人对信息的再利用；选择退出功能；设定访问时限；未经同意不得向第三方出售数据；等等。也有寄希望于算法问责的努力。比如，2019 年美国国会议员提出《算法问责法案》，拟对用户在 100 万人以上的平台公司进行算法审查；《减少用户虚假经历法案》和华盛顿州《算法透明度法案》也先后问世。对于平台进行“算法问责”的立法努力、行政和司法实践在不断推进。算法问责是一个庞大的工程，是一项全球性的事业，需要理论家和实践者、律师、社会科学家、记者等多方面的共同努力。也有人认为提高消费者的认识能力才是最关键的规制要素，因而寄希望于对消费者的教育，即提倡提高公民的信息素养、数字素养和数据素养，并且发展出让消费者拥有更大控制权的机制。

当然，这里的核心问题仍然是技术。如果能设计出一种元算法，用以对抗算法的负面作用，或者找到一个允许透明和评估结果的框架，并对算法“价值链”有一个广泛的理解；或者建立起一种算法社会契约；又或者能解决设计上的困难，一开始就将伦理规则写入具体算法，这些美好的愿望无疑都是算法规制的理想图景，它们会鼓励人们努力寻找算法规制的最佳途径。然而，不可忽视的是技术的局限、人性的微妙、社会关系的复杂和利益的强大力量。最终，我们能在何种程度上规制算法，仍然需要拭目以待。这本书是一个理解算法规制复杂性的非常重要的开端。

於兴中
美国康奈尔大学法学院王氏讲席教授

目　录

CONTENTS

前言

算法：从数学到黑箱

究竟何为算法？这是算法规制理论研究的起点。从数学意义上说，算法是通过各种步骤得到计算成果的方程式；从生产意义上说，算法是收集处理数据、挖掘数据价值的生产工具，也是人工智能时代平台的架构和运行方式；从社会意义上说，算法成为了支配数据流动的权力。而由于算法的不透明性，算法被作为决策的“黑箱”而受到诟病。

一、数学意义上的算法

Algorithm（算法）一词源于阿拉伯数学家 al-Khwarizmi 的名字。从数学的角度来定义算法，是通过一系列步骤，用输入的数据得到输出的结果。[1] 现代算法的应用以计算机为载体，以二进制为运算机制，发展出了排序算法、傅立叶算法、哈希算法等，被广泛应用于排序、匹配、加密等多种途径。[2] 算法看似是艰深的数学概念，实际上在计算机科学家看来，通过一系列步骤，用输入的数据得到输出的结果就是算法的本质。从这个意义上来说，一份祖

[1] *See* Gillespie T., *The relevance of Algorithms*, Pablo J. Boczkowski, Media Technologies: Essays on Communication, Materiality, and Society, MIT Press, 2014, p. 167.

[2] 参见［美］克里斯托弗·斯坦纳：《算法帝国》，李筱莹译，人民邮电出版社 2014 年版，第 132 页。

传的食谱，一项招生政策，甚至人早上起床后决定穿什么出门的思维过程，都是具备了输入、输出、明确性、有限性和有效性要素的算法。[1]

算法主宰了数据的收集、处理和输出的全生命周期。因此，算法的相关法律制度在立法中常以“数据处理活动”存在，如有立法文件中将数据“处理”定义为“从数据生成和提取到实际数据的存储和转换的整个动作序列”[2]。数据处理方法都遵循 IPO（输入，处理，输出）模型——数据作为输入进入系统，进行处理，然后将其保留为输出。处理过程是将一个过程指定为一系列不同的处理步骤的操作处理序列，目的是通过对数据输入的连续转换来获得所需的结果。换句话说，IPO 系统中的任何数据处理都基于某种算法。为了通过处理数据来解决特定的问题，不仅必须正确地实现算法，而且还必须有效地使用该算法。算法的运算结果与算法设计、算法部署及应用有关。实际上，“算法”经常被与专家系统、代码、软件程序等词同义混用。无论如何评价“算法”一词在现代计算机科学中的重要性都不为过。

二、生产意义上的算法

数字经济背景下，数据作为生产要素参与分配，算法就是收集处理数据，挖掘数据价值的生产工具。算法变得重要的根本原因是数据成为了社会生产要素，而算法决定了数据的价值。

[1]［美］克里斯托弗·斯坦纳：《算法帝国》，李筱莹译，人民邮电出版社 2014 年版，第 21 页。

[2] 欧盟《通用数据保护条例》（GDPR）第 4 条第 2 款。

平台类型的演进实质是算法技术的演进。无论何种类型的平台，掌握的算法越先进，就越能在数字经济的时代取得和巩固竞争优势。例如，2006 年美国视频平台 Netflix 推出了百万美元大奖，奖励打败原有个性化推荐算法的队伍，后因此取得长足发展。这使得算法是平台“竞争必备工具”的理念深入人心。同时算法也可以维护平台巨头企业的商业优势。例如谷歌新闻以算法自动化推荐代替人工编辑，由于新闻领域舆情更新频率极高，要求算法不断累计数据重建架构，谷歌为此投入了大量基础设施，价值高达数十亿美元，使得其他平台企业无力与之抗争。字节跳动公司的崛起也普遍被认为是头条和抖音的推荐算法取得了竞争的成功。

平台是数字经济时代最重要的社会生产组织，而算法深入到平台业态的技术逻辑层面。除了平台提供的底层计算力量、云计算服务等底层技术服务，以及支付、物流等有较多的硬件设施和人类工作参与的服务（实际上依靠算法进行资源分配与计算），其他多个技术层次本质上都是算法这一生产工具不同的应用形式。具体包括以下几种：

第一，平台的架构是算法。算法作为平台自动化运行默认基础架构也可被称作“商业模式”，其本质上是平台通过算法架构设定的，链接资源的方式。早在莱斯格的《代码 2.0》一书和桑斯坦的《助推》一书中就指出，代码（算法）搭建了网络空间架构，建构和引导了用户行为。在数据经济的时代，大规模、自动化地从数据主体身上提取数据流的平台架构与算法，发挥着生产资料加工厂的作用。通过用户画像和用户行为预测，自动化处理从人身上提取的数据流。平台发挥着信息时代精炼厂的作用，将这些数据流转化为最适合工业规模开发的形式。[1] 淘宝、脸书、美团等智能互联网时代的平台，均通过算法搭建的架构形成调配社会经济资源的多边市场。用户通过知情同意进入到平台系统，平台由此获得了算法自动运行的合法性。

第二，应用程序也是算法，被模块化组装到平台上，并用技术来塑造用户习惯与价值观。这些以应用模块为形态的算法可表现为平台新闻推荐算法、用户信用评分机制等多种形式，可被随时搭载于平台，也可被随时卸载。以脸书与抖音等社交媒体为例，其可通过算法根据网络信息的兴趣标签、质量标签等以及用户的阅读习惯、浏览记录等，抽象出标签化的文章模型和用户模型，并经过排序、分类、关联和过滤，自动筛选出有效信息，进行长期、短期等多种模式的用户画像。微信即以小程序的方式搭载第三方多种算法应用程序。

第三，平台的规则和纠纷解决机制也是算法。平台内部规约、对用户的评分机制，以及对商家与用户的纠纷解决机制的流程，都是算法。尤其值得注意的是，用户在维权的时候经常被告知这是算法的自动运行的结果，而没有更改的权利。平台算法控制力因素往往被用户的自主选择或知情同意修辞所遮蔽，同时用户一旦进入智能平台的服务架构，就放弃了自己对于自身数据、隐私和虚拟物品的真正控制力，成为了被平台算法计算和分配的资源。

第四，意识形态是算法对网络信息内容推送的结果。算法推荐的基础价值在于海量信息的甄选，核心价值在于内容的精准分发，

[1] Cohen, Julie E. *Between truth and power: The legal constructions of informational capitalism,* Oxford University Press, USA, 2019, p. 68.

关键价值在于观点的洞悉反馈，终极价值在于意识形态的强化和引导。算法集合用户的数据为用户画像，为用户贴上高度精炼的标签。算法将筛选过的信息精准推送至用户，满足个性化需求，使得“千人千面”的信息传递模式成为现实。同时，算法收集用户接收定制信息后的行为数据，勾勒出用户媒介消费行为的图谱，对用户进行更为系统、全面的参数分析，重组已有知识架构以优化自身性能。无论社会共识是否达成，公众都在潜移默化的过程中参与了议题讨论、重塑了社会认知。算法成为了塑造意识形态的新路径、新手段，并更为直接、便捷、高效。

三、社会意义上的算法

算法通过对数据的占有、处理与结果输出，演化为资源、商品、财产、中介甚至社会建构力量。[1] 在人工智能时代，数据同时具有自然属性和社会属性，这表现为数据既是算法计算和运行的对象，又是社会利益的载体。有学者将数据承载的信息视为社会权力的基础，认为一方主体通过占有信息并控制另一方主体获取信息的渠道和程度，同样可以构成前者的权力来源。[2] 算法已经嵌入了社会运行的诸多层次，在新闻议程、金融、司法审判、行政部门等领域发挥广泛作用。

算法决定新闻可见性，主导了网络上的新闻议程。社交媒体庞大的用户基数和高度的用户黏性，使得其通过算法治理平台成为一

[1] See Sandra Barman, *Change of State: Information, Policy, and Power,* The MIT Press, 2006, pp. 11—12.

[2] See B. H. Raven, *Power and Social Influence,* California University Los Angeles, 1964.

种必然选择。算法通过选取新闻、把关新闻、定向推送新闻等控制了社交媒体的新闻生态。正如有学者指出："用户生成的平台上的内容规模和与人类节制相关的成本是算法流程吸引平台的原因。然而，考虑到这些平台所发挥的关键功能，算法还会带来新的复杂性。"[1] 算法的滥用可能导致用户权利和公共利益受到严重损害，甚至成为谋利的工具。

算法应用于司法审判部门，开始主宰人的自由权利，并引导司法权力的行使。2016 年，美国的"卢米斯诉威斯康星州"（Wisconsin v. Loomis）案引发了广泛关注，卢米斯认为法院使用的 COMPAS 量刑算法对其进行了种族歧视。[2] 从 20 世纪 90 年代起，算法即已逐步开始应用于域外的司法实践。[3] 算法技术对司法实践的作用可分为三个层次：支持、取代和颠覆。[4] 就算法在司法实践中的应用而言，算法技术正在逐步超越提供技术支持的影响，开始取代法官判案等司法活动，甚至以独特的方式对司法活动产生更深的影响。

算法嵌入行政活动，不仅大大提高了行政效率，更通过预测型算法来决定行政资源的配置。自 20 世纪 50 年代起，自动化决策即

[1] Tufekci, Zeynep, Jillian C. York, Ben Wagner, and Frederike Kaltheuner. 2015. *The Ethics of Algorithms: From Radical Content to Self-Driving Cars*. Berlin, Germany: European University Viadrina. https://cihr.eu/publication-the-ethics-of-algorithms/, 2020-12-26 accessed.

[2] 卢米斯案件中，被告对再犯风险预测算法（COMPAS）参与量刑裁判是否符合正当程序提出了质疑，州最高法院虽然认可了算法在此案中应用的合理性与正当性，但同时也提出在司法中使用风险评估算法应提供充足的程序性保障措施。

[3] 如美国华盛顿州从 20 世纪 90 年代开始即使用算法预测评估青少年犯罪风险。

[4] Tania Sourdin, *Judge v Robot?: Artificial intelligence and judicial decision-making*, 41 University of New South Wales Law Journal, pp.1114—1129 (2018).

开始被应用于政府的公共行政。数字政府的兴起依赖算法自动化决策的技术，开展行政检查、行政裁量、甚至行政处罚活动，以预测调配资源的方式，嵌入了政府的行政治理中。自动化决策带来了效率优化、流程简化等实益，却给传统行政活动带来改变与风险。传统的决策约束程序如通知、公告、评论、参与、回避、异议、救济等旨在避免决策武断和恣意、保证决策可信和正当的制度架构，在算法决策面前均显失灵。治理层面尚未探索出一套行之有效的机制，建立治理层面的技术信任。

算法主要通过两个步骤层次对社会和个人产生影响：第一层是算法设计，指设计者编写算法决策代码，并输入数据使算法自主学习，优化决策流程的行为；第二层是算法部署应用，指网络平台等企业在其平台之上部署应用算法的行为。这两个层次可能合而为一，也可能分离。例如，电商平台既设计算法也部署和应用算法，通过个性化推荐算法为用户推荐商品，两个层次合而为一。又如，科技企业设计算法（如门诊系统），医院部署应用算法，通过两个分离的步骤层次提高医院门诊的效率。第一层的设计者和第二层的部署应用者对算法都具有较高的控制力，能够预测算法决策结果并作出算法决策的解释。相应地，法律对于算法造成的不利法律后果，评价对象为人在算法的开发或部署行为中是否存在过错，以确定算法开发者或部署者的法律责任。

当今的智能算法已经从单纯的技术化“工具”逐步升级为不透明的复杂自主性体系，并通过嵌入社会权力结构发挥作用。因此，算法的合理规制必然要求对智能算法的地位与本质予以深入理解，并警惕算法被滥用造成的风险，以应对算法对公民权利、政治权力体系等造成的冲击。

第一章

算法规制的溯源与演进

算法从互联网时代即已产生并成为法律规制的对象，其法律地位随着技术发展不断演进。在互联网 1.0 时代，法律沿用传统手段应对算法引起的不利法律后果，算法仅具有技术上的意义；在互联网 2.0 时代，算法规制经过了从调整算法设计到调整算法部署和运用的迭代，算法也从产品化的算法演进为工具化的算法。

第一节　互联网 1.0 时代将算法作为普通技术

互联网 1.0 时代具体指网络发展的前期，互联网作为信息传输的渠道，主要特征是“联”。此时算法技术刚刚开始利用互联网传输数据的速度优势，改变传统行业的运行规则，如算法直接运用于证券交易，以及利用自动内容分发算法影响互联网信息传输。

一、规制原因：算法技术初现于法律视野

法律规制算法应用的事件最早发生于 1987 年。华尔街的证券交易商托马斯·彼得非用构造分层算法来模仿证券交易员的操作，分层算法包含了交易员在决策时要考虑的全部因素。因为电脑运行算法、核实价格和执行交易所用的时间远远少于人为操作，因此彼

得非获得了巨大的利润。[1] 纳斯达克交易所注意到了彼得非在当时非同寻常的交易速度、稳定性与利润率，因此派出调查员到其交易所，发现了世界上第一台装有全自动算法交易系统的 IBM 电脑。这套算法交易系统自动读取纳斯达克交易数据，全权决定并执行交易，再将交易单传回纳斯达克终端。

纳斯达克交易所面临的问题是：在没有相关规则的前提下，用算法代替人进行交易是否合法？最终纳斯达克交易所并未回答此问题，而是沿用原有规则要求必须通过键盘打字逐条输入交易指令。但是彼得非用了六天时间造出了自动化打字手柄，由手柄敲击键盘以保证交易速度，规避了此条规则。随后的二十年中算法自动交易系统逐渐统治了华尔街。

此时的法律并未将算法作为在设计法律制度时需要考量的对象，而是仅从技术的角度来讨论算法技术应用的行为是否合法。换句话说，此时算法仅仅具有技术上的意义，并不享有法律为其设定的规则。

二、调整方式：沿用传统严格责任制度

自动算法交易系统的险些夭折，充分显示了互联网 1.0 时代的法律滞后性，法律规则并未作出因应性调整，而是沿用传统规则。这也同样体现在网络服务提供者的侵权责任认定规则的发展历程中。网络服务提供者用算法来处理、排序用户上传的海量信息，而这其中可能含有侵害著作权的文件。网络服务提供者没有进行人工逐一严格审查而被诉侵权。1995 年美国立法主张对网络服务提供

[1] [美] 克里斯托弗·斯坦纳：《算法帝国》，李筱莹译，人民邮电出版社 2014 年版，第 22 页。

者适用关于传播媒介的版权法规定，承担直接侵权的严格责任。德国法院早期的判决也认为网络服务提供者有义务确保任何侵犯版权的行为不会在他的服务器中发生。[1] 这一规定加重了网络服务提供者的法律责任，遭到了强烈反对。

三、算法地位：仅具有技术上的意义

在互联网 1.0 时代，算法尚未得到法律的针对性调整。算法应用与人的行为被法律合并评价，即采用传统规则来应对算法的应用。此时算法仅仅具有技术上的意义，而不具有法律上的地位。这种规制模式带来两种截然相反的后果：其一，法律放任算法在某一领域的应用，导致算法应用的这一领域得到蓬勃发展进而颠覆了整个行业。其二，法律用对行为人的评价机制来评价算法应用，忽视了算法应用的特点，阻碍了技术和行业的发展。这些都为互联网 2.0 时代法律的变迁提供了驱动力。

第二节　互联网 2.0 时代将算法作为中立的技术

互联网 2.0 时代大约始于 2000 年，主要特征是“互”。网民之间和网络与网民之间实现了“点对点”的互动，每个网民都可以成为信息来源，网站的角色更多从提供信息变成了提供网络服务。互联网 2.0 时代，法律逐步建立起一套完整的原则、规则与制度，来调整算法造成的不利法律后果。

[1] 王迁：《论“信息定位服务”提供者“间接侵权”行为的认定》，载《知识产权》2006 年第 16 期，第 11—18 页。

一、升级原因：互联网产业发展的抑制效应

彼时由算法引发的不利法律后果的情况，多是网络服务提供者提供算法（软件或程序），供用户或自身使用，后造成对第三方的损害结果。此阶段尤以版权侵权案例居多。WEB 2.0 技术的应用和普及，使原来自上而下的网络服务提供者集中控制主导的信息发布和传播体系，逐渐转变成了自下而上的由广大用户集体智能和力量主导的体系。[1] 经过反复理论探讨和实践探索，立法者逐渐认识到，原有的严格责任制度造成了互联网产业发展的抑制效应，以《美国数字千禧版权法案》（DMCA）为里程碑，美国法律对网络服务提供者的著作权侵权责任归责原则经历了从“严格责任”到“过错责任”的转变[2]，以减轻网络产业的负担。

二、调整对象：算法设计

网络服务提供者设计出算法后，或者提供给用户使用，或者在自身网站上使用。算法如在这两种情况下产生不利法律后果，法律均只评价网络服务提供者在算法设计阶段有无侵权的故意，如果没有则无需承担直接侵权责任。如 2002 年著名的 Grokster 案，被告公司开发的 P2P 软件（算法）被用户使用从事版权侵权活动，多家唱片公司起诉被告指控其提供软件并获利，应承担侵权责任[3]。但

[1] 胡泳：《众声喧哗：网络时代的个人表达与公共讨论》，广西师范大学出版社 2008 年版，第 116 页。

[2] 王迁：《信息网络传播权保护条例中“避风港”规则的效力》，载《法学》2010 年第 6 期，第 128—140 页。

[3] *See* Metro-Goldwyn-Mayer Studios, Inc. v. Grokster, Ltd., 545U. S. 913 at948 (2005).

法院认为，P2P 软件具有“实质性非侵权用途”，不能推定两被告提供软件的目的是帮助用户进行版权侵权，因此不承担侵权责任。

即使是网络服务提供者自身使用算法造成了不利法律后果，法律也倾向以算法设计时的主观过错状态为标准，判断其是否构成侵权。如 2006 年百代公司诉阿里巴巴案中，涉诉的算法应用为搜索蜘蛛程序“自动在索引数据库中进行检索及逻辑运算，以链接列表的方式给出搜索结果”[1]。阿里巴巴辩称其只是提供了搜索和链接服务，由第三方网站提供歌曲，因此自己并无侵权故意。据此，法院认定被告涉案行为不构成对信息网络传播权的直接侵权。案件经二审后维持原判。

以上案例均显示，在互联网 2.0 时代，法院将算法设计作为调整对象。从时间节点上，法院只评价算法设计时是否具有侵权的故意；从因果关系上，只考察算法设计是否造成了损害结果，而不将算法应用造成的损害结果作为判断要件。

三、调整方式：技术中立与间接责任

互联网 2.0 时代，秉承既往索尼案确立的技术中立原则，逐步发展出间接侵权责任制度，以减轻网络服务提供者的负担。技术中立的规则得到了国际广泛认同，关于在提供深层链接[2]、提供信

[1] 见北京市高级人民法院《(2007)高民初字第 1201 号民事判决书》。

[2] 如美国、澳大利亚等国版权法学界与实务界均认为，提供指向侵权文件站点的链接并非“直接侵权”。有关搜索链接行为法律性质的认定，以及对于信息定位链接行为不是“网络传播行为”、不构成“直接侵权”的结论，在国际上是高度一致的。参见梁志文：《论版权法之间接侵权责任》，载《法学论坛》2006 年第 5 期，第 100—107 页。

息定位服务[1]、提供空白搜索框[2]等多项技术的应用时是否构成侵权，这些问题均会引起一波理论探讨热潮，但最后各国学者一般均认为这些算法应用并不构成网络服务提供者的直接侵权。正如学者指出，如果将一项特定技术作为版权立法的依据，由此产生的规则很难经受技术发展的考验，因此技术中立原则是立法所必须遵循的原则。[3]

法律责任的设置则根据算法设计时主观过错不同区分直接侵权与间接侵权。[4]《美国数字千禧版权法案》以及欧盟《电子商务指令》均一致认定"帮助侵权"规则的前提：网络服务商没有监视网络、寻找侵权活动的义务，此规则在我国也得到了相关判例的认

[1]"信息定位服务"提供者一般有监视被链接信息内容的能力。因此，在早期的网络侵权诉讼中，法院通常会基于"信息定位服务"提供者没有发现并及时制止他人利用自己的服务实施侵权而推定其至少存在过错，应当承担侵权法律责任。但随着信息网络技术的飞速发展，法院这一"过错推定"的做法极大地影响了网络服务业的发展。法院澄清适用于网络环境的"帮助侵权"规则。美国《千禧年数字版权法》以及欧盟《电子商务指令》均一致规定：网络服务商没有监视网络、寻找侵权活动的义务。对此，尽管我国尚未有法律明确承认这一规则，但相关判例却认可了该规则。

[2]"空白搜索框"的搜索模式是，"信息定位服务商"通过设置搜索框向用户提供其所选定的关键词的搜索链接。在这种搜索模式下，搜索引擎按照用户输入的关键词进行自动查找并列出指向第三方网站或其中文件的链接，用户选择输入什么样的关键词直接决定了其搜索信息的精确性，而不能决定该搜索出的信息是否侵权。换句话说，它可以搜索出任何内容，搜索出的信息既可能是侵权的，也可能是公有领域的信息，或者经权利人许可传播的不侵权的内容。因此，从这种意义上说，"空白搜索框"是一个中立的技术工具，具有"实质性非侵权用途"。

[3]王迁：《"索尼案"二十年祭——回顾、反思与启示》，载《科技与法律》2004年第4期，第59—68页。

[4]参见梅夏英、刘明：《网络侵权归责的现实制约及价值考量——以侵权责任法第36条为切入点》，载《法律科学（西北政法大学学报）》2013年第2期，第82—92页。

可。[1]这充分体现了，算法运行后，网络服务提供者只承担运行环境的安全保障义务。当算法应用造成了不利后果时，网络服务提供者只承担未尽到注意义务的间接侵权责任。

四、算法地位：产品化的算法

将算法设计作为调整对象，确立技术中立原则和间接责任体系，体现了算法作为技术产品的法律地位。算法一旦“生产完毕”，其部署和应用即不再对侵权行为的认定产生直接影响。如此，一方面能够鼓励技术发展，另一方面能减轻网络服务提供者为算法应用和部署承担的责任，促进互联网产业的发展。纵观互联网 2.0 时代的诸多知识产权领域的经典案例，基调是各国立法者和司法者疲于应对层出不穷的最新算法技术。

第三节　平台时代算法工具化规制下的平台责任扩张

2008 年之后，互联网 2.0 进入自己的平台时代，大型网络服务提供者演化为网络平台并逐渐崛起[2]。如果说互联网时代的关键词

[1] 2006 年百代唱片公司起诉阿里巴巴提供的音乐搜索服务侵害了其知识产权。阿里巴巴公司辩称其提供的搜索服务是由搜索蜘蛛程序从互联网自动完成的，用户可以下载歌曲是因第三方网站提供了歌曲，而阿里巴巴只是提供了搜索和链接服务。据此，法院认定被告涉案行为不构成对信息网络传播权的直接侵权。案件经二审后维持原判。此案系典型的内容搜索算法造成不利的法律后果，受害方起诉网络服务提供者承担侵权责任。涉诉的算法应用为搜索蜘蛛程序“自动在索引数据库中进行检索及逻辑运算，以链接列表的方式给出搜索结果”，见北京市高级人民法院《(2007)高民初字第 1201 号民事判决书》。

[2] 互联网平台，也被称为互联网服务提供商。相关研究可参见周汉华：《论互联网法》，载《中国法学》2015 年第 3 期，第 20—37 页。

是“互”，平台时代的关键词则是“融”。网络平台逐渐超越了互联网服务提供者的角色，成为了网络空间规则的制定者和执行者。算法实质上主宰了网络空间的日常运营，其角色和地位的变化催生了一系列理论与实践的变化。

一、升级原因：平台私权力的崛起

互联网平台经济大规模崛起，脸书、推特、阿里巴巴、腾讯等一系列大型互联网公司快速崛起，社交类平台和电商平台迅速升温。平台影响日益深远，网络空间成为了虚拟场域。在此虚拟场域中，算法实际上承担了网络空间的日常治理任务。对网络交易中的违法行为或自媒体中的失范言论，网络平台拥有最便利的发现和限制能力，是成本最低的违法行为的控制者。为加强对网络空间的监管与治理，实践中立法与司法逐渐摒弃了算法作为“技术产品”的中立性法律地位，通过加强平台与算法之间的关系，要求平台承担法律责任。

二、调整对象：算法设计与算法部署应用

在网络平台时代，法律的调整对象除了算法设计，也扩张至平台对于算法的部署和应用。当算法的不利法律后果发生后，法律不再秉持技术中立理念。除了考察算法设计的行为外，也要求平台对算法部署和应用的不当承担法律责任。

2015 年，国家工商总局发布《关于对阿里巴巴集团进行行政指导工作情况的白皮书》[1]，直指阿里巴巴纵容平台用户销售侵权和

[1] 参见赵鹏：《私人审查的界限——论网络交易平台对用户内容的行政责任》，载《清华法学》2016 年第 6 期，以下简称《白皮书》。

违禁商品。虽然未直接启动行政处罚，但这一行为仍然引发阿里巴巴的市值在四天内蒸发 367.53 亿美元，并导致针对阿里巴巴的证券欺诈诉讼等连锁反应。国家工商总局在《白皮书》中指出阿里存在"涉嫌在明知、应知、故意或过失等情况下为无照经营、商标侵权、虚假宣传、传销、消费侵权等行为提供便利、实施条件"，而这种便利和帮助是由阿里部署的算法所提供的。自动分类、提供搜索工具算法，帮助消费者搜索相关产品和服务，客观上帮助了违法行为的实施。

无独有偶，国外的学者也不再坚持技术中立，而是认为平台通过算法的部署对交易产生了重大影响。"网络交易平台的角色已经远非如单纯信息传送通道一样消极和中立，它们在商品和服务展示、交易规则安排、商品和服务评价、商户信用评价等方面均扮演了非常积极的角色。这些积极的角色增加了用户已有内容的价值并在很大程度上塑造了交易秩序"。[1]

三、责任方式：平台责任扩张

对于算法造成的不利后果，在沿用网络服务提供者的间接侵权责任制度外，世界各国均加强了网络平台的责任，以调整平台对算法的部署和应用。从时间节点上，平台承担法律责任从"设计开发时"延伸至"算法应用产生损害结果时"。从因果关系上，不再局限于算法设计与损害结果的因果关系，而是扩展至算法部署和应用与损害结果之间是否存在因果关系。

[1] *See* Hogan B., *The Presentation of Self in the Age of Social Media: Distinguishing Performances and Exhibitions Online*. Vol.30, Issue 6, Bulletin of Science, Technology & Society, pp.377—386 (2010).

除了世界各国要求电商平台就不当的算法部署和应用造成的违法交易承担法律责任外，2016 年以来很多国家开始要求社交媒体平台主动承担监控义务，对用户上传的恐怖、色情、仇恨等非法内容加强监管并承担法律责任。[1] 我国国家网信办提出要强化网络平台的主体责任与社会责任。[2] 平台责任制度在世界范围内广泛应用。

四、算法地位：工具化的算法

互联网 2.0 时代，网络平台不仅要对算法的设计负起责任，同样也要对算法在部署和应用中产生的不利法律后果承担责任。此种规则的设置隐含了将算法作为网络平台工具的假设。换句话说，此种法律规则默认平台不仅能够控制算法设计，也能够控制算法的应用过程和结果。以算法部署和应用作为调整对象，设置网络平台责任，是公权力治理网络空间力有不逮的无奈之举，也是对网络平台技术权力扩张的因应性变革。但是，要求平台为算法部署和应用的不利后果承担责任，可能存在以下隐患：其一，尚无评判算法部署和应用是否合理的法定标准，平台责任范畴模糊，往往以违法行为

[1] 2017 年 6 月德国联邦议会正式通过《改进社交网络中法律执行的法案》(简称《网络执行法》)，于 2017 年 10 月 1 日起正式生效。在此法律下，脸书等注册用户多于 200 万的社交媒体有义务及时删除、屏蔽“显而易见的非法内容”，包括仇恨性言论、诽谤及煽动暴力等内容。http://finance.sina.com.cn/roll/2017-07-01/doc-ifyhryex5667798.shtml，2017 年 7 月 15 日访问。印尼要求社交媒体关闭宣扬极端言论的账户。印尼通信部长警告社交媒体不关闭激进内容账户将被阻止共享。http://finance.sina.com.cn/roll/2017-07-01/doc-ifyhryex5667798.shtml，2017 年 7 月 12 日访问。

[2]《网信办提出网站履行主体责任八项要求》，载《新华每日电讯》2016 年 8 月 18 日第 3 版。

数量巨大来论证平台过错。其二，仅仅设置平台责任无法涵盖算法的全部应用范围。在社会公共管理中算法也存在广泛应用，对于这类部署和应用的不当，平台责任无法覆盖。

纵观算法规制的历史，算法的法律地位随着互联网的时代变迁和技术发展而进化。从仅具有技术意义的算法到具有法律意义的算法，法律对于算法的地位功能假设也从产品化的算法迭代为工具化的算法。相应地，从沿用传统规则到技术中立原则，再到平台责任的加强与扩张，法律规则也应对算法功能地位的变化做出了因应性的调整。随着智能时代的来临，大数据和深度学习算法技术的进一步发展，原有的法律规则已无法应对算法地位功能的进一步发展，新的算法规制在算法技术的发展下呼之欲出。

第二章

算法权力的兴起与异化

第一节　人工智能时代算法的演进

人工智能时代，智能算法超越了以计算机程序为主的形式，[1]以大数据和机器深度学习为基础，具备越来越强的自主学习与决策功能。以 Alpha Zero、自动驾驶汽车、犯罪风险预测系统为代表，两千多年前亚里士多德畅想的根据人类需求自行工作的工具逐渐成为现实。[2]时至今日，算法已经深度嵌入社会生活，从新闻推送到手机导航，从预测治安风险调配警力到辅助法官量刑，算法逐渐在教育、执法、金融、社会保障等领域接管人类让渡的决策权。

一、人工智能时代的本体化的算法

人工智能时代，随着大数据和深度学习技术的发展，以及算法在互联网平台和社会治理中的广泛应用，法律调整的对象发生了变

[1] 算法与程序、应用、软件等意义相近的词汇经常被混淆，三者既有区别又有联系：首先，算法的步骤是有限的，目的是解决问题，而程序可以无限循环。其次，算法用计算机语言描述后成为程序，程序是算法在计算机上的实现。一个或多个程序的集合就成为了软件。例如，字数统计的算法用程序的形式体现在 WORD 软件里，而 Office 软件又是 Word、Excel 等多个软件的集合。因此从技术意义上讲，算法描述更为准确和接近本质。参见［美］克里斯托弗·斯坦纳：《算法帝国》，李筱莹译，人民邮电出版社 2014 年版，第 45 页。

[2] 参见颜一：《亚里士多德选集（政治学卷）》，中国人民大学出版社 1999 年版，第 5 页。

化，算法的法律地位进一步演进。

（一）调整对象的增加：算法自主决策

在互联网时代工具化算法的情况下，算法经由人的设计开发、部署应用等行为发挥效力。例如，在电商平台上，对搜索算法和推荐商品算法的设计开发和部署应用这两个步骤决定了用户可以收到怎样的商品推荐结果。医院委托科技企业进行算法（门诊系统）开发，进而使用算法以帮助提高效率。开发者和使用者对算法都具有较高的控制力，能够预测算法产生的后果并对算法决策结果给出解释。相应地，法律对于算法造成的不利法律后果，评价对象为在人对算法的开发或部署行为中是否存在过错，以确定算法开发者或部署者的法律责任。

随着大数据算法的技术迭代以及部署和运用的平台化，基于数据的技术运算迅速成长为一种拥有资源配置的新兴社会力量。[1]算法逐渐脱离了纯粹的工具性角色，而有了自主性和认知特征，甚至具备了自我学习的能力。这使得算法对现实社会和个人发生效力的流程在算法设计（指设计者进行初始编码，进行开发算法的训练数据和管理的行为）、算法应用和部署（指网络平台部署应用算法的行为）之外，增加了一步，即算法本身自主决策。换句话说，算法作为决策者，其决策原因和推理过程对于人类而言处于“黑箱”之中。智能算法的自主决策，使得算法从提高效率的“工具”上升为“决策者”。[2] 2016 年的 Loomis 案件中，被告人认为法院使用

[1] *See* Diakopoulos, N., *Algorithmic Accountability: Journalistic Investigation of Computational Power Structures*. Vol.3, Issue 3, Digit Journal, pp.398—415 (2015).

[2] Ben Wagner, *Efficiency vs. Accountability? — Algorithms, Big Data and Public Administration*. https://cihr.eu/efficiency-vs-accountability-algorithms-big-data-and-public-administration/, 2017-12-14 accessed.

的 COMPAS 算法对其进行的犯罪风险评估包含种族歧视，起诉要求评估该算法。[1] 对被告发生法律效力的算法则经过了公司的算法开发行为、法院算法的部署行为，以及算法自动决策三个层次。算法的黑箱使得算法决策过程和因素不被人所理解，并且算法决策作为单独的步骤，与人的行为相分离。

（二）算法地位的演进：本体化的算法

算法的法律地位随着算法自主决策能力越来越强而演进，算法已经从平台的工具演变为具有自主决策能力的“决策者”，成为本体化的算法。本体化的算法的效力，体现在算法的自主决策一方面不可被人类完全理解和解释，另一方面具有直接的法律效力。算法甚至直接扮演了执法者的决策角色，如美国联邦寻亲处的算法错误地将 56 岁的瓦尔特·福尔摩认定为“拒付抚养费的父母”，而直接给其开出了定额 20.6 万美元的抚养费罚单。[2] 算法与人的行为的分离，其法律意蕴在于人的行为与引发的责任的分离[3]，传统的人的行为——责任的逻辑链条被算法的自动决策所切断。

同时，算法借由私营平台和社会公共部门，深度嵌入社会运行，实现了无孔不入的构建、干预、引导和改造。算法在接管人类

[1] 2016 年，一名叫 Eric L. Loomis 的被告人被判处了 6 年有期徒刑，部分原因是 COMPAS 认定他为“高风险”。Loomis 认为法官对量刑算法的依赖侵害了他的法定诉讼权益。他提出审查 COMPAS 算法的请求，被威斯康星州立法院驳回，提交给美国最高法院后也于 2017 年 6 月宣告诉讼失败。参见《红星专访美国机器判案法院：机器说你有罪，你果然有罪》，http://3g.163.com/news/article/CK3OKBQF0514ADND.html，2017 年 12 月 7 日访问。

[2]［美］卢克·多梅尔：《算法时代：新经济的新引擎》，胡小锐、钟毅译，中信出版社 2016 年版，第 87 页。

[3] Gillespie，T. *Algorithms*（*digital keywords*）.（2014）available at http://culturedigitally.org/2014/06/algorithm-draft-digitalkeyword/, 2017-12-8 accessed.

让渡的决策权。有学者指出，私营企业和政府公共部门采用算法和大数据作出的自动决策，影响涉及一系列公民财产权利与人身权利，一旦发生决策错误，却缺乏有效的救济渠道。这种情况被学者称为“算法暴政”[1]。智能算法基于其不透明性和自主性逐渐脱离了工具化的范畴。长久以来，工具化的算法如信用评价算法和保险精算算法等，它们由人设计应用并可以提供具体决策解释。而智能算法通过数据自主学习生成决策，在应用中反客为主，甚至成为“算法权威”——即可以指导人类行为和决定信息的真实性。[2]进而，在其不透明的决策过程中形成了算法黑箱，形成了算法与人类之间的技术支配关系。普通民众被算法技术统治却浑然不知也无力抵抗，如被算法解雇的中学教师、被犯罪预警系统过度执法的有色公民、被基金模型盘剥的底层民众等，这些算法被数据科学家凯尼·奥尔西称为数学毁灭武器。[3]

智能算法基于不透明性和自主性产生的规制问题引起了学界的关切。规制的目的既包括促进算法的合理应用以增进人类福祉，也包括避免算法的滥用向恶的方向发展。目前，实务界和学术界提出了增强算法透明度、配置算法解释权、设立专门监管机构[4]等方案。这些方案具有一定针对性，但其隐含的假设仍是将智能算法作

[1] Lepri B & Staiano J, Sangokoya D: *The Tyranny of Data? The Bright and Dark Sides of Data-Driven Decision-Making for Social Good*, Transparent Data Mining for Big and Small Data. Springer International Publishing, 2017: 3—24.

[2] *See* Lustig & B. Nardi, *Algorithmic Authority: The Case of Bitcoin*, 2015 48th Hawaii International Conference on System Sciences, Kauai, HI, 2015, pp. 743—752.

[3] *See* O'Neil C, *Weapons of Math Destruction: How Big Data Increases Inequality and Threatens Democracy*, Broadway Books, 2016, p. 134.

[4] *See* Treleaven P & Barnett J & Koshiyama A., Algorithms: Law and Regulation, Vol.52, Issue 2, Computer, pp. 32—40 (2019).

为“工具”进行规制。实际上，当今的智能算法已经从单纯的技术化“工具”逐步升级为不透明的复杂自主性体系，造成了人工智能时代算法规制的困境。

二、人工智能时代算法规制的困境

本体化算法的不可解释性对现有的法律责任体系难以适用，本体化算法也对社会的结构性嵌入以及对传统的场景化规制提出了挑战。这些使得原有的民事间接责任加平台责任模式不敷适用，并造成了平台运行与公众利益的隔离，这些问题驱动算法规制再次迭代。

（一）算法的不可解释性对现有法律责任的逃逸

在现行的法律责任制度中，平台公司往往主张拒绝对算法设计、部署和应用的不当承担责任。原因在于：第一，平台可以主张用户通过平台服务协议对面临的算法自动化决策知情同意[1]，因此基于算法对用户造成的损害无需承担责任。第二，算法决策的使用者一般主张算法错误为客观“技术错误”而非主观错误，因此无需承担侵权责任。而以普通民众的技术能力证明其使用的算法确实存在嵌入的偏见和数据的滥用极不现实。自动化决策实际上是根据数据得出的一个运算结果，包括平台公司也只能看到输入的数据以及得出的结果，而对中间的运算过程则一概不甚明了。第三，用户如果请求平台提供自动化决策的解释，自动化决策算法的平台公司都可以商业秘密为抗辩理由拒绝公开决策的内容和理由。即使在支持数据控制者对用户有一定信息披露义务的欧洲，适用于自动化决策

[1] 胡凌：《人工智能视阈下的网络法核心问题》，载《中国法律评论》2018年第2期。

的算法访问权限的限制，尚未在欧洲各地法院的判例中得到普遍的明确适用。[1]

（二）算法嵌入性结构扩张导致场景化规制的困境

算法对除平台以外的社会结构实现深度的结构性嵌入，仅以平台责任作为规制算法的路径，存在以下困境：（1）以具体人和公司为调整对象的法律体系，仍适用于具体算法应用场景，规制效率较为低下。当数据流动共享机制和复杂的算法生态形成后，场景化规制则捉襟见肘；（2）算法的使用已经逐渐脱离平台系统，尤其是在进入公共部门应用于社会治理时，一方面公共部门没有和平台一样程度的算法控制能力；另一方面系统性损害风险增大。如 2007 年 4 月，来自私营公司的程序员将 900 多条不正确的规则植入美国科罗拉多州的公共福利系统，而由于程序员缺乏相关的背景知识，导致误读法律致使成千上万的人遭受不公平的对待。这些错误包括把“无家可归”解读为“行乞为生”，导致一位失去住所流落街头的 60 岁妇女在申请增加食品券数量时遭到多次拒绝，原因是系统认定其为“乞丐”。最终为了绕开错误，资质审查人员不得不输入虚假数据。[2] 算法嵌入性的结构扩张，使场景化的规制手段已无法充分保护公众权益。

[1] 例如，英国议会上议院的讨论中也对 1998 年数据保护法案中“逻辑关系”与“商业秘密”概念存在争议。See “Official Report of the Grand Committee on the Data Protection Bill”（*Hansard*, 23 February 1998）（UK Parliament - House of Lords 1998）, http://hansard.millbanksystems.com/grand_committee_report/1998/feb/23/official-report-of-the-grand-committee#S5LV0586P0_19980223_GCR_1，2017 年 8 月 2 日访问。

[2] Pasquale F. *The black box society: The secret algorithms that control money and information*. Harvard University Press, 2015, p.120.

（三）算法平台化运行与公共利益的隔离

在人工智能时代，公共领域和私人领域的界限早已被模糊。即使是私人公司开发和使用的算法，也往往承载了公共利益价值。例如，私营公司谷歌开发的 google flu 算法可以预测疾病的爆发，具有极强的公共卫生价值。2018 年脸书的用户隐私数据被私人公司算法用于美国竞选的事件也充分说明，私人公司的行为早已承载了公共利益的价值，甚至直接影响了政治走向。

然而，算法搭载于商业开发，往往作为公司专有产品和服务的一部分，这种情况下规制算法有干预商业自由之嫌；这使得算法权力受到现有制度的保护，甚至直接造成了公共利益的损害。引起广泛关注的“大数据杀熟”事件使消费者受到价格反向歧视，无法享受平等公开的商业服务。同样，在脸书的数据泄漏事件中，剑桥分析始终表示“我们没有破解脸书或违反任何法律”[1]，可见现行对公司有关算法和数据的法律规制远远无法保护公共利益。

以上分析显示，现有法律对算法的场景化规制、责任平台化、标准私益化等问题应对不足，根据算法的技术性优势和结构性特征尽快升级算法规制迫在眉睫。

第二节　算法权力的兴起与基础

在人工智能时代，万事万物皆可数据化生存，数据即是信息与社会利益的载体。由于海量数据所需的算力超出人工计算能力，社

[1] 相反，剑桥分析还表示，它的政治部门 SCL Elections 公司是从一家公司获得的授权数据，这家公司是通过脸书提供的工具获取数据——这是“当时的普遍做法”。http://36kr.com/p/5128498.html，2018 年 6 月 20 日访问。

会资源的分配权力不得不逐渐让位于算法。这使得算法逐渐脱离了数学工具的角色，并与数据资源结合成为了重要的新兴社会力量。这种力量如何从法律上进行界定，又以何种方式运行并产生效力，成为了进一步讨论算法规制的前提。

一、智能算法的本质与权力化趋势

智能算法作为本章讨论的对象，不仅包括源代码，也包括算法运行的计算网络，以及算法赖以决策的大数据，它们共同通过算法决策产生社会影响。除了第一章提到的算法的部署和应用两个层次外，智能算法的技术发展催生了算法发挥效力的新的层次：算法的自主决策。智能算法根据大数据进行自主学习生成决策规则，其不透明性与自主性导致人类无法窥知算法决策的具体过程，使算法成为调配社会资源的新兴力量。这主要体现在：

第一，算法通过对数据的占有、处理与结果输出，演化为资源、商品、财产、中介甚至社会建构力量。[1] 在人工智能时代，数据同时具有自然属性和社会属性，这表现为数据既是算法计算和运行的对象，又是社会利益的载体。有学者将数据承载的信息视为社会权力的基础，认为一方主体通过占有信息并控制另一方主体获取信息的渠道和程度，同样可以构成前者的权力来源。[2]

第二，算法直接变为行为规范，影响甚至控制个体的行为。正如美国学者莱斯格在《代码即法律》中所指出的那样，代码是互联

[1] *See* Sandra Barman, *Change of State: Information, Policy, and Power,* The MIT Press, 2006, pp. 11—12.

[2] *See* B. H. Raven, *Power and Social Influence,* Carlifornia University Los Angeles, 1964.

网体系的基石，它有能力通过技术手段规范个人行为。[1] 以滴滴出行平台为例，这种看似松散的连接乘客与汽车租赁、驾驶服务的平台，却实质上拥有比传统出租车公司更强的权力——订单的分配和接受、行驶路线的指定、费用的支付与收取、司机与乘客的评分等活动，均按照算法规定的程序进行。

第三，算法辅助甚至代替公权力，作出具有法律效力的算法决策。公权力或高度依赖算法的事实认定功能（如人脸识别、交通监控），或依赖算法辅助决策和法律适用。[2] 在某些领域，算法已经可以直接作为决策者作出具体行政行为。如我国智慧交通体系的建设中，算法可以直接对监控查获的交通违法行为处以罚款。[3]

基于此，智能算法调配资源的力量使其形成了一种事实上的技术权力。权力是社会学和哲学领域的重要概念，凡是特定主体拥有的足以支配他人或影响他人的资源的能力均可称之为权力。[4] 技术作为一种征服自然和改造自然的力量，本身没有价值取向，也不

[1]［美］劳伦斯·莱斯格：《代码：塑造网络空间的法律》，李旭等译，中信出版社 2004 年版，第 14 页。

[2] 司法部在《“数字法治、智慧司法”信息化体系建设指导意见》中提出，2019 年年底要基本建成“数字法治、智慧司法”信息化体系，形成“大平台共享、大系统共治、大数据慧治”的信息化新格局。参见王丽：《站在全面依法治国的高度　全力推进智慧司法建设》，http://www.legalinfo.gov.cn/index/content/2018-10/30/content_7680145.html，2018-11-03。

[3] 例如，智慧交通体系中，高清监控系统、远程控制系统是辅助性的算法系统，而车内人脸对比系统和机动车查缉布控系统则具有直接开具罚单的能力。参见佚名：《赋能大数据构建智慧交通生态体系》，http://www.rmjtxw.com/news/dsj/40968.html，2019-04-22。

[4]［德］尤尔根·哈贝马斯：《作为“意识形态”的技术和科学》，李黎、郭官译，学林出版社 1999 年版。

具有权力的属性。[1] 但如果技术对人的利益能够直接构成影响和控制，技术便失去了纯粹性而具有了权力属性。[2] 在算法权力对于数据、人的行为和公权力资源的调动能力等方面上，其属性和实现形式具有区别于其他权力的独特之处。正如法国哲学家福柯提出的“无所不在”的现代权力范式，算法权力区别于政治学中自上而下的操纵和支配，强调的是权力在实际运作中的网络结构化和弥散性。[3]

更重要的是，算法的权力化源于其在技术上摆脱了“工具”地位。在技术上，算法的不透明性产生了不可控性。比如搜索引擎的网页排名算法提供信息的过程并不透明，其提供的信息一定程度上决定了人对于具体问题的认知，[4] 微软的人工智能聊天机器人在推特（Twitter）上进行交互学习后，竟发表了同情纳粹的言论。[5] 算法技术的失控趋势被学者称为“算法未知”，[6] 即机器自主学习意味着算法对于人类来说太复杂而难于理解。这种技术上的不可控性使得算法与人的行为分离，导致人的行为与引发的责任的

[1] 参见刘永谋：《机器与统治——马克思科学技术论的权力之维》，载《科学技术哲学研究》2012 年第 1 期。

[2] 参见梅夏英、杨晓娜：《自媒体平台网络权力的形成及规范路径——基于对网络言论自由影响的分析》，载《河北法学》2017 年第 1 期。

[3] 陈炳辉：《福柯的权力观》，载《厦门大学学报（哲学社会科学版）》2002 年第 4 期。

[4] *See* Galloway R. Protocol：*How Control Exists after Decentralization,* 13（3—4）Rethinking Marxism，Vol.13，Issue 3—4，pp. 81—88（2001）.

[5] *See* Daniel Zwerdling：*Internet Trolls Turn A Computer Into A Nazi*，https://www.wnyc.org/story/internet-trolls-turn-a-computer-into-a-nazi/，2018-06-04.

[6] *See* Tufekci Z. *Algorithmic harms beyond Facebook and Google: Emergent challenges of computational agency*，Vol.2015，Issue 13，Journal on Telecommunications and High Technology Law，p.203（2015）.

分离，[1]传统法律中“行为——责任”的逻辑链条被算法的自动决策切断，从而使传统的规制手段无法有效作用于算法系统。算法摆脱了可以被人类控制的“工具”的地位而产生权力化趋势。

二、算法权力的基础与特征

算法权力来自算法的机器优势、架构优势与嵌入优势。基于机器优势，算法可以掌控调配大数据并进行深度自主学习；基于架构优势，算法搭建复杂生态系统架构用以控制人的行为；基于嵌入优势，算法借助资本与公权力的力量直接影响社会权力的运行。基于这些优势，算法权力呈现出跨越性与隔离性的特征。

（一）算法权力的基础

算法权力的基础之一为机器优势。机器优势首先体现在算法对大数据资源的计算能力上，其迫使人类因无法应对海量数据计算任务而逐渐交出决策权。机器优势也包括深度自主学习能力，使得算法可以从既往数据中自主测试和自我改善，甚至可以“生产”知识。[2]新兴的社会以互联网为中心，社会最基础层面流动的不是物质生产而是信息。算法作为确定信息流动的力量，操纵了人类获取的知识。

算法权力的基础之二为架构优势。架构优势指算法通过搭建复杂生态系统架构获得的对人类行为的支配力量。系统架构可以产生权力。技术性的系统架构本质是政治性的，能够产生驱动人类行动

[1] *See* Gillespie T.，Gillespie：*Algorithm for Biochemical Reaction Simulation,* http://www.docin.com/p-1358567873.html，2017-11-20.

[2] *See* Deleuze G & Guattari F，*Anti-Oedipus: Capitalism and Schizophrenia,* 37 Telos，pp.242—248（1978）.

的权力，对此恩格斯曾指出纺纱工厂的机器比任何资本家更为专制。[1]算法技术搭建的系统架构对人产生权力的路径可以用亚马逊公司的“混沌存储算法管理仓库”来描述。在这种仓库中，算法将物品按照货架空间和物品体积的匹配程度进行分配，工人只能依靠算法定位物品，行为受到算法支配。[2]人工智能时代，算法构建了诸如电商平台、社交媒体等不同的系统架构，用户通过“通知同意”进入系统架构后，行为即受到算法支配。同时，算法系统架构可以内在生发和延伸，进一步通过架构收集用户数据，并可在多个生态系统之间共享数据以持续对用户产生影响。[3]

算法权力的基础之三为嵌入优势。嵌入优势指算法结构性嵌入社会权力运行系统，借助经济与政治权力实时干预人的行为，从而对社会进行无孔不入的构建、干预、引导和改造。在经济领域，算法嵌入平台重构了消费者、平台与服务提供者之间的关系。在算法下探至每笔交易贯彻平台交易规则，并对违约者即时处罚；[4]在政治领域，算法可实时收集数据并持续运行，达到预先设定的规制目标，与公权力的实施具有高度契合性，并极大地增强了公权力运行的广度、深度和效率。基于此，算法可以为治理对象量身定制并设置难以计数的场景化规则，并以极小的执法成本应用于任何规模的

[1] 参见中共中央马克思恩格斯列宁斯大林著作编译局：《马克思恩格斯选集》，人民出版社2012年版，第97页。

[2] *See* Tufekci Z., *Algorithmic Harms Beyond Facebook and Google: Emergent Challenges of Computational Agency,* 13 Journal on Telecommunications and High Technology Law, 203 (2015).

[3] 参见胡凌：《论赛博空间的架构及其法律意蕴》，载《东方法学》2018年第3期。

[4] 参见戴昕、申欣旺：《规范如何“落地”——法律实施的未来与互联网平台治理的现实》，载《中国法律评论》2016年第4期。

监管对象。例如，在自动驾驶技术中嵌入代码，就可以事前禁止酒驾、超速等违法行为。可以预见，算法权力通过嵌入社会权力运行体系，将以“持续控制形式”渗入日常社会互动中的微观层面。[1]

概言之，算法通过机器优势争夺人类的决策权力，基于架构优势框定了人的认知和行为模式，并借助嵌入优势指数级扩张其影响，从而反过来规制、塑造社会运行方式。

（二）算法权力的特征

基于机器、架构与嵌入优势，算法权力具有了以下特征：一是跨越性，包括跨越网络和物理空间、跨越公私两个领域；二是隔离性，即算法权力与民众理解和现有法律体系的隔离。

一方面，算法权力具有跨越性。这表现为：第一，跨越性第一层含义指算法权力横跨了制度化权力与非制度化权力。[2] 制度化权力普遍存在于公权力体系中，但非制度化权力随着网络的发展而兴起。例如，网络平台凭借其占有的生产要素、技术形成某种权力，并以此为圆心辐射出多重非制度化的社会关系。在非制度化的权力领域，算法借助算力和架构成为控制资本流动和网络言论的非制度化权威。在制度化权力领域，算法权力因算法在公共部门中的应用被公权力收编，成为权力圆心的一部分。算法权力在社会权力版图的扩张随着智能算法迭代而加快。第二，跨越性的第二层含义指跨越网络空间与物理空间。电子屏幕和终端设备划分了网络空间和物理空间的界限，即在线与离线的二分。算法决策的影响则跨越

[1] 参见余成峰：《法律的“死亡”：人工智能时代的法律功能危机》，载《华东政法大学学报》2018 年第 2 期。

[2] 参见秦亚青：《权力·制度·文化——国际政治学的三种体系理论》，载《世界经济与政治》2002 年第 6 期。

空间了二分性，其作用不仅局限于网络空间，还直接作用于征信、财产、教育等现实权利从而延伸至物理空间。

另一方面，算法权力借由技术壁垒而形成隔离性特征。这种隔离性既包括算法权力与普通民众的隔离，也包括算法权力与现有法律制度的隔离。第一，算法权力技术化统治与普通民众的隔离。虽然行政自由裁量、法官的自由心证在某种程度上也是黑箱，但其作为人类决策并不神秘，普通公众容易理解，法律也便于建立相应制度予以规制。但由于算法权力对数据资源和专业技术知识的垄断，其决策机理难以为普通公众所理解，算法权力借由技术屏障达成了技术化统治。第二，算法权力与现有法律制度的隔离。现有的法律制度围绕着现有的经济、政治权力结构而建立，而这种权力结构受到了算法权力的巨大冲击，导致现有法律制度出现了种种不敷适用之处。例如，民事侵权责任中至关重要的主观过错与因果关系要件，无法适用于算法自主决策造成的损害。又如，面对自动驾驶交通事故对侵权责任、产品质量责任和交通事故责任等诸多制度提出的挑战，各国不得不对自动驾驶交通事故的法律责任界定及分配问题进行专门立法。[1]这种制度上的隔离使得为算法专门创设具有自身特征和内涵的权利义务及责任承担制度成为未来法律的发展方向。[2]

算法权力的跨越性和隔离性使其产生经济政治领域的巨大影响力，并借由技术面纱逃逸现有法律制度的规制，在无形中又进一步巩固了算法权力。

[1] 参见张韬略、蒋瑶瑶：《德国智能汽车立法及道路交通法修订之评介》，载《德国研究》2017 年第 3 期。

[2] [美] 佩德罗·多明戈斯：《终极算法：机器学习和人工智能如何重塑世界》，黄芳萍译，中信出版社 2017 年版，第 39 页。

第三节 算法权力的异化风险

算法权力在社会权力结构体系中举足轻重，但是现有法律制度却缺乏对其进行规制的资源，从而导致算法权力在商业领域和公权力领域产生异化风险。

一、算法权力在商业领域的异化风险

在商业领域，算法权力利用机器优势与架构优势，通过对用户数据的收集与计算攫取高额利润，并可有效逃避现有法律体系的规制。更重要的是，算法权力在商业领域驱动了监视资本主义的兴起，即算法对人日常行为的预测、引导、调控，成为了产生高额利润和进行市场控制的方法。人在这一过程中沦为了数据的生产来源，算法反客为主，产生了权力异化。

首先，算法权力在商业领域的异化，体现在算法借助机器优势与架构优势，挤压用户意思自治的空间，并通过算法垄断攫取高额利润，却有效规避了现有法律体系的规制。

消费者的信息一直是商业公司获取商业利润的关键因素。早在20世纪70年代就有商业监视的概念，意指商业公司通过对消费者个人资料的收集掌握其消费模式，以精准投放广告提高企业利润，例如早期通过邮件系统发送的直邮广告。[1] 人工智能时代，算法借由机器优势对海量数据进行分析，其得到的信息可以创造出惊人的商业价值。消费者浏览网页或者购买行为留下了庞大的“数据废

[1] Lyon & David, *The electronic eye: The rise of surveillance society,* University of Minnesota Press, 1994, p. 12.

气”，[1] 不再是无人问津的垃圾，而是成为了极具价值的商业资源，甚至可以改善商业组织的生产流程或者服务模式。以“用户画像”为例，算法通过数据分析描述用户的各类行为信息和性格特点，对不同群体进行分类与身份建构，从而量身定制反映其支付意愿的价格，实施“一人一价”的价格歧视行为。例如在线旅游平台多次被爆出“大数据杀熟”事件，针对使用不同手机、不同消费习惯的用户实施差异化定价。[2] 平台利用算法的机器优势，与消费者形成严重的信息不对称。这种信息不对称影响了用户在商业活动中意思表示的真实性，使得处于信息弱势的一方无法作出正确判断而导致不公平和低效率。

更进一步，算法被用来进行价格共谋以榨取消费者剩余价值，即同一行业的商家可以使用同一种动态定价算法使市场价格趋同，形成“中心式辐射的共谋场景”。[3] 如此不仅可以攫取高额利润，还可以有效躲避竞争法的规制。[4] 在 2015 年，优步公司被诉利用

[1] 数据废气（data exhaust），包括用户网络浏览行为留下的足迹、用户点击行为、打字错误后更正的词语等等。*See* Harford，T.，*Big data: A big mistake?*，11 Significance，pp. 14—19（2014）.

[2] 王林、李晨赫：《大数据杀熟？揭秘争议背后的真问题》，载《中国青年报》2018 年 3 月 27 日。

[3] [英] 阿里尔·扎拉奇、莫里斯·斯图克：《算法的陷阱：超级平台、算法垄断与场景欺骗》，余潇译，中信出版社 2018 年版，第 142 页。

[4] 例如，我国著名的“个推”公司与新浪微博、墨迹天气、飞猪、携程等数十个常用的应用程序（App）合作，进行数据共享，使得用户在不同旅游平台上获得的机票报价基本相同。参见个推公司首页对公司业务的介绍，https://www.getui.com/cn/，2019-01-03；又如，美国的 Boomerang 公司为数十家大型零售企业提供定价算法，*See* Boomerang Commerce，*What's Worse Than An 800-Poungd Gorilla Undercutting Your Price?* Http://www. Boomerangcommerce.com/resources/whats-worse-than-an-800-pound-gorrila-undercuting-your-prices/，2019-01-05。

算法实现司机之间的价格共谋，使得原本具有价格竞争关系的司机通过算法实现了价格一致，损害了用户的利益。[1]

然而，现有的法律制度无法充分应对商业领域算法应用带来的损害用户利益的问题。这主要由以下两个原因造成：其一，用户进入平台的系统架构需要点击“同意用户协议”，而这种所谓的“知情同意”使得算法收集和利用数据的行为合法化。平台可以主张用户已经通过用户协议知晓和同意算法决策，因此无需为用户受到的算法的不利决策承担法律责任。[2] 其二，算法造成的用户利益损害的情形不符合现有法律责任的认定规则。算法的“用户画像”与“个性化价格歧视”是否违法仍有较大争议。即使这种行为被认定为违法，算法使用者也可以保护商业秘密为由拒绝披露算法内容。甚至在支持算法使用者对用户有一定信息披露义务的欧洲，也尚未出现支持用户获得算法相关信息的判例。[3] 尽管定价算法有妨害

[1] Meyer v. Uber Technologies, Inc., No. 16-2750 (2d Cir. 2017).

[2] 例如，《淘宝平台服务协议》(2016 年 10 月) 第 6.1 条规定：“淘宝可在淘宝平台规则中约定违约认定的程序和标准。如：淘宝可依据您的用户数据与海量用户数据的关系来认定您是否构成违约；您有义务对您的数据异常现象进行充分举证和合理解释，否则将被认定为违约。”http://b2b.toocle.com/detail-6361764.html，2017-11-23。

[3] 2014 年 1 月 28 日德国联邦法院对 SCHUFA 案件的终审判决，支持信用评分系统（算法）作为商业秘密不必对消费者披露。SCHUFA 存储了大约 6720 万德国常住居民的财务资料，大约有 9000 家公司直接向 SCHUFA 传递信息，是目前德国最重要的信用机构。2014 年，德国一位女性就 SCHUFA 记录上诉法院，想知道自己负面的 SCHUFA 信息到底是如何评估出来的。地方法院认为评估公式是 SCHUFA 公司商业秘密的一部分，随后在上诉中德国联邦法院认定，信用评分系统不属于德国数据保护条例 15 条的范畴。根据几位评论家的观点，用户没有权利彻底调查算法自动决策系统（在判例中是信用评分）的准确性，因为基础公式受到商业秘密的保护。*See* Wachter, Sandra, Brent Mittelstadt, and Luciano Floridi, *Why a Right to Explanation of Automated Decision-Making Does Not Exist in the General Data Protection Regulation*, 7 International Data Privacy Law, pp. 6—99 (2017).

竞争之嫌，但执法机构难以通过算法的代码找到企业价格共谋的证据，而按照市场份额和市场支配地位等标准又无法认定垄断行为的存在。[1]

更重要的是，算法权力驱动了监视资本主义的兴起。商业领域的算法权力不仅通过大规模收集和分析用户数据来规避法律约束攫取高额利润，更是与商业资本结合形成监视资本主义，将用户嵌入了数据生产链条，变成了被算法支配调控的客体。

监视资本主义是新型的信息资本主义，它的逻辑和运行方式是通过对用户数据的萃取、分析，以及个性化、持续性的实验等用户个人难以辨别的单向监视，产生巨大商业监视效能，继而由算法预测和调整人类行为，产生收益和控制市场。[2] 监视资本主义的兴起是算法机器优势和架构优势的必然产物。在消费者信息带来巨大商业利益的驱动下，商业平台借助算法更加深入与全面地收集用户数据，形成了无孔不入的商业监视。各种平台公司争相推出以交换个人数据为前提的免费便利服务，通过这些服务收集包括行动数据、个人偏好、位置信息等一切数据。这使得平台通过算法对用户的商业监视，相比政府的监控更具有持续性、普遍性和反复性。

平台并不止步于商业监视获得的用户数据，而是利用算法的架构优势，针对用户行为构建出评分规则、赏罚机制，来调整用户行为，进而获得利润。用户的各种生活足迹都会经过算法的演算，成

[1] A. Ezrachi & M. E. Stucke：*Algorithmic Collusion: Problems and Counter-Measures,* https://www.oecd.org/competition/algorithms-and-collusion.htm，2019-01-04.

[2] *See* Zuboff S，*Big Other: Surveillance Capitalism and the Prospects of an Informal Civilization,* Palgrave Macmillan UK，30 Journal of Information Technology，2015，pp. 75—89（2015）.

为定价的根据，是交易市场中极具价值的预测性商品。在利润的驱动下，算法使用者除了通过算法对用户进行轻推[1]、说服以影响其购买某项商品和服务外，还通过算法对用户行为采取持续性、即时性、反复性的调控模式，以奖赏、惩罚或者其他更为细致且难以察觉的方法，控制用户的行为，以确保其行为轨迹与自身利益相符合。[2] 以谷歌为例，其提供的服务是免费的，利润却十分丰厚。原因在于，用户免费使用谷歌服务留下的各种行为轨迹都使得谷歌可以积累用户的使用习惯，以算法投放更多的定向广告。而谷歌的广告系统通过用户的点击行为，进一步分析了用户的行为逻辑，以更好地预测和引导用户行为。

换句话说，平台商业监视的目的是获取算法生产的、可以对用户未来行为精准预测的商品。如此，平台可以通过算法高效率地对用户进行持续性的行为调控。有时候算法对用户行为的调控的确会回应用户本身的需求，但是最终仍导向为通过行为调控获取利润。因此，监视资本主义，是一种全新的“系统连贯积累”，是算法权力和商业力量的结合，是一种新的经济变种。[3]

在监视资本主义下，算法与人类的主客体关系发生了异化。20

[1] 轻推，是以提供决策架构的方法使人的行为以预测的方式进行，而这个过程中并不禁止也没有明显的经济刺激的改变。轻推中的干预必须是人可以轻易并低廉地避免的。例如，命令不是轻推，但是把水果放在货架上眼睛的高度是轻推。Thaler, Richard H. & Cass R. Sunstein, *Nudge: Improving decisions about health, wealth, and happiness,* Penguin, 2009, p. 3.

[2] *See* Acquisti A, Brandimarte L, Lowenstein G, *Privacy and Human Behavior in the Age of Information*, 347 Science, pp. 509—514 (2015).

[3] *See* Zuboff S, *Big Other: Surveillance Capitalism and the Prospects of an Informal Civilization,* Palgrave Macmillan UK, 30 Journal of Information Technology, 2015, pp. 75—89 (2015).

世纪初的工业革命中，大规模的生产和作为消费者或工人的人类相互依存。而监视资本主义下，人既不是消费者也不是员工，人的价值在于生产数据，累积行为剩余。[1] 用户处于平台的监控与算法的计算下，产生延绵不绝的行为数据剩余价值，成为监视资本主义所构建的新的生产体系的重要原料和商品。[2]

二、算法权力嵌入公权力的异化风险

算法权力从不同层面嵌入公权力的运行，借助架构优势搭建监管体系，甚至在某些领域成为独立的决策者而取代公权力。然而，适用于公权力控制的权力专属、正当程序等法律原则无法适用于算法权力，从而造成算法权力异化的风险指数级放大，算法权力与公权力合谋形成权力滥用。

首先，算法决策系统成为公权力的辅助工具。这主要表现为：其一，算法嵌入事实认定层面。算法借助机器优势裹挟大数据资源通过视频监控、人群分析、DNA 采集等协助进行司法行政行为中的事实认定。例如，我国公安机关 DNA 数据库应用系统已收录近 4000 万条 DNA 信息。算法在发现最新录入的 DNA 符合陈案时会自动预警。这一技术因 2016 年在我国“白银连环杀人案”侦破中的应用而为公众所知。[3] 其二，算法嵌入法律适用层面。2018

[1] *See* Zuboff S, *Big Other: Surveillance Capitalism and the Prospects of an Informal Civilization,* Palgrave Macmillan UK, 30 Journal of Information Technology, 2015, pp. 75—89 (2015).

[2] *See* Julie E. Cohen, *What Privacy Is For*, 126 Harvard Law Review, 1904, 1905 (2013).

[3] 参见姜伟超：《警方详解白银“8·05”系列强奸杀人案侦破始末》，载《中国青年报》2016 年 11 月 25 日。

年美国加州公布在全美首次尝试用算法评估取代现金保释；[1]在我国，北京法院新一代审判智能辅助系统“睿法官”，也能梳理法律关系、提出裁判建议、生成裁判文书。[2]在可见的未来，算法深度参与公权力运行已经成为必然趋势，国务院办公厅2019年1月提出要全面在法律与行政法规的适用层面加强人工智能的作用。[3]

算法有效提高了公权力的运行效率，但由于算法的机器优势和架构优势，嵌入公权力的事实认定和法律适用层面的算法逐渐超越了工具化属性，开始实质性调配资源作出决策。例如，北京市怀柔区警方建立了针对盗窃类案件的犯罪预测系统，江苏省苏州市的犯罪预测系统在2015年就已经覆盖了91种违法犯罪行为，[4]犯罪治理活动从事后打击转为事前对警力资源配置进行预测。然而，算法的执法决策会不断自我肯定与强化，形成相对独立的认知，如当算法预测一个地区犯罪风险较高时，会相应投入更多警力。而更多警力的出现可能会使得该地区的犯罪更容易被查到，从而进一步提高该地区的犯罪记录，使得警方投入更多警力，最终形成一个失真甚至有害的回路。

退一步讲，即使算法只是在法律适用层面辅助行政部门与司法系统的工作人员，其也具有独立的影响力。据研究，算法决策系统

[1] *See* Megan Flynn: *California Abolishes Money Bail With a Landmark Law. But Some Reformers Think It Creates New Problems.* https://www.washingtonpost.com/news/morning-mix/wp/2018/08/29/california-abolishes-money-bail-with-a-landmark-law-but-some-reformers-think-it-creates-new-problems/?noredirect=on, 2019-04-23.

[2] 参见张昊：《智慧法院像网店一样方便》，载《法制日报》2018年5月2日。

[3] 参见《国务院办公厅关于全面推行行政执法公示制度执法全过程记录制度重大执法决定法制审核制度的指导意见》(国办发〔2018〕118号)第17条。

[4] 参见马德林：《互联网技术带给中国社会治安“全新可能性”》，载《中国新闻》2016年10月13日。

使用“超级推理”，能够以微妙而有效的方式塑造用户的感受和行为，破坏个人的独立判断力。[1] 行政决策中人类形式上的参与无法掩盖算法实质作出决策的真相。有研究指出人极容易受到“自动化偏见”的影响，即人即使认识到可能另有选择，也更倾向服从计算机的判断。[2]

其次，算法权力借助架构优势搭建的监管体系在某些领域逐步取代公权力，成为直接的决策者和执法者。算法权力具有即时执行、自我实现的特点，相比公权力的行使需要国家暴力的强制，算法权力的执行不需要任何人为的干预，也没有滞后与延期。算法权力的执行程序简单，比如“输入密码错误——禁止访问系统”的算法系统，此类决定即时生效后需经过一定程序方可被人工操作修改。例如，我国行政部门的自动税收系统与行政许可领域的“秒批”，都是由算法作出的即时生效的具体行政行为。随着复杂算法生态的搭建，算法可胜任更为复杂的行政行为，将公民的身份数据化和动态化，建立以社会信用为基础的公共管理模式。[3]

最后，算法权力借助公权力体系野蛮生长，却缺乏相应的规制与救济路径，从而产生了权力异化的风险。这体现在：第一，传统限制公权力的正当程序制度对算法权力无效。例如，犯罪预测系统的算法为防范犯罪风险设立，需要对公民进行挑选、甄别与行为预测，却并不需要遵循正当程序原则。从理论上讲，即使算法的犯罪

[1] *See* Yeung K., “Hypernudge”: *Big Data as a Mode of Regulation by Design,* 20 (1) Information Communication & Society, pp. 118—136 (2017).

[2] *See* Carr N., *The glass cage: Where Automation is Taking Us,* Random House, 2015, p. 43.

[3] 参见王瑞雪:《政府规制中的信用工具研究》,载《中国法学》2017 年第 4 期。

预测结果未被采纳，也不应对公民任意行使调查和监视的权力。这种对公民的特殊调查和监视虽然不是有罪判决，但是挑选、甄别和进一步调查同样构成一种不必要的不利待遇。[1]第二，由于算法权力隐含于公权力运行中，严重缺乏透明性。算法基于数据的相关性来识别和预测人类行为，此过程不会被人类甚至普通计算技术所察觉，公众也无从对其错误提出质疑。[2]第三，由于算法所作决策的理由与程序并不需要对相对人公开，目前为止无法对算法决策提供救济渠道。如果具体行政行为的内容包含算法决策，行政相对人对该行政行为发起的行政复议、行政诉讼或请求政府公开的信息之中应该也包含算法决策的相关信息。但是，算法是否属于可以公开的信息尚不明确，行政机关极有可能以算法涉及国家秘密、商业秘密、个人隐私或算法决策系统，属于内部信息为由而拒绝行政相对人的申请[3]。第四，因算法决策系统的技术需要，公共部门需寻求外部技术资源支持，既易造成权力行使的失误也同时违反权力专属原则。大量非司法行政主体如公司、网络平台、个人等均可收集监控数据向特定算法提供，由算法进行不确定数据来源的分析，作为司法行为和行政行为的依据。这种权力的“外包”在我国多体现为公私合作的形式，如浙江省高级人民法院与阿里巴巴合作，法院利用算法和阿里平台的海量数据对涉诉人员绘制“画像”，包括身

[1] *See* Citron D. K, *Technological Due Process,* 6 Washington University Law Review, pp. 1249—1331(2008).

[2] *See* Ekbia H, Mattioli M & Kouper I, et al., *Big Data, Bigger Dilemmas: A Critical Review,* Journal of the Association for Information Science & Technology, Vol.66, Issue 8, pp. 1523—1545(2016).

[3] 参见叶必丰:《具体行政行为框架下的政府信息公开——基于已有争议的观察》,载《中国法学》2009 年第 5 期。

份信息、联系信息、消费数据、金融数据等，以协助法院查询、送达、冻结资产等。[1] 由于算法决策的广泛使用，传统上由司法行政主体行使的监控、追查等刑事司法权力向不特定社会群体转移，但其限度尚无法律的相关规定。在此背景下，公权力借助算法扩展权力版图提高行政效率，极易形成公权力与算法权力的合谋。普通公众则因缺乏对抗的技术资源，而在权力结构中处于更加弱势的地位。即使算法权力的运行出现错误，决策的成本和后果也不由其部署应用者（政府部门）承担，公权力既无监管动机也缺乏制度约束。

算法权力异化所产生的消费者权益受损、公权力运行失范、公民权利受到侵害等问题已经引发社会关切。尽管现有法律与行业自律起到了一定作用，但现有规制体系并不足以防止算法权力异化带来的危害，亟待更新规制思路并建立相应的制度体系。

[1] 参见余建华、孟焕良：《浙江高院联手阿里巴巴打造“智慧法院”》，载《人民法院报》2015 年 11 月 25 日。

第三章

算法权力治理的制度框架

作为新兴技术，算法是科技创新，同时引发了社会变革。因此不应仅仅将算法作为普通的技术革新，而应将算法视作一种新兴的社会权力进行制度设计。如此方可充分反映算法对社会的深刻改变，保证制度设计的体系性。规范公权力的理论与制度为规制算法权力提供了宝贵借鉴。算法规制的目标为建立一套规制算法权力、预防算法权力异化风险、消除算法权力异化后果的制度体系。

第一节　算法权力规制的基本思路

算法权力异化带来的挑战，要求及时调整传统法律制度的规制理念，其中包括但不限于将偏重数据保护转为偏重算法规制，从将算法作为权力规制取代以技术进行规制，一定程度上突破泾渭分明的公私二元界限考虑整体性制度设计。

一、从数据保护到算法规制

既往法律制度过于偏重数据保护而忽视了对算法的规制。在人工智能时代，我们所面临的是截然不同的数据生产与流通的方式，以及数据利用所产生的庞大价值与风险。这种变革是由算法权力的兴起而产生的。商业平台与公共部门均借由算法的力量扩张各自的权力版图，产生新的知识生产与人口治理模式。算法权力的兴起使得传统的数据保护路径失去了意义，具体包括个人数据保护的知情同意原则已经基本被架空，对于个人敏感数据划分标准因算法的分析基本失去了意义等。[1] 前文所描述的商业监视资本主义、公权力与算法的合谋等现象显示，数据是算法的养分，算法借由数据生产知识，产生利润，控制人类行为。因此，政策制定者不应仅关注数据产生的效益，更应该注意由于算法对数据的使用造成的社会负外部效应。

因此，法律规制的重点应转为对算法的规制，取代过去对于个人数据以保护为主的方式。对算法决策的规制意味着对于数据利用层面的规制，而非过去的仅偏重数据收集的规制。[2] 2014 年美国总统科学与科技顾问委员会也提出应将政策“更多聚焦于数据的实际使用”上。[3] 数据必须借由算法的逻辑与运算，才能形成潜在的价值或者风险。个人权利遭受损害的来源，不仅来自数据或算法，还来自两者的汇合。[4] 因此应将个人数据保护的重点转为对于数据控制者“数据使用”的监督上，尤其是在特定敏感数据的二次利用上，应建立数据处理活动的风险评估机制，以避免造成错误的决策。[5]

从偏重个人数据保护到偏重算法规制的思路转变，会引发一系

[1][2] *See* Cate, F. H., & Mayer-Schönberger, V. *Notice and consent in a world of Big Data*, 3 International Data Privacy Law, pp. 67—73 (2013).

[3] Jain, P., Gyanchandani, M., & Khare, N. *Big data privacy: a technological perspective and review*, 3 Journal of Big Data, p. 25 (2016).

[4] *See* Sugimoto, C. R., Ekbia, H. R., & Mattioli, M.: *Big Data, Consent, and the Future of Data Protection.* https://ieeexplore.ieee.org/abstract/document/7862532, 2019-06-10.

[5] *See* Jain, P., Gyanchandani, M., & Khare, N. *Big data privacy: a technological perspective and review*, 3 Journal of Big Data, p.25 (2016).

列制度设计的变化。首先，偏重算法对数据利用层面的规制，会注重设计利用过程中的相关制度，如算法的正当程序原则。其次，偏重算法对数据利用层面规制，可不再坚持数据的客观性与中立性，而关注技术理性隐藏的人为因素，注重算法的道德评价，具有了建立算法问责制的可能。最后，如果说个人数据保护制度注重的是隐私、安全等价值的保护，那么偏重算法规制的思路更应注重保护人类尊严、公民权利、社会公平等价值的保护。

二、从技术规制到权力制约

法律应避免将算法作为纯粹的“技术”进行规制，否则会忽视算法有别于其他技术的权力属性，以及算法权力对社会权力结构的深刻影响。将算法作为纯粹技术进行规制的思路，可能导致两种规制路径上的偏差：其一，规制重点的偏离，即过于偏重技术解决方案而忽视算法权力对公民权利、社会运行的深远影响。如有学者认为，算法带来的危害来自其不透明性，进而主张披露算法源代码这样的技术解决路径。[1] 然而，公众和规制机构缺乏识别源代码的技术能力，过度的信息披露极易增加用户的认知负担而达不到制度目的。而实际上，算法一定的不透明性既可以保护知识产权以促进企业投资算法开发，又可避免算法被恶意利用导致错误的运算结果。其二，规制层次的缺乏。算法应用的不同领域、架构与场景需要不同层次的规制力度与个性化的制度设计。如自动驾驶算法关系到城

[1] *See* Adam Segal：*Germany Wants Greater Algorithmic Transparency to Fight Disinformation, But Its Approach is Half-Baked*, Council on Foreign Relations, https://www.cfr.org/blog/germany-wantsgreater-algorithmic-transparency-fight-disinformation-its-approach-halfbaked, 2018-06-30.

市交通与公民人身安全，需要严格的规范；而一般的商品与新闻推荐算法的规制则应相对宽松。缺乏层次的规制可能导致社会组织为了避免过度规制而牺牲效率，使用人工决策而不使用算法决策。[1]

将算法作为权力的规制思路则具有以下优势：其一，对既有资源的充分利用。各国政府的管理部门已经较为完备，每个政府机构都应随着算法决策的广泛应用而更新管理功能。例如，交通管理部门应及时适应无人驾驶汽车带来的各项挑战，卫生监督部门也应对人工智能在疾病诊断和手术领域方面的发展及时作出调整。以权力制约作为指导思想可以免除为了对技术作出回应，而设立专门政府部门甚至重构整个政府规制体系的浪费。同时，现有监督公权力运行的体系也可以用来规范算法融入公权力部门决策后引发的问题。其二，保证制度的整体性和相关性。各个领域大规模使用算法决策后，新的算法常搭载于某个已经存在的算法系统中，编织出越来越复杂的算法生态系统。算法在越来越广的范围内搭建系统架构，人类的认知和行为将嵌入得更深，算法对人类行为的驱动力日益增加。[2]因此，将算法作为纯粹的技术进行规制的措施不可避免地具有局限性，而以算法权力规制的理念进行制度设计，能够有效保证制度之间具有内在统一性与相关性。其三，权力制约下的责任主体更加合理。将算法作为技术而规制的理念不可避免要偏重算法设计者的设计责任。设计责任固然重要，但算法权力运行才是造成异化风险的直接原因。例如，研发人员能够纠正算法设计中的偏见，

[1] *See* Joshua New and Daniel Castro: *How Policymakers Can Foster Algorithmic Accountability,* https://www.datainnovation.org/2018/05/how-policymakers-can-foster-algorithmic-accountability/, 2018-07-10.

[2] 参见胡凌：《论赛博空间的架构及其法律意蕴》，载《东方法学》2018 年第 3 期。

但是无法解决算法的滥用问题。[1] 算法权力的限制理念能够督促算法使用者主动地对算法的部署和应用负起责任。[2]

三、从公私二元到突破界限

人工智能时代，借由算法权力的连接，商业领域与公共部门的权力很难再简单地划分为公私二元。在充分利用公私不同领域的法律资源的前提下，也要考虑对算法权力整体性规制的制度设计。这是由算法权力引起的公私二元界限模糊造成的。算法权力使得公民在商业领域与政治生活中的算法身份逐步共享。算法身份是指基于商业平台的监视和公权力的治理需要，将个人归属于特定群体之中。而这种身份的建构不完全取决于个人的物理外观或自我选择，而是主要根据个人的行为轨迹数据由算法演算出个人区别于群体的属性。[3] 算法身份的共享来源于数据的共享、算法的共享、决策结果的共享。[4] 例如，我国浙江地方法院使用当事人的淘宝收货地址进行文书送达，[5] 互联网法院的区块链取证有赖于大型平台企业的技术支持，[6] 而芝麻信用这样的商业算法，应用延伸至申领护

[1] *See* U.S. Federal Trade Commission：Keynote Remarks of Commissioner Terrell Mc Sweeny, https://www.ftc.gov/system/files/documents/public_statements/800981/150909googletechroundtable.pdf, 2018 06 18.

[2] *See* Daniel Castro：*How Congress Can Fix "Internet of Things" Security,* https://itif.org/publications/2016/10/28/how-congress-can-fix-internet-things-security，2018-07-14.

[3][4] *See* John Cheney-Lippold, *A New Algorithmic Identity: Soft Biopolitics and the Modulation of Control,* 28 Theory, Culture & Society, pp. 164, 168（2011）.

[5] 参见余建华、孟焕良：《浙江高院联手阿里巴巴打造"智慧法院"》，载《人民法院报》2015年11月25日。

[6] 参见许伟佳：《杭州互联网法院又出"首创"全国首个司法区块链系统正式上线》，http://ori.hangzhou.com.cn/ornews/content/2018-09/18/content_7070009.html，2019-04-02。

照、身份认证等公共服务场景。[1] 平台出于商业利益，更为积极地通过各种方式协助政府的大规模数据收集与处理。通过法律授权、后门、买卖与外包等方式，[2] 算法与数据在公私主体之间流动，公私界限日益模糊。

从公私二元转向整体制度设计的思路可能会引发以下具体制度的变化：其一，应对公私部门的算法权力交织，对商业平台的某些行为也应适用公权力运行的相关规则，设定算法权力运行的界限。这可能会突破私权领域法无禁止即可为的原则。其二，在由于公私领域借由算法交织而形成的复杂权力体系与庞大架构中，个人处于权力结构位置的最末端。因此对于算法的规制需发展新的规制力量，并重视第三方治理的引入，否则公众无从知悉存在算法权力滥用的情况。如处于商业平台和政府部门内部揭露权力滥用的吹哨人制度，[3] 或是平台公司通过法庭抵抗政府监管活动，[4] 以及第三方中立的社会组织对算法权力滥用的调查等。

[1] IRCC: Visitor Visa Applications from Chinese Nationals Made More Efficient, https://www.canada.ca/en/immigration-refugees-citizenship/news/2018/11/visitor-visa-applications-from-chinese-nationals-made-more-efficient.html, 2019-06-01.

[2] See Jack M. Balkin, *The Constitution in the National Surveillance State*, 93, Minnesota Law Review 1, 11 (2008).

[3] 吹哨人（whistleblower）是指揭露一个组织（无论是私有的还是公共的）内部非法的、不诚实的或者不正当的行为的人。如斯诺登就是典型的吹哨人。*See* Wikipedia: Whistleblower, https://en.wikipedia.org/wiki/Whistleblower, 2019-06-11.

[4] 微软公司（Microsoft）在 2014 年向纽约地方法院申请废弃美国司法部因侦办毒品案件向其索要用户数据的搜查令，因为该资料并非存储于美国境内。纽约地方法院驳回了微软公司的申请，后微软上诉至美国联邦第二巡回上诉法院，后法院判决微软获胜。*See* Microsoft Corporation *v.* United States of America, No. 14-2985 (2d Cir. 2016).

第二节　算法权力的规制框架

算法权力的具体规制路径包括对通过设置算法应用范围的限制、正当程序制度与算法问责制对算法权力运行进行合理限制，也包括通过赋予个人数据权利和事后获得救济的权利对抗算法权力的侵害，以及加强行业自律和引入第三方等规制力量。

一、算法权力运行的合理限制

算法权力异化的风险主要来自缺乏权力运行的合理限制。算法权力在合法与合理范围内的运行，需要从权力范围、正当程序、问责机制等方面共同约束。

第一，明确算法的应用范围与限制条件。这包括：（1）限制算法决策适用的领域。类似于限制人身自由的处罚只能由法律设定的“法律保留”，算法应用的范围也应有一定保留。例如，欧盟《通用数据保护条例》（GDPR）第22条第1款规定，如果算法决策对数据主体有法律效力或者重大影响，那么这种决策不应纯粹由算法作出。[1] 又如，美国威斯康星州要求法院使用算法量刑时需要保证

[1] 根据欧盟《通用数据保护条例》第22条第1款，对适用此条款的算法决策存在以下限定条件：第一，该算法决策对数据主体有法律效力或重大影响。第二，该算法决策中没有人的参与，是一个纯粹的自动化决策（solely on automated processing）。*See* Article 22（1）of the General Data Protection Regulation（GDPR）“the data subject has the right not to be subject to a decision based solely on automated processing, including profiling, when it produces legal effects concerning him or her or at least it similarly significantly affects him or her”.

人类参与到实质决策中。[1] 其他诸如假释[2]、子女监护权[3]等关于人身权利的算法决策应用必须受到限制，防止公民人身权利的重大风险。（2）限制预测性算法决策的适用范围。人工智能社会是一个风险社会，预测性算法可根据过去的数据来预测个人未来的行为，并根据预测结果允许或者剥夺个体的行为选择，例如用来排除潜在恐怖分子的机场禁飞名单系统。[4] 预测性算法的决策过程依赖数据与推断结果之间的相关性。这种相关性本身就是一种人为构建的认知模式，或者仅仅是一种认知的方法，而非唯一的认知方法。这个过程可能忽略其他众多社会、文化及偶然性因素，而犯下以实然来推断应然，以过去判断未来的谬误。[5] 在假释和量刑中采用的风险预测算法，以相关性而非因果性进行推理，无疑否定了无罪推定原则的程序性保障。因此，在具有法律效力与重大影响的算法决

[1] *See* Ellora Thadaney Israni：*When an Algorithm Helps Send You to Prison,* https://www.nytimes.com/2017/10/26/opinion/algorithm-compas-sentencing-bias.html，2018-04-12.

[2] *See* Megan Flynn，California *Abolishes Money Bail with a Landmark Law.* https://www.washingtonpost.com/news/morning-mix/wp/2018/08/29/california-abolishes-money-bail-with-a-landmark-law-but-some-reformers-think-it-creates-new-problems/?noredirect=on，2019-04-23.

[3] 如美国宾夕法尼亚州阿勒格尼县的儿童、青年和家庭实施了“虐童打分”算法，以帮助工作人员进行虐童调查。由于算法预测模型不够完善和数据不全面，2016 年出现了 15139 次虐童报道。其中，该算法错误预测了 3633 个个案。这一结果无端侵入和监视了数千个贫穷的少数人的家庭生活。*See* Eubanks V，*Automating Inequality: How High-tech Tools Profile, Police, and Punish the Poor,* St. Martin's Press，2018，p. 82.

[4] *See* Ian Kerr & Jessica Earle，*Prediction, Preemption, Presumption: How Big Data Threatens Big Picture Privacy,* 66 Stanford Law Review Online，pp. 65—67（2013）.

[5] *See* Mayer-Schönberger V & Cukier K.，*Big Data, A revolution that will transform how we live, work, and think*，Houghton Mifflin Harcourt，2013，pp. 73—77.

策中，应严格限定预测性算法决策的适用范围，并对算法决策的数据来源、范围和质量严格限制，审核数据的正当性、准确性，以避免公民权利受损。

第二，建立算法权力运行的正当程序制度。正当程序原则，起源为限制司法权及政府权力的工具，最初的概念是法院必须要以规范判决决定形成的过程需遵守正当程序。[1] 而事实上，法院的判决与算法进行数据演算得出自动化决策的过程非常相近，两者都依赖大量、分散、无关联的资料累积而形成决定。[2] 算法对个人的预测、分类、调控，可能出现错误、歧视等情况。在法律规范不足的情况下，算法权力并没有受到合理的监督。算法权力的正当程序制度设计应关注以下方面：其一，建立算法运行正当程序的前提是增强公私领域的算法的可见性。算法决策的可见性是指当事人有权知晓算法决策的存在，以及算法决策对自身权利影响的方式与程度。然而现有的商业算法决策掩盖于用户协议的知情同意下无法被察觉，公权力领域的算法决策则隐含于政府的具体行政行为中而无从被知晓。在算法可见的前提下，当事人方有可能在正当程序制度保护下进一步陈述申辩和寻求救济。[3] 其二，商业算法运行的正当程序应引入“中立仲裁者”进行监督与裁判。多数算法权力无法区分设计者、执行者、仲裁者的角色。大多数情况下，平台扮演了三者合一的角色。这都使得算法决策可能陷入错误、滥用和违反法律的风险，并且不断自我回馈与增强。虽然平台设置了内部的申诉和

[1] 何海波:《司法判决中的正当程序原则》，载《法学研究》2009 年第 1 期。

[2] *See* Citron, D. K., & Pasquale, F: *The scored society: Due process for automated predictions*. 1 Washington Law Review, 89, (2014).

[3] 参见周佑勇:《行政法的正当程序原则》，载《中国社会科学》2004 年第 4 期。

处理机制，但是有关规则和程序由算法单方设定，用户处于被裁决的弱势地位，无法进行实质性的交涉。[1] 正当程序制度要求权力的分离，以及赋予个人受到“公正审判”的权利。[2] 平台内部应引入“中立仲裁者”，具有独立行使职权的权利，其必须独立于商业利益以外，进行符合社会利益的仲裁。[3] 这样既可以节省外部的行政执法成本，也可以在企业内部随时检查算法自动化决策系统可能存在的瑕疵或者偏误。如欧盟在《通用数据保护条例》中提出了数据保护官制度，要求由独立的具有专业素养的数据保护官监管企业内部的数据处理活动。[4] 其三，提高公权力领域算法运行的正当程序要求。算法决策应用于犯罪量刑等司法活动时，关系公民重大的人身权利，因此其程序要求应作出专门的严格规定。例如，犯罪风险预测算法造成了犯罪治理活动启动时点前移，对启动侦查前的数据证据的采用应作出严格限制。[5] 正如不同的案件审理具有不同的程序，不同的算法权力应用场景也应当遵循不同的程序原则。因此重点不在于一致程序的设计，而在于各种程序应当遵循相同的价值理念：如算法权力的行使需具有可预测性、透明性，具有公众参与机制等。[6]

[1] 参见胡平仁、杨夏女：《以交涉为核心的纠纷解决过程——基于法律接受的法社会学分析》，载《湘潭大学学报（哲学社会科学版）》2010 年第 1 期。

[2] 参见何海波：《司法判决中的正当程序原则》，载《法学研究》2009 年第 1 期。

[3] *See* Citron, D. K., & Pasquale, F: *The scored society: Due process for automated predictions.* 1 Washington Law Review, 89, (2014).

[4] 欧盟《通用数据保护条例》第 37 条第 5 款。

[5] 裴炜：《个人信息大数据与刑事正当程序的冲突及其调和》，载《法学研究》2018 年第 2 期。

[6] *See* Neil Richards & Jonathan H. King, *Big Data Ethics,* 49 Wake Forest Law Review, 393, 409 (2014).

第三，建立算法权力的问责机制。算法问责制要求算法权力通过规范的方式行使，否则应承担相应的法律责任。算法问责制的基本框架为：一是明确算法问责的主体，以算法使用规模、涉及主体的多少、所涉公共利益的类型等确定被问责的主体。如美国参议员在 2019 年 4 月提出的《算法问责法案》中要求美国联邦贸易委员会对企业进行算法审查，适用的对象包括年收入超过 5000 万美元的公司，以及拥有超过 100 万消费者数据的数据代理商和企业。[1]二是明晰算法问责的标准。应避免歧视、不公平、有害的算法决策结果产生。为此，应当对算法系统采用各种控制措施，以验证它是否符合运营者的意图，并且应能够识别并纠正有害结果。[2]事实上，软件开发人员经常通过测试软件的方法确保算法运行符合设计意图，此类技术方法也可用于算法问责制制度的设计。

二、配置个人权利对抗算法权力

规制算法权力，不仅应对算法权力运行合理限制，也应通过配置权利以对抗权力的滥用。算法权力与普通公众力量对比悬殊，应尽量从制度设计角度赋予公民个人及其他主体以权利，以增加其与算法权力博弈的资本，使其免受算法权力的侵害。

第一，个人数据权利赋权路径。算法决策是否可信取决于数据的数量与质量。个人享有数据权利、增强数据获取与分析的能力，

[1] *See* H. R. 2231 — Algorithmic Accountability Act of 2019, https://www.congress.gov/bill/116th-congress/house-bill/2231, 2019-05-22.

[2] *See* Joshua New & Daniel Castro: *How Policymakers Can Foster Algorithmic Accountability*, http://www2.datainnovation.org/2018-algorithmic-accountability.pdf, 2018-05-30.

既可增加与算法权力博弈的资本，也可对抗算法权力的侵害。具体而言：一是个人应享有一定数据权利以获得博弈的资本。法律应明确个人数据权益的范围，使算法的使用者需要与个人协商方能获取算法决策所需要的数据。如此算法的使用者需要支付一定对价，而这种对价的形式并不一定是金钱。使个人获得博弈资本是设立数据财产权的目的：财产权所界定的是，凡是想要取得某些东西的人，就必须在取得之前先进行协商。[1] 二是在行政与司法领域，个人收集数据、获取数据、分析数据的权能应得到加强。应考虑由公权力提供援助以平衡公民在数据与算法等技术能力上的严重弱势，这样个人方有可能应对在侦查、审判、量刑中算法权力与公权力的共同作用。

第二，保证个人事后获得救济的权利。为了应对算法权力的侵害，个人应当享有事后获得救济的权利。其中包括获得算法解释的权利[2]、更正或者修改数据的权利、退出算法决策的权利，等等。有权获得救济的主体应为受到算法不利决策的个人，如经过算法评估不被雇用的候选人，受到歧视性算法量刑的犯罪嫌疑人等。首先，应为请求救济的个人提供算法决策的理由，即提供算法决策的解释。其次，如果发现不利决策由于错误数据造成，应赋予个人更正或修改数据的权利。最后，如果仍无法得到合理的算法决策，应允许个人退出算法决策，并寻求人工决策。在这方面，欧盟《通用

[1] *See* Paul M. Schwartz, *Beyond Lessing's Code for Internet Privacy: Cyberspace Filter, Privacy—Control, and Fair Information Practices,* 746. Wisconsin Law Review, 400(2000).

[2] 参见张凌寒：《商业自动化决策的算法解释权研究》，载《法律科学（西北政法大学学报）》2018 年第 3 期。

数据保护条例》第22条赋予了个人不受纯粹的算法决策支配的权利，[1] 以及获得人为干预的权利。[2] 尽管上述权利的行使存在诸多限制，[3] 但仍不失为有益尝试。

三、加强自律机制与引入第三方治理

规制算法权力应借助一切可资利用的力量，其中加强平台的自律机制与引入第三方治理都是重要的规制方法。

第一，应加强平台的自律机制。对算法权力的自我规制，可参考企业社会责任的实践路径。因平台的经营活动影响的不仅是企业整体，还涉及整体的社会福祉。因此，社会责任强调在创造利润以外，还需要满足社会各利害关系人的需求。传统的企业社会责任关注环保、慈善与社区发展等利益。在算法权力盛行的时代，平台的社会利益则扩展至用户的隐私、尊严、公民权利等层面。现有的平台自律以各大平台定期发布的透明度报告为代表。但由于透明度报告纯粹是自律措施，所以标准并不统一，内容也多避重就轻。这些

[1] The right not to be subject to a decision based solely on automated processing, See Article 22（1）of the General Data Protection Regulation（GDPR）"the data subject has the right not to be subject to a decision based solely on automated processing, including profiling, when it produces legal effects concerning him or her or at least it similarly significantly affects him or her".

[2] The right to obtain human intervention, *See* GDPR Article 22（3）In the cases referred to in points（a）and（c）of paragraph 2, the data controller shall implement suitable measures to safeguard the data subject's rights and freedoms and legitimate interests, at least the right to obtain human intervention on the part of the controller, to express his or her point of view and to contest the decision.

[3] 根据欧盟《通用数据保护条例》第22条第1款对适用此条款的机器决策存在以下限定条件：第一，该机器决策对数据主体有法律效力或重大影响。第二，该机器决策中没有人的参与，是一个纯粹的自动化决策（solely on automated processing）。

透明度报告往往包含了政府、团体组织和个人提起的撤下内容的请求及回应情况的统计资料，很少揭示平台在算法设计、部署和应用方面，在保障数据安全方面存在的缺失。行业自律组织可考虑统一制定透明度报告的标准，确立内容包括算法决策的类型、格式、数量、结果、影响等。

第二，引入第三方力量参与合作治理。为应对算法权力异化的风险，可以考虑在算法规制中引入第三方力量。所有的利益攸关者都是、且应当是规制算法权力的主体，这其中既包括了个人，也包括了开展数据收集、利用、加工、传输活动的数据业者；既包括了算法的设计者，也包括具有算法审查能力和评估资质的第三方组织；既包括了本国政府，也包括其他主权国家和国际组织，等等。第三方力量在规制算法中扮演不可或缺的角色，如作为第三方的非营利组织 ProPublica 首先发现了量刑算法 Compass 的系统性歧视问题。[1]

第三节　算法权力的流程监管

算法规制的双轨制升级同时考虑了设置事前的风险防范机制和事后的问责机制。在算法规制的运行阶段，算法运行结果和算法自主化决策本身，平台责任和技术责任，势必要融合于算法规制的各个流程中。在此过程中，复杂的智能和自主技术系统的法律地位问

[1] *See* Kirchner, Julia Angwin Surya Mattu, Jeff Larson & Lauren: "*Machine Bias*: There's Software Used Across the Country to Predict Future Criminals. And It's Biased Against Blacks." *ProPublica*. https://www.propublica.org/article/machine-bias-risk-assessments-in-criminal-sentencing, 2017-11-01.

题与更广泛的法律问题交织在了一起。[1] 本部分以流程为导向，对算法技术监管及责任对现行法律制度的渗透作系统梳理。

一、设计阶段：早期介入与设计责任

现有法律制度使得平台公司利用算法设计开发的商业模式有监管套利之嫌。例如，滴滴平台虽然通过平台、汽车出租者、司机与乘客，以及保险公司等多份合同设计，成功绕开了对于商业运营车辆的监管，但最终结果仍是一种运输服务的租赁业务。而当监管部门责难时，这种在设计上对监管的完美规避，并不能掩盖其本质的营运行为。同理，当平台公司的算法设计上线时，一旦造成损害结果，设计者往往主张：第一，对任何算法的发展和最终损害结果，可能有多个潜在的责任方，而设计行为并无过错。第二，设计行为是智力创造过程，不应受到法律的规制。设计者躲在实验主义的盾牌之后躲避干预和法律责任。因此，设计阶段应及时加入对算法本身的技术监管。

（一）要求设计者在设计算法过程中嵌入算法伦理

在设计阶段应以立法形式要求算法通过道德审查标准，来防止对用户的操纵或产生不公平的后果。当然，目前这种方法面临着许多挑战，目前可能仅在某些敏感性和风险较高的算法决策领域适用

[1] 美国时间2017年12月12日上午9点，电气电子工程师协会（IEEE）于全球发布了第二版的《人工智能设计的伦理准则白皮书》(“Ethically Aligned Design” V2)，其中提到了算法问责制的法律框架，提到自动化决策时，政府和行业利益相关者应该确定哪些决策和操作决不能委托给这些系统，并制定规则和标准，以确保人类能够有效地控制这些决策，以及能够有效地为造成的损害分配法律责任。http://standards.ieee.org/develop/indconn/ec/autonomous_systems.html，2017年12月13日访问。

伦理性的审查要求，采用人工审查模式。同时，要求社会学家、法学家等共同设计伦理框架，在算法设计阶段就为算法的研发和应用提供道德准则。

（二）要求算法设计者承担一定的设计责任

为了保证设计过程监管与未来责任回溯，监管机构将需要增加有关设计责任的制度，以补充现有的设计安全模型和隐私设计模式。具体包括将设计日志责任法定化，如涉及在封闭式和开放式机器人中要求某些硬编码的审计日志；或严格执行实验许可，在实验阶段充分考虑可能存在的问题，如对开放式机器人许可实验。这些设计责任类似于在金融领域建立的“审计线索”，现在已经成为重要的法律措施。这些设计责任不仅有利于算法投入使用后的管理，也必然会反向影响系统开发，即对符合价值取向的算法设计进行制度激励。[1]

（三）要求设计者承担充分的测试责任和披露责任

应将敏感和关键领域算法设计的测试责任和披露责任法定化。应在第一步机器伦理指导下，算法投入使用前，要求设计者充分测试算法。并且应细化要求算法设计必须进行必要的迭代测试以达到预测性能的客观视图。例如，犯罪预测类算法在投入使用前，应充分在不同地区和领域测试，收取达到规定数量的数据集，并测试其在打击犯罪中的实际作用。测试责任也应充分考虑公共利益标准，避免将算法设计中可能存在的危害外在化。否则，算法设计者应承担责任，或被迫撤回或修改算法。

[1] Calo, Ryan, A. Michael Froomkin, and Ian Kerr, eds.: *Robot law*. Edward Elgar Publishing, 2016.

二、运营阶段：评价标准与程序正当

运营阶段的算法规制目标仍在于以评价标准与正当程序促使算法权力的运行处于公众监督之下。

（一）算法的法律评价标准公益化

公权力代表公共利益对平台公司的算法进行较以往更为严格的规制初见端倪。如今日头条的算法设计的目标是最大限度吸引流量与增加用户在线时间，符合正常商业盈利最大化的目标。但国家广播电视总局 2018 年 4 月要求今日头条关停“内涵段子”应用程序，同时要求今日头条为其产品“抖音”配置反沉迷系统。[1] 这实质上是公权力通过对平台公司的商业行为以公共利益标准进行规制，实际针对的是追求盈利目标的算法。对算法的规制，目的为限制算法对于公众权利的侵蚀，这必然要求以公共利益为规制的原则，而由于用户相对平台公司的弱势地位，仍须以公权力为代表对平台公司的算法进行规制。

（二）部署应用算法的平台责任严格化

有必要对原有责任制度进行扩充，打破平台公司的过错和算法的不可解释性这两大归责障碍。目前各国均有扩用责任制度的尝试。例如，美国对无人机登记制度正全面铺开，政府要求无人机必须有牌照，以便将任何鲁莽或者疏忽飞行的无人机与相关人员联系起来。[2] 此外，即使平台公司无法解释算法如何产生结果，也应

[1] 参见《“内涵段子”被永久关停　张一鸣发文致歉反思》，http://www.cankaoxiaoxi.com/society/20180423/2262696.shtml。

[2] 参见《民航局：6 月 1 日起民用无人机实行实名登记制》，http://www.cnhan.com/html/tech/20170516/599807.htm。

对其使用的算法所作出的自动化决策负责。虽然算法的不可解释性仍未有实质解决方案，但欧盟开始尝试创制算法解释权。美国的监管者则主张在财务和信用方面的算法造成不利法律后果时，确保“意图”不是责任的必要条件。[1] 在新的人工智能责任体系建立完善之前，沿用与扩用责任制度是也是一种无奈与必然。2016年，欧洲议会提出了“机器人法”立法建议报告，尽管此报告中畅想了未来对人工智能自动化决策设立法律人格，并没有提出具体的方案，而是主张机器人造成的损害由主人来承担责任[2]，并提议公司为机器人购买保险和成立专门基金补充保险机制。为应对人工智能的冲击，扩用现行制度仍是当下保守的而不失明智的选择。

（三）算法自动化决策程序的正当化

算法自动化决策对公民权利影响甚巨，却完全规避正当程序。尤其是算法的自动化决策已经大规模进入公共部门决策程序，在公法领域，自动化决策的算法解释权是正当程序的基本要

[1] Robinson Yu & Yu H., *Knowing the score: New data, underwriting and marketing in the consumer credit marketplace*. A Guide for Financial Inclusion Stakeholders，1—34 (2014). https://www.teamupturn.com/static/files/Knowing_the_Score_Oct_2014_v1_1.pdf. Ifeoma Ajunwa，EEOC Public Meeting on Big Data in the Workplace (Oct.13，2016)。在此文中作者描述了信用算法对数据的使用。Clint Boulton，*The hidden risk of blind trust in AI's "black box"*，http://www.cio.com/article/3204114/artificial-intelligence/the-hidden-risk-of-blind-trust-in-ai-s-black-box.html (July 6，2017)。在此文中作者描述了雇佣算法的验证。

[2] 如果机器人对人造成了损害，无论是适用罗马法中的“缴出赔偿”(noxoe deditio) 原则（即把机器人交给受害者或其家属处置），还是让机器人支付赔偿金或坐牢，最终承担责任的始终是机器人的“主人”，因为机器人不可能有独立的收入，限制它的“自由”则等于剥夺了其“主人”的财产权。参见郑戈：《人工智能与法律的未来》，载《探索与争鸣》2017 年第 10 期。

求。当公权力机关对当事人作出不利决定时，应当要告知当事人决定的内容并且说明理由，同时给予当事人陈述申辩的机会和救济的途径。[1]在美国联邦宪法上，正当程序条款甚至取得了概括性人权保障条款的地位。[2]我国司法实践中也在实际中运用正当程序原则审查行政行为。[3]随着私人规制和公权力的界限日益模糊，"私行政"的理念也日益要求参与社会事务并实际履行公益和人权保障功能的私主体，也应接受国家对其组织形式和程序的监督义务。[4]而算法的自动化决策因披着技术的外衣，一直拒绝对利害关系人公开。应用于美国社区管理的"真知"算法的设计者理查德·伯克坦陈："不透明性可以帮助我摆脱一切麻烦……我在作出对某些人不利的预测时，从来不会给出理由，我唯一的目标就是作出正确的预测。"[5]正当程序下，受到不利决策的自动化决策的人应有权知晓决定的内容与理由，并享有申诉和申辩的机会。

三、事后救济：解释权与有限主体化

法律规范行为主要有两种机制：事前（ex ante）和事后（ex

[1] 周佑勇：《行政法的正当程序原则》，载《中国社会科学》2004 年第 4 期。

[2] 余军：《正当程序：作为概括性人权保障条款——基于美国联邦最高法院司法史的考察》，载《浙江学刊》2014 年第 6 期。

[3] 何海波：《司法判决中的正当程序原则》，载《法学研究》2009 年第 1 期。

[4] [日] 山本隆司：「公私協働の法構造」碓井光明他編『公法学の法と政策（下）』，有斐閣，2000，第 556 页。转引自杜仪方：《公私协作中国家责任理论的新发展——以日本判决为中心的考察》，载《当代法学》2015 年第 3 期。

[5] Angwin，J.，Larson，J.，Mattu，S. & Kirchner，L. *Machine Bias.* ProPublica，https://propublica.org./article/machine-bias-risk-assessments-in-criminal-scentencing，2020-5-23 accessed. 23 May 2016.

post)[1]。前者是预防型的，即预测并防止某一事件的发生，后者为反应型，即对某一事件作出反应。[2] 无救济则无权利，算法规制必然包含事后救济和追责制度的建立。

（一）算法解释权制度

算法解释权指的是，当自动化决策的具体决定对相对人有法律上或者经济上的显著影响时，相对人向算法使用人提出异议，要求对具体决策提供解释，并要求更新数据或更正错误的权利。[3] 目前学界对自动化决策算法法律制度的讨论多集中在如何进行风险防范[4]，而算法解释权意在讨论风险发生后如何分配损害。

算法解释权的主体应当认为是受到自动化决策不利决策的相对人，如经过算法评估不被雇用的候选人、量刑和假释辅助算法决策的相对人等。负有义务者为自动化决策的使用者，包括根据合同自动化决策的使用者，如网络平台、保险公司、银行等，也包括使用自动化决策决定涉及资格、权利等事项的公共部门，如决策有关福利的发放、犯罪风险评估，教育入学资格等。需要指出的是，当算法的使用者无法提供解释时（如由于技术能力的限制），算法的开发者有义务进行协助，以为相对人提供具体决策的解释。

此外，算法的深度学习依赖数据，责任难以从数据流和算法中

[1] Calabresi G & Melamed A D., *Property rules, liability rules, and inalienability: one view of the cathedral*. Harvard law review, 1972: 1089—1128. *See* also Lessig L., *Code and Other Laws of Cyberspace' Basic Books*, 1999 [J]. 1999.

[2] 龙卫球：《数据新型财产权构建及其体系研究》，载《政法论坛》2017 年第 4 期。

[3] 张凌寒：《商业自动化决策的算法解释权研究》，载《法律科学（西北政法大学学报）》2018 年第 3 期。

[4] 司晓、曹建峰：《论人工智能的民事责任：以自动驾驶汽车和智能机器人为切入点》，载《法律科学（西北政法大学学报）》2017 年第 5 期。

被识别，只有算法本身才有可能提供合理的解释。[1] 在 2020 年 3 月 7 日，谷歌大脑团队的克里斯·欧拉（Chris Olah）公布了一项题为“可解释性的基础构件”的研究成果，该成果解决了神经网络这种最令人难以捉摸的算法的可视化问题，谷歌将其比喻为人工神经网络的核磁共振成像（MRI）。这种可视化解释技术简化了相关信息，使算法的工作状态回到了“人类尺度”，能够被普通人看懂和理解。未来这种“解释算法的算法”或者“监督算法的算法”必将成为算法规制的革新手段。

（二）算法有限主体化

在现行可能的规范手段中，可对算法的复杂性列出定性尺度，有助于评估算法自主程度并因应性地予以规范。算法主体性不同于法人等法律拟制制度，而是人造物基于智能性而非为法律规制便宜性而赋予其法律主体地位。算法法律主体化后进而可能要求有个人财产，享有一定言论自由，承担有限侵权责任，并受到法律保护不受到攻击、伤害。[2] 人工智能、机器学习和机器人领域的前沿领域，无论是智能合约、高频交易算法（时间跨度是人类无法察觉的），还是未来的机器人，都强调自主性。面对此类超级智能体的出现，人类的本能想法是赋予人工智能算法以法律主体地位，并发展出一系列相应制度以纳入现有法律体系的规制框架内。2016 年，欧洲议会的“机器人法”立法建议报告提出：“从长远来看要创设机器人的特殊法律地位，以确保至少最复杂的自动化机器人

[1] 张凌寒：《商业自动化决策的算法解释权研究》，载《法律科学（西北政法大学学报）》2018 年第 3 期。

[2] 胡凌：《人工智能视阈下的网络法核心问题》，载《中国法律评论》2018 年第 2 期，第 86 页。

可以被确认为享有电子人（electronic persons）的法律地位，有责任弥补自己所造成的任何损害，并且可能在机器人作出自主决策或以其他方式与第三人独立交往的案件中适用电子人格（electronic personality）。”赋予人工智能体以法律主体地位的设想否定了来源定律，即假定任何给定的机器人或算法系统都有创造者、控制者或所有者。

新兴的算法权力不仅打破了社会权力结构的平衡，更对现行法律制度提出了挑战，法律的场景化规制、行为模式和责任后果等逻辑均面临着算法权力的冲击。极单边化的算法权力如无合理的制衡和限制，不仅将使个人权利面临严重侵害的风险，还可能将人类导向不可预知的未来。算法权力的法律应对的是人工智能时代的重大主题。对此，一方面应充分利用现有法律资源，使算法更好地为人类服务；另一方面，也应充分意识到算法的自主性，以及算法权力具有异化的风险。算法规制的法律制度需着重应对算法的技术优势、架构优势与嵌入优势，以规制其异化风险。算法权力清单的设置，正当程序的实施，算法问责制的设计，不仅提供了充分的理论探讨空间，也需要与现有制度充分融合，打造体系化的算法规制结构。

第四章

搜索引擎自动补足算法的损害及规制

搜索引擎的自动补足算法能够在用户输入搜索关键词后，自动联想提供搜索建议。此项设计的初衷为用户提供便利，减少其打字数量从而提高搜索效率。然而，当自动补足算法能够生成真实或者误导的信息时，搜索建议可能造成多种损害。其一，最为常见的虚假信息涉嫌名誉权或隐私权损害，例如德国的前第一夫人贝蒂娜·武尔夫起诉谷歌要求其承担诽谤责任，其自动补足算法暗示武尔夫夫人曾从事过色情服务行业。[1] 百度被金德管业起诉，因其提供的搜索联想词暗示金德管业存在欺诈等行为。[2] 真实信息也可能造成隐私权损害，西班牙谷歌案件中，[3] 原告要求谷歌删除多年前的个人敏感信息。其二，自动补足算法可能造成商标权与著作权损

[1] See Frederic Lardinois, *Germany's Former Foreign First Lady Sues Google for Defamation Over Autocomplete Suggestions*, TECH CRUNCH, http://techcrunch.com/2012/09/07/germanys-former-first-lady-sues-google-for-defamation-over-autocomplete-suggestions/, 2018-06-01.

[2] "金德管业集团有限公司诉北京百度网讯科技有限公司侵犯名誉权纠纷案"，赵毅:《百度链接引发名誉权纠纷》, http://bjgy.chinacourt.gov.cn/article/detail/2009/09/id/870868.shtml, 2019 年 8 月 20 日访问。

[3] 原告互联网用户在谷歌搜索引擎中输入他的姓名 Costeja González 字符时，《先锋报》分别于 1998 年 1 月 19 日和 1998 年 3 月 9 日曾经登载的两则报道就会在网页链接中自动弹出。该两则报道内容及其网络页面中会显示一个房地产拍卖公告，而冈萨雷斯本人的名字出现在拍卖公告中，且拍卖公告的内容涉及冈萨雷斯的社保债务清偿问题。2014 年 5 月 13 日，欧洲法院（European Union Court of Justice）发布谷歌数据隐私一案的判决书，裁定谷歌西班牙公司败诉，必须移除原告相关网络搜索链接信息。基于本案诉讼中特殊的案件事实和原告主张，欧洲法院（转下页）

害。如输入某个电影名称，自动补足算法提示“免费下载”。其三，自动补足算法造成公共利益损害，例如，2016 年 5 月在英国谷歌输入“我如何加入”，自动补足算法提示的建议包括“我如何加入ISIS（一个伊斯兰极端组织）”。[1] 2017 年 11 月，Buzzfeed News 发现，在 YouTube 上搜索“how to have”时，给出的自动化搜索建议竟然是“如何与你的孩子发生关系”。[2]

搜索引擎是否应为自动补足算法承担相应责任，一直存在争议。[3] 目前为止，世界范围内的诉讼结果呈现巨大差异。搜索引擎主张无责的理由包括：搜索提示是由算法自动生成的，搜索结果符合技术中立，自身并无过错与审查义务等。主张搜索引擎应当承担法律责任的判决虽然理由不尽相同，但一般基于私法权利保护的角度，或出于支持当事人的被遗忘权，或出于搜索引擎并未履行通知删除义务等。不同的判决体现出算法损害在传统法律框架下的认定困难。

（接上页）在本案判决书中指出，欧洲网络用户可以要求谷歌公司从其互联网搜索结果中删除涉及个人的敏感信息，以保护自己的“被遗忘权”（the right to be forgotten）。附随本案判决书的欧洲法院法律顾问官意见书同时对该判决意见进行了详细的法律论证。裁判生效后，谷歌公司执行了欧洲法院的判决，并增加了欧盟用户“被遗忘权申请”的在线申请程序。*See* Post R C., *Data Privacy and Dignitary Privacy: Google Spain, the Right to be Forgotten, and the Construction of the Public Sphere*, 67 Duke Law Jounal, 981（2017）.

[1][2] See Issie Laposky, *Google Autocomplete Still Makes Vile Suggestions*（Feb.12, 2018）, https://www.wired.com/story/google-autocomplete-vile-suggestions/amp?__twitter_impression=true, 2018-08-01.

[3] 本章中的“搜索引擎”可广义理解为提供信息搜索服务的互联网平台，既包括谷歌、百度等提供专门提供搜索引擎服务的互联网平台，也包括购物、视频等同样使用搜索引擎的互联网平台，文中除了搜索引擎平台的案例也包括其他平台因搜索引擎算法承担法律责任的案例。

搜索引擎自动补足算法的损害如同一片棱镜，折射出算法广泛嵌于不同应用场景和平台架构之后，对传统理论与司法实践提出的挑战。无论是通用搜索引擎（如谷歌、百度）还是垂直搜索引擎（如淘宝和 YouTube），早已成为网络用户获取信息最重要的来源。诚如 James Grimmelmann 所言："互联网中的信息越来越庞杂，而搜索引擎是互联网的新支柱。它们是图书管理员，处理网络混乱庞杂的信息。它们是评论家，把内容提升到显眼的位置，或放至毫不起眼的位置。"[1] 那么，搜索引擎（等平台）是否应该为自动补足算法产生的结果承担法律责任？如果承担，这种法律责任的理论基础又是什么？应该以何种进路规制搜索引擎（等平台），以避免算法运行带来的损害？

第一节　搜索引擎算法损害责任的认定路径

搜索引擎问世伊始，其法律责任即极富争议，同案不同判屡见不鲜。迥异的判决背后隐含着对两个关键问题的不同解读：其一，搜索引擎的法律地位；其二，搜索引擎在侵权行为中的作用。肯定搜索引擎责任的判决基于其作为信息发布者的地位与搜索引擎帮助侵权的作用。否认搜索引擎责任的判决则基于算法的技术中立免责与其享有言论自由。

一、肯定责任的判决：搜索引擎作为信息发布者或帮助侵权

在肯定搜索引擎侵权责任的案件中，认定责任的基础分为地位

[1] Grimmelmann J. *Speech engines*, 98 Minnesota. Law. Review. 868 (2013).

论与作用论。地位论认为通过技术原理分析，搜索引擎应该被认定为主动和积极的信息发布者，进而需承担侵权责任。作用论则从搜索引擎在侵权行为中的作用，认定其帮助侵权进而需承担侵权责任。

（一）地位论：信息的缓存与发布者

搜索引擎的自动补足算法能够为网络用户提供搜索建议，肯定侵权责任的判决将这种行为认定为信息发布，进而否定算法中立的辩护而要求搜索引擎承担侵权责任。

面对搜索引擎主张“算法技术中立”和“算法自动生成建议”的辩护，判决从技术角度来论证搜索引擎信息发布者的地位。简单将自动补足算法生成搜索建议的过程解释为：第一步，搜索引擎累积内容；第二步，用户输入关键词；第三步，搜索引擎通过自动补足算法与关键词相联；第四步，用户收到搜索建议。因此，自动补足算法生成搜索建议是搜索引擎、网页内容提供者、网络用户的互动行为。

法院的推理同样从技术的角度展开。自动补足算法是搜索引擎的一项独立的功能，引入了搜索引擎累积的信息内容作为资源。这时搜索引擎的法律地位不再仅仅是信息通道和技术服务提供者，而是通过信息累积缓存和再次发布的行为，成为独立的信息发布者。在 2011 年意大利米兰法院的判决中，谷歌的自动补足算法把“欺骗、骗局”作为原告姓名的搜索联想。谷歌抗辩其自动补足算法的搜索联想只是“他人提供信息的存储活动”。然而，法院认定，恰恰由于谷歌“托管了所有用户的搜索结果”，并且经过算法“特定方式加工”而提供给其他用户，因此不适用“避风港原则”而作为信息发布者承担侵权责任。[1] 此种通过技术确定信息发布者的法律地位的说理路径在其他欧盟国家的案件中较为常见。[2]

欧盟之外的某些国家也采取了这一说理路径。2012 年 11 月 12 日，澳大利亚音乐人 Michael Trkulja 对谷歌的案子胜诉，因为谷歌的自动填充功能错误地将其与有组织的犯罪和谋杀联系在一起。此案中，谷歌被认定为“信息发布者”(publisher) 进而承担了诽谤责任。[3] 谷歌在美国采取的言论自由的辩护策略在美国境外普遍受挫，一方面在欧洲言论自由并不涵盖自动补足算法提供的信息，另一方面欧盟法院通过技术分析，搜索引擎因对自动补足算法的控制成为信息发布者。[4]

（二）作用论：帮助侵权行为实施

除了直接认定信息发布者的地位论以外，另一些判决采取了较为缓和的“作用论”——即通过认定自动补足算法的帮助侵权行为的作用，来认定搜索引擎的侵权责任。

[1] Tribunale di Milano, Ordinanza, May.23, 2013. *See* Karapapa S. & Borghi M., *Search Engine Liability for Autocomplete Suggestions: Personality, Privacy and the Power of the Algorithm*, 23 (3) International Journal of Law and Information Technology, pp. 261—289 (2015).

[2] 此种说理路径同样体现在了欧莱雅与易贝案，以及法国的谷歌案件中。See Karapapa S. & Borghi M., *Search Engine Liability for Autocomplete Suggestions: Personality, Privacy and the Power of the Algorithm*, 23 (3) International Journal of Law and Information Technology, pp. 261—289 (2015).

[3] *See* T. C., *Sottek, Google Loses Australian Defamation Case After Court Rules That It Is Accountable as a Publisher*, http://www.theverge.com/2012/11/26/3694908/google-defamation-australia-publisher, 2018-04-23.

[4] Michael P. Bennett & Ryan T., *Sulkin, Ninth Circuit Tightens the Belt on Immunities for Online Publishers of User-Generated Content*, LEXOLOGY (June 8, 2007), http://www.lexology.com/library/detail.aspx?g=9a998c44-1ab3-4124-9d3d- 4ae2f1a5dbec, 2018-12-03.

日常的搜索经验表明，自动补足算法提供的搜索建议具有较强的引导搜索作用。当用户输入一个关键词后，即使自动补足算法提供的建议并不匹配用户的初步意向，也会引导用户的好奇心，转而点击自动补足算法的搜索建议。因此在这种情况下，自动补足算法不仅仅是加速搜索，而是具有“促进”与“定位”的作用，使得算法的搜索建议变得更加热门。而用户会更多地点击自动补足算法提供的建议，以此提高此项建议的点击量，使得自动补足算法提供此项建议的可能性增加，形成恶性循环。[1]

这种性质与效力十分模糊的搜索建议行为引发了欧盟国家广泛的司法审查。在法国最高法院审理的案件中，法院认为搜索建议引发了用户的好奇心，使得他们的搜索转向了算法的建议。这进一步形成了“雪球效应”，使得谷歌“中立的算法”这一抗辩理由不再成立。[2] 自动补足算法通过引导用户搜索方向，使得用户点击量增加，构成了对侵权行为的帮助。

早期，搜索引擎承担侵权责任的情况往往局限于算法提供了诽谤类的不实信息，如德国联邦法院 2013 年的案件。[3] 在西班牙谷

[1] 这种搜索建议的“恶性循环”作用在美国议员对算法自动补足建议的讨论中也曾提到。*See* Kate Turmarello, Search Engines are a Thorn on Congress' Side, Roll Call, 2018-04-22.

[2] *See* Kashmir Hill, *French Court Forces Google To Change "Crook" Company's Autocomplete Suggestion*, https://www.forbes.com/sites/kashmirhill/2012/01/05/french-court-forces-google-to-change-crook-companys-autocomplete-suggestion/#735c33132ce4, 2018-03-06.

[3] 原告是一家化妆品公司的经营人，发现自己的名字在谷歌搜索中提供的补足联想为“山达基教”和“诈骗”。联想这个判决推翻了之前判决的认定。法院的理由为“这种诉讼的理由并不是谷歌的缓存服务，而是由于谷歌的软件以特殊方式运作产生的产品”。*See* Karapapa S. & Borghi M., *Search Engine Liability for Autocomplete Suggestions: Personality, Privacy and the Power of the Algorithm*, 23 (3) International Journal of Law and Information Technology, pp. 261—289 (2015).

歌案件之后，搜索引擎由于算法承担侵权责任的情况扩展至算法提供了真实的合法信息。原告发现通过谷歌将自己的名字与之前的房屋拍卖信息相连，提起了诉讼。西班牙法院支持了原告的诉讼请求，理由就是搜索引擎算法可能削弱或者扭转用户本身的搜索结果，完成个人身份与信息的联结。[1] 作用论从搜索引擎算法在获取信息中的作用来论证其法律责任的路径，将搜索引擎算法侵权信息的范围从非法信息扩展至了合法信息。

我国行政部门有以作用论认定网络平台行政责任的先例。2015年，国家工商总局直指阿里巴巴纵容用户销售侵权和违禁商品，通过自动分类、提供搜索工具算法，“涉嫌在明知、应知、故意或过失等情况下为无照经营、商标侵权、虚假宣传、传销、消费侵权等行为提供便利、实施条件”，客观上帮助了违法行为的实施。[2] 由此可见，因算法的部署、应用而承担法律责任在欧盟与我国均有先例。

二、否认责任的判决：算法技术中立或言论自由论

围绕同一问题的不同说理导致不同的判决结果。否认搜索引擎因自动补足算法承担责任的判决同样可分为作用论与地位论。作用论认定算法作为技术客观中立，因此搜索引擎并无主观过错不应承担侵权责任。地位论则将搜索引擎由算法产生的结果作为言论，搜索引擎因享有言论自由而免责。

[1] Post, Robert C., *Data Privacy and Dignitary Privacy: Google Spain, the Right to be Forgotten, and the Construction of the Public Sphere*, 67 Duke Law Journal 981 (2017).

[2] 赵鹏：《私人审查的界限——论网络交易平台对用户内容的行政责任》，载《清华法学》2016年第6期。

（一）作用论：算法技术客观中立

否定搜索引擎法律责任的常见说理路径为，补足算法自动生成搜索建议——搜索引擎没有主观过错——因此无需承担侵权责任。由于搜索建议由自动补足算法生成，而非搜索引擎主动发布，其经常主张技术中立原则而拒绝承担责任。例如，在德国武尔夫夫人的案件中，谷歌提出的抗辩即为“搜索结果由算法自动生成”。[1]

基于法律和政策考虑，搜索引擎很多次选择了算法技术中立，没有主观过错的辩护策略并取得成功。技术中立原则也称“实质性非侵权用途原则”，指销售一种同时具有合法和非法用途的商品时，可免负侵权责任。在技术中立原则下，技术的使用者和实施者只要没有主观上的过错，就无需为技术作用于社会的负面效果承担责任。如我国 2015 年的任某诉百度名誉权案件中，任某以其在教育和管理领域享有盛誉、百度搜索将“陶氏教育”“陶氏”与其姓名关联、陶氏教育口碑不佳为由，以其名誉、姓名及“被遗忘权”受侵害为由起诉百度公司。法院认为，百度提供的搜索建议“即任某姓名系百度搜索引擎经过相关算法的处理过程后显示的客观存在网络空间的字符组合”，“检索词的序列动态变化、时时更新。故百度公司对相关关键词在搜索结果中出现并不存在主观过错”。[2]

[1] *See* Frederic Lardinois, *Germany's Former Foreign First Lady Sues Google for Defamation Over Autocomplete Suggestions*, TECH CRUNCH, http://techcrunch.com/2012/09/07/germanys-former-first-lady-sues-google-for-defamation-over- autocomplete-suggestions/, 2018-06-01.

[2] 北京一中院（2015）一中民终字第 09558 号“任某与某科技公司名誉权纠纷案”，参见陈昶屹：《任甲玉诉北京市百度网讯科技公司侵犯名誉权、姓名权、一般人格权纠纷案——网络侵权中“被遗忘权”的适用范围与条件》，载《人民法院案例选》2017 年第 1 期。

由于算法补足的内容是自动生成的，因此很难符合欧洲既往诽谤案例中严格的主观过错认定条件。如在英国的 Bunt v. Tilley 案件中，法庭认为侵权责任的成立必须具有主观要素，而搜索引擎仅仅提供了网络服务的便利。[1] 这样并不满足诽谤的条件，即必须既具有发布信息的意图又发布了实质性内容，因此行为人可主张合理传播进行辩护。在英国 Metropolitan International Schools Ltd. v. Design Technical Corns 一案中，法院再次确认了这一立场。当原告搜索自己名字时，其他网站上的诽谤通过搜索建议以“片段”的方式呈现出来。法庭认为，搜索引擎并未通过输入产生搜索建议，没有授权或者使此代码在用户的屏幕上出现，而仅仅是扮演了“提供便利的角色”(即网络服务提供者)。[2] 在作用论的判决说理中，技术中立成为搜索引擎的免责金牌。

（二）地位论：信息发布者享有言论自由

美国产生了一系列否认搜索引擎因算法承担侵权责任的案例，其法院判决的说理路径为：自动补足的搜索建议可以控制——搜索引擎是信息发布者——搜索引擎的言论自由受到保护。在这种路径下，搜索引擎需要证明自己可以直接控制和影响搜索结果，所以搜索结果并无中立的可能，而必然存在主观搜索偏倚。既然是一种主观偏倚的言论，自然享有美国宪法所赋予的言论自由，免于承担侵权责任。

[1] Bunt v. Tilley [2007] 1 WLR 1242. *See* Rolph, David, *Publication, Innocent Dissemination and the Internet after Dow Jones & Co Inc. v. Gutnick,* 33 UNSW Law Journal 562(2010).

[2] Metropolitan International Schools Ltd v. Designtechnica Corp [2009] EWHC 1765 Q.B.

在既往美国的案例中，谷歌多次采用了“言论自由”的辩护思路。例如，在 Search King v. Google 案中，Search King 公司声称谷歌的恶意篡改网页排名算法导致其访问量急剧下降。[1] 法庭认为算法并非“客观的”“中立的”，“谷歌从来没有放弃其作为言论者的权利，即选择向用户提供何种信息以及如何提供这些信息”。[2] 这一观点在 Langdon 公司与谷歌、雅虎等搜索引擎的案件中也得到了体现。法院认为谷歌、雅虎移除与原告相关的搜索结果只是合法行使“编辑者的决定”，因此其行为受到宪法保护。[3]

在这一说理路径中，核心要素是搜索引擎因对算法的控制能力而享有信息发布者的法律地位。这种控制能力甚至直接得到了谷歌公司自己的确认。例如，从 2012 年 8 月开始，谷歌宣布一些网络下载软件的搜索建议被移除，因为“将盗版的可能性作为搜索建议考量的内容”。[4] 因此在美国的众多案例中，搜索引擎大量采用了承认其对搜索排名和建议的控制能力，进而被认为是言论发布者，享有宪法保护的言论自由的辩护策略。

同样通过搜索引擎自动补足算法的技术分析，迥异的判决认定搜索引擎“信息发布者”和“服务提供者”不同的法律地位。同样

[1] Search King, Inc. v. Google Technology, Inc., Case No. CIV-02-1457-M. (W. D. Okla. May. 27, 2003)

[2] *See* Blackman, Josh, *What Happens if Data Is Speech*, 16 U. Pa. J. Const. L. Height. Scrutiny 25 (2013).

[3] *See* Eric Goldman, *Search Engines Defeat "Must-Carry" Lawsuit—Langdon v. Google,* https://blog.ericgoldman.org/archives/2007/02/search_engines_3.htm, 2018-03-20.

[4] *See* Ian Paul, *Google Restricts Pirate Bay from Autocomplete, Instant Search Features*, PCWORLD (Sept. 11, 2012), http://www.pcworld.com/article/262134/google_restricts_pirate_bay_from_autoco mplete_ instant_search_features.html, 2018-07-13.

是分析搜索引擎的算法在信息传播中的作用，却可以得出“技术中立”与“信息引导与集合”不同能动作用的结论。相同的说理得出迥异的结论，其背后的原因值得进一步探究。

第二节　不同的法律地位理论与政策利益权衡

不同说理路径的背后隐含着多重因素的综合衡量。搜索引擎是否基于自动补足算法承担法律责任的因素，一方面包含着对搜索引擎及算法的不同法律地位的理论解说，另一方面基于各国法院与政府在不同案件中的政策价值取向。

一、法律地位考量：信源或信道的理论选择

根本上说，搜索引擎是否应为自动补足算法承担侵权责任的争议来自以下两点：第一，自动补足算法是技术中立的还是可控的？算法生成的搜索建议是客观的还是主观的？对于这两个问题的不同回答背后隐含着搜索引擎法律地位的假设。从信息论的角度来看，信息传播各部分可分为信源（信息发布者）、信道（传播媒介）和信宿（信息接收者）三部分。[1] 认为算法中立、自动补足建议客观的判决，背后隐含着搜索引擎是信道的假设；[2] 认为算法可控，自动补足建议主观的判决则隐含着搜索引擎是信源的假设。

（一）作为信道的搜索引擎：客观中立的算法假设

互联网发展早期，搜索引擎被视为与电报、电话等公共服务无异，被描绘为互联网的地图。言论只有通过媒体才有机会被公众得

[1] 李梅、李亦农：《信息论基础教程》，北京邮电大学出版社2008年版，第4页。
[2] *See* Grimmelmann & James, *Speech Engines*, 98 Minn. L. Rev. 868 (2013).

知，[1]因此需要法律对媒体的监管而遵循公共利益原则，防止私人公司对言论的私人审查。[2]为此，电信运营法律长久以来都遵循无歧视原则。[3]无歧视原则的具体体现，则是电话与电报被视为公用事业公司，以及后来的“网络中立”原则。

“媒体”理论后修正发展为“信道”理论，但仍坚持认为，搜索引擎对言论自由等公共利益有巨大影响，应该“客观、中立”。[4]搜索引擎与传统媒体的不同之处在于，其功能是将其他媒体与网站的言论呈现给网络用户。[5]一些学者甚至认为应该建立“搜索中立原则”确保各网站都有被搜索到的权利。[6]而判定谷歌因为具有垄断性市场主导地位，因此要提供客观中立搜索结果不应歧视网页也是基于信道理论。

在搜索引擎是“信道”的理论假设下，可以得出：其一，自动补足算法是一项客观中立的技术；其二，补足的搜索建议由用户搜索发起，并由算法自动生成。由此可推断搜索引擎并不需承担侵权责任。当搜索引擎使用“技术中立”为自动补足算法的建议辩护时，实际上是从信道的角度考虑，因为只有信道才有客观中立的可

[1][4] *See* Emily B. Laidlaw, *Private Power, Public Interest: An Examination of Search Engine Accountability,* 17 J. L. INFO & TECH 113, 122 (2008).

[2] Lucas D. Introna & Helen Nissenbaum, *Shaping the Web: Why the Politics of Search Engines Matter*, 16 INFO. Soc'Y 169, 169—170 (2000).

[3] *See* Daniel A. Lyons, *Net Neutrality and Nondiscrimination Norms in Telecommunications,* 54 ARIZ. L. REV,1029 (2012).

[5] *See* Oren Bracha & Frank Pasquale, *Federal Search Commission? Access, Fairness, and Accountability in the Law of Search,* 93 CORNELL L. REV 1149, 1199 (2008).

[6] *See* Nate Anderson, *Search Neutrality? How Google Became a Neutrality Target,* ARS TECHNICA, http://arstechnica.com/tech-policy/2010/04/search-neutrality-google-becomes-neutraliy/, 2018-07-15.

能。同样，当搜索引擎要求使用“避风港原则”时，也是将自身作为信道。

（二）作为信源的搜索引擎：可控算法的侵权责任

与信道理论不同，搜索引擎的“信源”理论将搜索引擎看作是信息的发布者，而自动补足算法则类似发布信息的编辑。在这种理论假设下，自动补足算法的搜索建议被认定为编辑的结果，进而搜索引擎作为言论的发布者，或确认搜索建议是言论自由予以保护，或确认搜索建议是算法发布的信息认定责任，背后隐含着同样的假设。

自动补足算法的搜索建议从形式上更加符合信源理论。虽然网页排序是不是搜索引擎发布的信息尚存在争议，但搜索建议在用户输入关键词后直接生成，因此诸多判决都采取了信源理论。正如谷歌的搜索引擎工程师宣称，“某种程度上当人们使用谷歌，就是在寻求我们的编辑性的判断”。[1]

然而信源理论实践中存在缺陷：由于搜索引擎算法主观上的过错难以举证，必然导致根据侵权结果倒推主观过错的判决说理路径。网络技术使得法官难以判断搜索引擎类的网络服务提供者的主观过错。仅以我国为例，如网络服务提供者是否“知道”有复杂的认定体系，[2] 如要考虑网络服务性质、侵害权益的类型、浏览量，

[1] *See* Steven Levy, TED 2011: *The "Panda" That Hates Farms: A Q&A with Google's Top Search Engineers*, WIRED NEWS, http:// www.wired.com/business/2011/03/the-panda-that-hates-farms/all/2018-07-15.

[2] 对搜索引擎的过错认定是一复杂问题。根据我国《侵权责任法》第 36 条的规定，网络服务提供者不知道侵权行为发生不承担侵权责任，但在被通知有侵权行为的存在后不采取措施制止侵权行为，则存在过错，承担侵权责任。这体现的是不作为的过错责任观念。第 36 条第 3 款规定网络服务提供者知道网络用户利用其网络服务侵害他人民事权益，未采取必要措施的，与该网络用户承担连带责任，说明对过错责任的认定采取主观过错而非客观过失。

等等。[1] 而自动补足算法发布的意图仅通过侵权结果来推断难以令人信服。

由此可见，看似纷乱的迥异判决实际上是采用了不同的理论假设。认定搜索引擎为信道，自然推论是自动补足算法仅是中立的技术；认定搜索引擎为信源，则可根据不同损害类型判定搜索引擎承担不同法律责任。然而，两种理论均有解释上的缺陷，实践判决中的采用随机性也证明了其均不完备。那么，是什么决定了各国在司法实践中选择不同的理论呢？

二、政策利益考量：产业、公共与私人利益

无论是通用搜索引擎（如谷歌、百度）还是垂直搜索引擎（如淘宝和 YouTube），这些早已成为网络用户获取信息最重要的来源。因此，搜索引擎覆盖着从国家利益、公共利益到公民个人利益等多层次法益。不同的利益倾向使得类似的案例在不同国家得出了迥异的判决。

（一）基于产业利益的不同选择

案例梳理显示，美国与中国等互联网产业较为发达的国家，基于产业利益选择审慎地为搜索引擎设置法律责任。而欧盟等国家和

[1] 对“知道”的理解则是一个复杂问题。比如，一是考虑网络服务提供者是否以人工或者自动方式对侵权网络信息以推荐、排名、选择、编辑、整理、修改等方式作出处理；二是考虑网络服务提供者管理信息的能力、提供服务的性质、方式引发侵权的可能性；三是网络信息侵害人身权益的类型及明显程度；四是侵权网络信息的社会影响程度或者一定时间内的浏览量；五是网络服务提供者采取预防侵权措施的技术可能性及其是否采取了相应的合理措施；六是网络服务提供者是否针对同一网络用户的重复侵权行为或者同一侵权信息采取了相应的合理措施。《最高人民法院关于审理利用信息网络侵害人身权益民事纠纷案件适用法律若干问题的决定》第9条对网络服务者是否“知道”侵权行为的存在作出了规定。

地区的判决则普遍显示严格保护个人权利的传统倾向。

美国和中国一般对认定搜索引擎的侵权责任持较为谨慎的态度。美国模式继续以传统的侵权责任司法救济模式来保护个人权利，为技术创新留下足够的空间。美国传统的侵权法通常将侵权主体分为两类：信息的出版商和分销商。信息的分销商如电话、电报等无法控制通过其网络传输的内容，且法规要求它们为所有客户提供服务，所以它们对其他人发布的侵权内容不承担责任。[1] 1996年美国《通信风化法案》(Communications Decency Act，简称CDA）在互联网领域沿用了“出版商”和“分销商”的分类，CDA第230条规定交互式计算机服务者不被视作其他内容信息提供者所提供信息的出版商，为网站和互联网服务提供商提供强大的豁免权。例如，在美国第九巡回法庭的案例中，进一步确认了搜索引擎仅仅是“中立工具”而非信息出版商的法律地位。[2] 根据美国法院的诉讼先例，[3] 仅对网上资料的一般修订都不会使网站成为“信息内容提供者”。[4] 目前美国尚未在自动填充算法侵害个人名

[1] James Grimmelmann, *The Structure of Search Engine Law*, 93 IOWAL. REV. 3 (2007).

[2] 此观点见美国第九巡回法庭，Carafano v. Metrosplash.com，帮助确立了“中立工具”的司法标准。此案中某人伪造了女演员Carafano假的婚恋网站账户(Matchmaker.com）该演员随即收到骚扰电话与信件。婚恋网站接到通知后随即关闭了这个伪造账户。法院判决网站不承担侵权责任。Carafano v. Metrosplash.com, Inc., 339 F.3d 1119 (9th Cir. 2003).

[3] 1996年的ACLU v. Janet Reno的裁决中，法官依据CDA将搜索引擎认定为网络服务提供者。但与此同时，宾夕法尼亚东区地区法院的法官敏锐地意识到，对于网络内容提供商而言，被搜索引擎检索到的能力至关重要。Reno v. American Civil Liberties Union, 521 U.S. 844 (1997).

[4] 在Fair Housing Council of San Fernando Valley v. Roomates.com中，网站为用户设置了一系列问卷调查，后根据问卷结果将用户根据信息划分为不同种类。并且，此问卷调查是用户使用网站服务的先决条件。据此，法院认定网站不仅是“分销商”，而且是信息出版商。Fair Housing Council v. Roommate.com, LLC, 666 F.3d 1216 (9th Cir. 2012).

誉权等案件上作出明确的判决，原因在于因交互式计算机服务提供者在 CDA 下受到保护。[1] 目前美国仅可查到的自动补足算法搜索建议侵权的案例，也以原告的撤诉而告终。[2]

我国的法官也对向搜索引擎施加注意义务极为审慎。在我国第一例自动补足算法的诉讼中，尽管经过一二审的反复，最后判决仍倾向为互联网产业留足发展空间。在金德管业诉百度案件的一审判决中，法院认为自动补足算法提供的搜索建议“上述文字的存在的确会对金德管业公司的名誉造成损害。北京百度公司未尽到相应审核义务的行为在主观上存在过错”，但在二审中采取了相反的立场，认为百度不需承担审核义务。这一司法精神继续体现在了之后的案件中。

与此形成鲜明对比的是，欧盟等国家并无发达的互联网产业，又有保护个人权利的传统。因此对搜索引擎等互联网公司施加注意义务成为其互联网政策博弈的发力点。在欧洲，法国为自动补足算法侵害企业名誉权罚款谷歌 65000 欧元，[3] 德国法院直接下令谷歌“限制其自动补足算法结果”，[4] 西班牙、意大利等国普遍的法院判

[1] *See* Popyer & Kacy, Cache-22: *The Fine Line between Information and Defamation in Google's Autocomplete Function*, 34 Cardozo Arts & Ent. LJ 835 (2016).

[2] *See* Guy Hingston v. Google Inc, US District Court, SACV 12—02202 JST (AN x). Wendy Davis: *Doctor Withdraws Lawsuit About Google's Autocomplete Suggestions*, https://www.mediapost.com/publications/article/197472/#axzz2TN3f3mIF, 2018-07-20.

[3] *See* Danny Post, *Google Fined $65K in France for "Crook" Autocomplete Suggestion*, https://searchenginewatch.com/sew/news/2136539/google-fined-usd65k-france-crook-autocomplete-suggestion, 2018-5-12.

[4] *See* Frederic Lardinois, *Germany's Former Foreign First Lady Sues Google for Defamation Over Autocomplete Suggestions*, TECH CRUNCH (Sept. 7, 2012), http://techcrunch.com/2012/09/07/germanys-former-first-lady-sues-google-for-defamation-over- autocomplete-suggestions/, https://searchenginewatch.com/sew/news/2268416/germany-orders-google-to-restricjavascript-void-0-t-autocomplete-results, 2018-4-29.

例是搜索引擎自动补足算法要承担侵权责任。澳大利亚在搜索引擎自动补足算法的侵权案件中一贯支持搜索引擎承担侵权责任，[1]日本甚至为自动补足算法的名誉权侵权而禁止谷歌再使用自动补足搜索建议的功能。[2]

（二）基于安全利益的相似政策

形成鲜明对比的是，各国在涉及安全利益的案件中再无立场不同，高度一致地为搜索引擎设置了较为严格的注意义务，均要求其承担内容审查与删除的责任。

以美国为例，虽然在涉及商业利益与个人利益的案件中否认搜索引擎为算法承担法律责任，但对涉及社会敏感的种族歧视、暴力、仇恨等自动补足算法的联想词则设立了严格标准，一改“尊重言论自由”的态度，要求谷歌及时清除和限制。2016年，谷歌发现“希特勒”“犹太人”的搜索自动补足结果是“希特勒是英雄”和“犹太人是邪恶的”之后，出手对自动补足结果进行了修改限制。[3]早在2009年，我国监管部门因谷歌自动联想功能涉嫌传播淫秽色情内容要求其整改，谷歌随即表示“将彻查所有的服务并采取一切必要措施来解决搜索结果中存在的问题”，并立即暂停了自

[1] *See* Asher Moses, *Australian Surgeon Sues Google Over "Bankrupt" Autocomplete*, THE SYDNEY MORNING HERALD, http://www.smh.com.au/technology/technology-news/australian-surgeon-sues-google-over-bankrupt-autocomplete-20130122-2d480.html, 2018-08-20.

[2] *See* David Angotti, *Court Orders Google Autocomplete Changes: Japanese Man Defamed by Algorithm*, http://www.searchenginejournal.com/google-autocomplete-defamation-case/41864/, 2018-08-20.

[3] *See* Frank Augugliaro, *Google Autocomplete Still Makes Vile Suggestions*, https://www.wired.com/story/google-autocomplete-vile-suggestions/amp?__twitter_impression=true, 2018-11-22.

动补足算法的联想词搜索业务，对低俗内容进行清理。此举显示了谷歌完全有能力控制搜索结果与自动补足算法的搜索建议，而并非其一贯宣称的“由算法自动生成”。

各国政府进行监管时普遍不再考虑搜索引擎的法律地位等理论问题，而是直接要求搜索引擎控制和限制自动补足算法，而这些要求普遍都能够得到执行。在谷歌每六个月公布一次的透明度报告中，常见各国政府对谷歌提出的各种删除和修改搜索结果的要求。例如，2016 年前六个月各国政府共计送来 18000 份删除数据的指令，在美国和巴西，至少 90% 的指令会得到谷歌的执行。[1] 谷歌也为避免法律责任删除可能违反当地法律的信息，如在泰国谷歌主动屏蔽了来自 YouTube 上涉嫌侮辱泰国王室的视频，在阿拉伯地区删除暴力煽动性视频等，[2] 这些举措也显示了其对自动补足算法具有控制能力。

无论是信源或信道的不同理论假设，还是产业利益与安全利益的不同价值取舍，都决定了搜索引擎算法的法律责任是一个多重因素权衡设计的结果。搜索引擎算法法律责任的涉及框架，应基于其技术地位的分析和利益均衡考量展开。

[1] *See* Miranda Miller, *Google Reveals More Government Search Censorship Requests*, SEARCH ENGINE WATCH (June 19, 2012), http://searchenginewatch.com/article/2185571/Google-Reveals-More- Government-Search-Censorship-Requests, 2018-11-22.

[2] *See* Claire Cain Miller, *As Violence Spreads in Arab World, Google Blocks Access to Inflammatory Video*, N.Y. TIMES (Sept.13, 2012), http://www.nytimes.com/2012/09/14/technology/google-blocks-inflammatory-video-in-egypt-and-libya.html?_r=0. 2018-11-22.

第三节 搜索引擎作为基于算法的信息发布者

搜索引擎显然既非纯粹的信源，也不是单纯的信道。从技术角度分析搜索引擎算法在信息发布中的地位是其法律责任设计原点。与此同时，搜索引擎既具有互联网基础设施的公共特性，又是营利性的企业，都需在搜索引擎的归责与规制中体现。

一、搜索引擎的地位：基于算法的信息发布者

基于算法对信息和数据流的处理，搜索引擎兼具“信源”属性与“信道”属性。因此其既不是单纯的网络服务提供者，也不可归类为信息内容提供者。搜索引擎由于自动补足等算法成为基于算法的信息发布者，因此应该承担相应的算法看门人的注意义务。

搜索引擎兼具“信源”与“信道”双重属性。搜索引擎发布的信息形式是“网页索引”与“搜索建议”，来源是算法生成。搜索引擎基于算法对信息索引，并以“信息流”的形式呈现给用户，具有“信源”属性。从信息论的角度说，搜索引擎显著降低了海量网络信息的混乱程度，将用户需要的信息以“关键词——网页排名”或者“关键词——搜索建议”的形式提供给用户，这本身就是信息。搜索引擎对其算法具有控制和操纵能力，可以对其搜索建议施加更好的限制和过滤条件。[1] 例如，谷歌自己能排除一部分与色情、暴力、仇恨言论和侵犯版权相关的搜索查询，其 2017 年更新

[1] *See* John Camey, *Does Google Filter Out Controversial Conservatives from Search Suggestions*, Bus. INSIDER, http://www.businessinsider.com/does-google-filter-out-controversial-conservatives-from-search-suggestions-2010-2, 2018-4-23.

的“猫头鹰更新”（Project Owl）算法，可主动删除虚假新闻内容，屏蔽编造的假新闻、极度偏见等信息。[1]用户只能在此基础上进一步筛选检索，而没有被搜索引擎呈现的信息则被忽略掉，可能直接导致用户和信息的隔离。例如，淘宝搜索规则在 2010 年 7 月 8 日的调整导致淘宝网众多小商家的聚众抗议事件，[2]被很多小商家指责此举目的为“逼迫”卖家投放竞价排名广告。[3]

具体到搜索引擎的自动补足算法，则从形式上和功能上更加符合信息发布者“信源”的定位。根据 2011 年的研究显示，自动补足算法在搜索引擎界面中占据了 72% 的用户注意力（眼球运动轨迹追踪），甚至使用户忽略掉了搜索结果的页面显示。并且在搜索引擎提供的五类结果中（包括即时搜索、搜索预览等），自动补足算法是唯一能够影响用户行为的算法。[4]自动补足算法提供的搜索建议能够引发用户的好奇心，使得用户进一步点击搜索建议，从而增加搜索建议的点击量和热度，使得搜索建议被更多地呈现。

搜索引擎是“基于算法”的信息发布者。搜索引擎自动补足算法从技术上无法控制掌握网页的相近具体内容，故而搜索引擎仍具

[1] *See* David Angotti, Google Autocomplete Faces New Lawsuit for “Jewish” Autocomplete Suggestions, SEARCH ENGINE J., http://www.searchenginejoumal.com/google-autocomplete-jewish-murdoch/43137/. 2018-4-23.

[2] 参见张颖：《淘宝“伤”城，大卖家遭小商户网络群殴》，载中国网新闻，http://www.china.com.cn/economic/txt/2011-10/13/content_23613343.htm，2018 年 8 月 22 日访问。

[3] 参见：百度百科《新淘宝搜索规则》，https://baike.baidu.com/item/新淘宝搜索规则/869491?fr=aladdin，2018-10-31。

[4] *See* Miranda Miller, *Google Searchers Use Autocomplete Most, Ignore Google Instant*, Eye Tracking Study, https://searchenginewatch.com/sew/study/2128218/google-searchers-autocomplete-ignore-google-instant-eye-tracking-study, 2018-12-20.

有“信道”的媒介性质。搜索算法中的个性化、搜索量、QDF过滤器因素影响查询结果，这些因素不仅由算法生成，同时也在影响算法。如谷歌称它所提供的搜索建议是根据先前用户的搜索结果以及与搜索查询的流行程度和数量相关的其他因素而生成的，自动补足算法功能在运行过程之中会受超出搜索引擎控制范围外因素的影响。例如，网络用户可以掌握搜索引擎优化（SEO）技术对排名和搜索建议进行操纵。[1] 在此基础上，搜索引擎亦可不为用户个人的具体误导性信息承担审查的义务，进而承担侵权责任。但由于算法设计中并无法屏蔽和排除具体个人信息，搜索引擎应在用户通知之后，承担基于“通知—删除”规则的义务。

由此可以得出结论，搜索引擎及其他平台（如购物、新闻）等作为“基于算法的信息发布者”兼具“信道”与“信源”的属性。如淘宝网站虽然不直接出售商品，淘宝宣称搜索算法中立，但具体应用中对各种商品排序权重的考虑和设计都体现在算法中。用户看到的无论是自动补足算法推荐的购物搜索关键词，还是综合排序下的商品页面，都是作为信息发布的“信息流”的呈现方式。因此，从这点上来说，搜索引擎及相关平台是信息发布者，但在技术上无法确切掌握和控制“信息流”中的具体信息，又是一个网络服务提供者。

二、搜索引擎的注意义务：算法的看门人

既是信源又是信道的搜索引擎，其实际法律地位是一个“基于算法的信息发布者”。这一法律地位的认定勾勒出搜索引擎等网络

[1] See *What Is SEO/ Search Engine Optimization? Search Engine Land*, http://searchengineland.com/guide/what-is-sco, 2018-4-23.

平台基于算法的实际功能，能够作为厘清搜索引擎法律责任的理论基础。

首先，“基于算法的信息发布者”的地位可替代平台与算法“技术中立”的法律假设，回应智能时代平台功能的变化。1996年《通信风化法案》（Communication Decency Act）与《千禧版权法案》（CDMA）确立了对互联网规制宽容的政策并被广泛移植。“通知—删除”规则下的平台责任归责原则是过错责任原则，网络平台被动中立无需主动发现和介入违法事实。这是基于网络平台的技术实力和商业模式无法支撑网络日常运行执法的事实构建的制度体系。智能算法在网络平台的广泛应用，极大地改变了网络平台对信息流的自动处理能力。使得搜索引擎以“账户—数据—评分”的模式对用户数据收集，并作及时的介入和干预。[1] 搜索引擎的自动补足算法就是一个用户行为干预的典型算法。自动补足算法中，用户的“个性化”排名高于其他两个因素：搜索量和新鲜度（query deserves freshness）。[2] 个性化包括用户的互联网协议（IP）地址，用户自己的搜索历史，搜索引擎所在国家和正在使用的语言等组件。当自动补足算法基于个性化的推送，通过引导用户点击引起“雪球效应”，达到搜索量的流行度阈值，则会被推荐给其他用户。平台对用户行为介入，通过部署算法从事后处理变为事前的引导和干预，地位和能力的不同也意味着法律责任的不同。基于技术中立的免责，显然已经不能符合搜索引擎基于算法的数据处理能力和行为干

[1] 胡凌：《超越代码：从赛博空间到物理世界的控制 / 生产机制》，载《华东政法大学学报》2018年第1期。

[2] *See* Rhca Drysdale, *5 Suggestions for Google Suggest*, MOZ（May 10, 2011）, http://www.scomoz.org/blog/5-suggcstions-for-googles-suggcstcd-search, 2018-4-23.

预能力。

其次，作为“基于算法的信息发布者”的定位，可对搜索引擎施加合理程度的“算法看门人”的注意义务，而不至于畸轻或畸重。搜索引擎基于算法发布信息流，因此应对算法的开发、部署和应用负起注意义务。这样设置搜索引擎法律责任的益处有二。其一，避免搜索引擎承担过重的信息审查义务。具体到用户个体的信息审查义务忽视了搜索引擎自动补足算法的实际功能，如此要求势必增加搜索引擎沉重的信息审查、回应和删除的负担。据统计，谷歌在西班牙案件后，收到了海量的“被遗忘权”删除申请，占到全部相关案例的40%。这样既不利于产业发展也在一定程度上损害了公众知情权。其二，确立“基于算法的信息发布者”法律地位，可将监管和审查的对象从具体信息转移至算法的开发与部署。在司法实践中，原有的“通知—删除”规则已被逐渐架空与取代，立法者和司法者逐渐将平台责任与“控制能力”挂钩，而其控制能力就是算法的开发部署和应用。例如，在《电子商务法》中，直接确立了电商平台搜索类算法的明示义务，个性化推荐算法的自然结果提供义务和消费者保护义务。[1]

最后，确立搜索引擎“基于算法的信息发布者”的地位，能够形成收益较高的合作规制。智能算法应用带来的平台功能变革使得法律和政策的规制不可避免。一方面，法律应尽量避免使自己置于未知的技术劣势中，带来公权力的滥用。因此，应借用平台的技术能力进行约束，确立一套算法看门人的注意义务标准，确立激励相

[1] 张凌寒：《电子商务法中的算法责任及其完善》，载《北京航空航天大学学报（社会科学版）》2018年第6期。

容的制度设计，充分发挥搜索引擎等网络平台的技术优势进行合作规制。另一方面，避免搜索引擎技术权力的过度扩张。算法看门人的注意义务的违反将带来问责机制的约束。同时，可针对算法处理数据的重要性和治理作用的不同，为不同算法设置不同层次的注意义务，使自我规制的权力和责任相一致。

搜索引擎是否为自动补足算法承担法律责任这一争议的本质，源于理论与实践对智能算法在平台的广泛应用回应不足。作为数据流的主要处理掌控力量，算法是否合理设计和部署应该成为平台承担法律责任的基础。搜索引擎作为“基于算法的信息发布者”，应承担算法看门人的注意义务，依据算法的功能和所涉价值的不同层次，设置法律责任框架并嵌入其他相关因素的考量。

第四节　规制的进路：责任的框架与考量的因素

搜索引擎算法损害的法律责任框架应根据不同考量因素，确立不同层次算法看门人的注意义务。算法看门人的注意义务的严格程度应随着所涉利益是安全利益、公共利益与个人利益而递减。在搜索引擎算法自动补足算法的具体领域，应本着沿用与改良优先的理念，将搜索引擎等平台责任基于智能算法而发生的演进与既有法律制度充分融合。

一、安全利益：实质严格责任的谦抑化

由于信息审查具有一致性（即无论违反公益与私益的信息过滤技术相同），搜索引擎的信息审查义务的强制性在各国立法的表述中均较为模糊。虽然违反信息安全义务的行政责任理论上要

求搜索引擎具有主观过错，但在实践中，世界各国政府都将涉及国家安全利益的违法信息内容审查和过滤义务设置为实质上的严格责任。根据 OpenNet Initiative 于 2017 年发布的数据显示，网络审查在全球范围内已经普遍化，超过 40 个国家将网络审查纳入网络安全的立法框架内，开始常态化和系统化的网络审查。[1] 在我国司法实践中，我国有大量立法明确规定了威胁国家和社会安全的内容，为搜索引擎提供了违法性内容审查严格责任的范围。[2] 从谷歌退出中国事件可以看出，我国对搜索引擎信息安全利益方面采取的是强制性义务。尤其在 2016 年之后，我国平台所普遍承担的“信息安全管理义务”在各部政策法规中，主体责任被明确规定并频频提及，[3] 或被具体化为“信息内容安全管理主体

[1] *See* Country Profiles, https://opennet.net/research/profiles, 2018-11-22.

[2] 例如《电信条例》第 57 条,《计算机信息网络国际联网安全保护管理办法》第 5 条,《互联网信息服务管理办法》第 15 条等法律规定，该类内容包括危害国家安全，泄露国家秘密，颠覆国家政权，破坏国家统一的；损害国家荣誉和利益的；煽动民族仇恨、民族歧视，破坏民族团结的；破坏国家宗教政策，宣扬邪教和封建迷信的；散布谣言，扰乱社会秩序，破坏社会稳定的；散布淫秽、色情、赌博、暴力、凶杀、恐怖或者教唆犯罪的。

[3]《互联网论坛社区服务管理规定》第 5 条，互联网论坛社区服务提供者应当落实主体责任，建立健全信息审核、公共信息实时巡查、应急处置及个人信息保护等信息安全管理制度，具有安全可控的防范措施，配备与服务规模相适应的专业人员，为有关部门依法履行职责提供必要的技术支持。

《网络直播服务管理规定》第 7 条，互联网直播服务提供者应当落实主体责任，配备与服务规模相适应的专业人员，健全信息审核、信息安全管理、值班巡查、应急处置、技术保障等制度。提供互联网新闻信息直播服务的，应当设立总编辑。

《互联网信息搜索服务管理规定》第 6 条，互联网信息搜索服务提供者应当落实主体责任，建立健全信息审核、公共信息实时巡查、应急处置及个人信息保护等信息安全管理制度，具有安全可控的防范措施，为有关部门依法履行职责提供必要的技术支持。

责任”[1]“信息发布和运营安全管理责任”[2]。就行政处罚的司法实践来看，我国有关部门对网络平台未尽到安全管理义务以损害结果作为处罚原因。由于运动式执法，还存在个案罚与不罚，责任程度不一的情况。[3]

搜索引擎对算法损害安全利益的法律责任在实践中已经演化为具有随意性的实质上的严格责任。以违法行为数量巨大来论证平台过错，而没有评判算法部署和应用是否合理的法定标准，则造成平台责任范畴模糊。如果仅进行结果监管，即使符合实质正义，也难免会被诟病为法无明文禁止的事先明示。通过设置算法看门人的注意义务，可在事先明确设置搜索引擎等网络平台对涉及安全利益的信息的注意义务，包括设置专门的过滤算法，安排人工审核和日常巡查机制等。

首先，对于高敏感度的、明确的损害安全利益的信息，信息内

[1]《互联网用户公众账号信息服务管理规定》第5条规定“信息内容安全管理主体责任”。《移动互联网应用程序信息服务管理规定》第7条规定，移动互联网应用程序提供者应当严格落实信息安全管理责任。

[2]《互联网用户公众账号信息服务管理规定》第10条，互联网用户公众账号信息服务使用者应当履行信息发布和运营安全管理责任，遵守新闻信息管理、知识产权保护、网络安全保护等法律法规和国家有关规定，维护网络传播秩序。

[3]广东省网信办于2017年8月11日对腾讯公司微信公众号平台存在用户传播暴力恐怖、虚假信息、淫秽色情等危害国家安全、公共安全、社会秩序的信息问题依法展开立案调查。几乎与此同时，北京市网信办也依据《网络安全法》就新浪微博对其用户发布传播“淫秽色情信息、宣扬民族仇恨信息及相关评论信息”未尽到管理义务以及百度贴吧对其用户发布传播“淫秽色情信息、暴力恐怖信息帖文及相关评论信息”未尽到管理义务的违法行为作出从重罚款这一处罚决定。而另一起行政处罚中，北京市网信办、北京市规划国土委就违法违规发布“大棚房”租售信息一事，联合依法约谈58同城、赶集网、百度等网站。根据《网络安全法》第47条及《互联网新闻信息服务管理规定》仅仅责令网站落实整改。参见尹培培:《网络安全行政处罚的归责原则》，载《东方法学》2018年第6期。

容的审查和评估并不复杂，此类信息的传播可能造成重大的危害后果，因此可采取客观归责的严格责任。其次，对于低敏感度，模糊的损害安全利益的信息，应允许搜索引擎有一定判断的滞后性，可在实践层面考察搜索引擎是否履行了法律规定的信息安全义务。[1]只要尽到合理设置算法过滤，日常运营巡查的算法看门人的注意义务即可。网络运营者能够证明其已经穷尽技术手段、且并未违反事前的“防范”义务时，即无需承担违法责任。如此可减少对搜索引擎等平台进行处罚的随意性导致的内部冲突与逻辑断裂，使搜索引擎的算法损害责任谦抑化。

二、公共利益：审慎义务与算法伦理的嵌入

在涉及公共利益的算法损害领域，搜索引擎算法看门人注意义务的严格程度，应与算法对信息和用户行为的干预力量成正比，即搜索引擎算法对用户行为引导干预能力越强，则越应当对算法的开发与部署承担严格的注意义务。此种注意义务的理论基础在于，一方面相对于用户，搜索引擎的控制力和预防能力更强，可以采取技术的、法律的手段来降低风险，另一方面搜索引擎可向用户投放广告获得巨额利益，基于收益与责任相匹配的报偿法理，应承担算法看门人的注意义务。

搜索引擎自动补足算法所涉及的知识产权、广告，甚或提供一般性知识查询，都具有“公共产品”属性，相对来说涉及较强的公共利益色彩，应具有履行社会责任的正当性。但与此同时作为商业主

[1]《网络安全法》第47条规定：“网络运营者应当加强对其用户发布的信息的管理，发现法律、行政法规禁止发布或者传输的信息的，应当立即停止传输该信息，采取消除等处置措施，防止信息扩散，保存有关记录，并向有关主管部门报告。”

体，搜索引擎追逐盈利，自身利益最大化是其价值追求，在竞争关系中可能出现利用优势地位屏蔽竞争者的现象。因此，对于涉及公共利益的搜索引擎的注意义务，既要考虑搜索引擎开发和部署算法中算法伦理的嵌入问题，也要通过设置审慎义务防止公共福祉的减损。

具有公共利益色彩的知识产权、广告领域，应对算法损害继续适用过错责任原则，在此前提下，算法看门人的注意义务严格程度与算法对用户行为的干预程度成正比。实践中，我国依靠司法判例已经形成了相关规则的雏形。例如，竞价广告算法对关键词和相关网页链接的用户行为具有较强的干预力量，我国已通过判例与行政法规逐渐建立起高于一般注意义务的标准。搜索引擎竞价排名的相关案件中，法官明确地区分了对于“关键词”的审查义务高于对链接指向网页的审查义务。[1] 在魏则西事件后，《互联网广告暂行管理办法》迅速作出反应，不仅施加给搜索引擎承担事先审核广告商资质的注意义务，[2] 还增加了竞价排名算法结果的信息披露义务。[3] 而对于普通网络关键词与网页指向的一般网页索引算法，则承担一般的注意义务。

由于搜索引擎的公共产品属性，即使没有违反算法看门人的注意义务，法律和政策也要求算法在设计应本着“向善”原则嵌入算法伦理。所有搜索引擎的算法都必然体现开发者的主观价值判断。[4] 尽管我国立法者一厢情愿地将搜索结果区分为“自然的”和

[1][2] 宋亚辉：《竞价排名服务中的网络关键词审查义务研究》，载《法学家》2013年第4期。

[3] 参见佚名：《国信办联合调查组结果：百度竞价排名影响魏则西选择百度：从6方面整改》http://www.guancha.cn/economy/2016_05_09_359617.shtml，2017-8-20。

[4] Lucas D. Introna & Helen Nissenbaum, *Shaping the Web: Why the Politics of Search Engines Matters*, 16 The Information Society 169, 171—175 (2000).

"付费的",[1] 但算法的设计本身就必然存在着对于不同数据权重的价值衡量。基于"向善"的伦理的算法要求可见于我国网信部门的执法实践中。例如,我国广电总局 2018 年 4 月要求今日头条关停"内涵段子"应用程序,《人民日报》为此评论,不能"只要价值不要价值观,鼓吹算法没有价值观",而今日头条则迅速回应"会把正确的价值观融入技术和产品"。[2]

三、个人利益:滋扰理论的引入

涉及公民个人的名誉、隐私等私人利益,搜索引擎的算法责任应采取过错责任原则,即为算法的设计和应用承担过错责任。与此同时为了保护用户的个人利益,可引入滋扰理论作为救济路径,并完善平台的自律机制。

如果要求搜索引擎算法为网络用户个人信息所涉及的名誉、隐私等全部负责,无疑是极其沉重的负担,这也是谷歌西班牙案饱受争议的原因。搜索引擎每天都有全新的搜索内容,每一个新问题都可能突破既有的过滤解决方案。算法看门人注意义务的设置既要注重个人隐私、名誉等利益的保护,又要鼓励产业发展避免沉重负担,因此应限于以下两点:其一,普遍性地要求搜索引擎等网络平台在算法设计时就将个人数据保护的相关政策嵌入算法,成为基本的合规要求。其二,普遍性地要求搜索引擎在设计算法时符合基本

[1] 例如,《电子商务法》第 18 条要求,"要提供不针对个人的自然搜索结果";《互联网信息搜索服务管理规定》第 11 条要求,"醒目区分自然搜索结果与付费搜索信息",对付费搜索信息逐条加注显著标识。

[2] 参见王頔:《国家广播电视总局责令"今日头条"网站永久关停"内涵段子"等低俗视听产品》, http://www.xinhuanet.com/2018-04/10/c_1122661804.htm, 2018-11-22.

伦理要求，如不以低俗、流量作为导向。

在满足以上条件后，搜索引擎即不因违反算法看门人的注意义务而承担侵权责任，如此可防止搜索引擎运营负担过重与制度上审查义务层次的混乱。但如用户确有维权的需要，可引入滋扰理论要求搜索引擎等平台协助予以删除或清理。滋扰理论下，加害方与受害方从事的都是合法行为，因此从合法性的角度来看，很难"一刀切"地判断孰是孰非。在此基础上可采取弹性的利益衡量标准，依据个案情势予以决断。此种制度设计基于避免以下困境：一方面搜索引擎过分响应用户删除信息要求可能造成公众知情权损害与沉重的现实与制度负担，另一方面过分压抑用户对个人名誉的保护有可能造成实质公平的损害。

用户基于滋扰请求搜索引擎协助删除信息应采用何种标准？美国《第二次侵权法重述》第 826 条规定构成滋扰的不合理行为需符合以下两项标准之一：（1）行为造成之损害的严重性超出行为之收益（utility）；（2）行为造成严重损害且经济赔偿之负担不足以令继续此等行为变得不可行。[1] 应用于自动补足算法对于个人名誉和隐私造成的损害，标准一可理解为对于自动补足算法提供的当事人的隐私或不实信息与公众知情权相比，损害超出了收益；标准二则应用于，如果搜索引擎已经履行了算法看门人的注意义务，则其不承担侵权责任，因此无论是经济赔偿还是法律责任的负担都不能避免自动补足算法对当事人的损害。用户在此情形下可基于滋扰对搜索引擎自动补足算法的损害获得救济。其中，第一项标准明显反映

[1] *See* Abate，Randall S.，*Automobile Emissions and Climate Change Impacts: Employing Public Nuisance Doctrine as Part of a Global Warming Solution in California*，40 Conn. L. Rev 591（2007）.

出了“成本—收益”的思想，将个人利益（隐私、名誉）与公众知情进行收益权衡；第二项标准则兼顾公平，一方面使得已经履行算法看门人义务的搜索引擎不再具有道德上的可责难性，另一方面使得用户的个人利益损害严重时也可得到救济。

搜索引擎自动补足算法的损害如同一片棱镜，折射出网络平台基于算法承担法律责任的宏大命题。对于算法广泛应用带来的挑战，技术中立原则、主观过错原则、平台注意义务的范围等都面临着理论更新和实践探索。搜索引擎等平台使用算法的多样性、对行为干预能力的差异性，都决定了算法损害责任的研究将会随着场景和架构的不同而分化与深化。

第五章

社交媒体内容的算法治理

2016年脸书遭到社会广泛指责，认为其造成了假新闻泛滥，进而对当时的美国总统选举产生了巨大影响。[1] 然而，2017年数项研究成果显示，脸书上的假新闻数量仅有1%而已。[2] 原因在于，算法主宰了社交媒体对用户的新闻投放，其推送标准是用户的点击率和转发率而非新闻的真实性。因此颇具噱头的假新闻被用户高频点击或转发，并进一步被算法推送而广泛传播。

美国大选中的假新闻事件引发了对算法如何进行监管的关注和忧虑。算法已经主导和控制了社交媒体上的信息传播。比如《纽约时报》数字版使用“非常前沿和复杂的算法”挑选文章推送，将用户点击率提高了38倍。[3] 学者们担心，社交媒体的算法过度利用

[1] 脸书假新闻影响选举的指责，从2016年9月就开始被多次报道。2016年11月11日，美国《财富》杂志刊文指责脸书称，尽管脸书没有散播怂恿选民投票支持特朗普的新闻，但是脸书上流传着关于美国政治虚假的小道消息使得选举的天平向特朗普倾斜。《赫芬顿邮报》也放出调查报道称，脸书热门话题板块上针对希拉里谣言数量尤为突出，并借此质疑脸书对这类谣言的整治不力。《纽约杂志》也发文称，数千万的脸书用户都有预谋或者情绪性地分享了针对希拉里的虚假新闻。此外，纽约大学新闻系教授Jay Rosen、社会学家Zeynep Tufekci、尼曼新闻实验室负责人Joshua Benton也在近日分别撰文称，希拉里败选与脸书上的传播虚假消息关系密切。参见《美国主流媒体与扎克伯格激辩：脸书的假新闻到底帮没帮特朗普胜选？》，http://it.sohu.com/20161114/n473138951.shtml。

[2] 史安斌、王沛楠：《作为社会抗争的假新闻——美国大选假新闻现象的阐释路径与生成机制》，载《新闻记者》2017年第6期。

[3] Shan Wang, *The New York Times Built a Slack Bot to Help Decide which Stories to Post to Social Media* (AUG. 13, 2015) http://www.niemanlab.org/2015/08/the-new-york-times-built-a-slack-bot-to-help-decide-which-stories-to-post-to-social-media/, 2017-3-20.

了用户偏好数据推送信息，制造了信息“过滤泡沫”，造成用户接受的观点越来越极端。[1] 不仅如此，算法通过社交媒体平台对公众日常生活产生巨大影响，人们通过搜索引擎获取知识和商业信息，通过脸书、微博等社交和获取新闻，通过评价类的社交媒体知晓餐馆评价，通过约会类的社交媒体结识伴侣。如何对算法进行有效的监管，是人工智能时代法律制度亟须应对的挑战。

社交媒体算法的目标是获得和保持用户的数量，并且尽量提高用户的参与度。所以，它收集社交媒体用户数据，预测用户的偏好并进行推荐，而用户对于推荐内容的刺激和反馈可以为下一步的推荐提供数据。本章以社交媒体的算法作为切入点，分析算法技术发展带来的监管挑战，并梳理现有法律制度对算法发展应对的缺陷和不足，提出应对人工智能的技术挑战，应以风险防范为目的，对算法同时进行事先与事后监管，主体与技术监管，以期用法律化解风险。

第一节　现有社交媒体的算法监管

当前，我国并没有直接对算法监管的法律规定。应对算法造成的不利法律后果，我国采取结果监管的法律规制路径。具体言之，通过事后的内容审查发现算法造成的不利法律后果，进而将这种不利后果的法律责任分配给开发者或使用者——网络平台。本节对现

[1] Bakshy, Eytan, Solomon Messing & Lada A. Adamic, *Exposure to Ideologically Diverse News and Opinion on Facebook*, Science Vol.348, Issue 6239, pp. 1130—1132 (2015). Lazer, David, *The Rise of the Social Algorithm*, Science Vol.348, Issue 6239, pp. 1090—1091 (2015).

有的有关算法的监管路径进行梳理与分析。

一、算法监管的法律框架：结果监管下的内容审查与平台责任

大数据时代到来后，网络信息传播呈指数级增长，算法被广泛应用。相对于网络平台，国家权力在网络空间影响力日益减弱。为此各国普遍加强了对于网络信息内容的监管，并要求网络平台对网络信息非法内容的传播承担平台责任。

（一）结果监管路径：内容审查范围的扩大

各国对算法造成的不利后果进行内容审查的范围近年来普遍扩大。以社交媒体上的假新闻泛滥为例，各国普遍加强了社交媒体的内容审查，不仅对恐怖、色情、仇恨等侵害公共利益的非法内容严加监管，对诽谤侵害私权利的内容也加强了监管[1]。

我国一直重视互联网传播内容的政府监管。2000 年实施的《互联网信息服务管理办法》作为基础性法规，规定了互联网信息服务提供者不得制作、复制、发布、传播的八项内容，涵盖"反对宪法所确定的基本原则的""危害国家安全"等非法内容，并设定了一个兜底条款"含有法律、行政法规禁止的其他内容"。[2] 近年来，新规密集出台[3]，将内容审查的范围进一步扩大，如侵害私权利的

[1] 印尼要求社交媒体关闭宣扬极端言论的账户。印尼通信部长警告社交媒体不关闭激进内容账户将被阻止共享，http://finance.sina.com.cn/roll/2017-07-01/doc-ifyhryex5667798.shtml，2017 年 7 月 12 日访问。

[2]《互联网信息服务管理办法》第 15 条。

[3] 2016 年和 2017 年，国家互联网信息办公室进入立"法"密集期，"微信十条""账号十条"和"约谈十条"先后出台。

“侮辱或者诽谤他人，侵害他人合法权益的”，以及模糊的道德性规定“危害社会公德或者民族优秀文化传统的”等。[1] 并且，对内容审查也提出了倡导性要求，如“弘扬社会主义核心价值观”等。[2] 对算法监管的方式通过事后对内容进行审查的方式进行，审查范围的扩大也意味着对算法结果监管的加强。

（二）法律责任承担：平台监控责任的加强

在互联网发展早期，如算法造成的不利法律后果，如内容分发的算法造成了侵害著作权的法律后果，则由网络平台承担民事侵权责任。一般网络平台可以主张不提供内容或尽到合理注意义务而通过“避风港原则”免责，这一原则也被世界多国立法采纳。[3]

早在 2000 年的《互联网信息服务管理办法》就强调平台对用户发布的不法内容有避免传播的义务，处理措施包括停止传输，保

[1]《互联网文化管理暂行规定》，http://www.cac.gov.cn/2011-02/18/c_1112139873.htm。

[2]《互联网群组信息服务管理规定》，http://www.cac.gov.cn/2017-09/07/c_1121623889.htm。

[3] 2000 年，欧盟发布《电子商务指令》移植了“避风港原则”和“红旗标准”，第 14 条规定，除用户受控于平台或依平台指令实施的侵权行为外，平台不知道用户的行为违法，或在知悉违法行为或事实后删除该违法信息或采取措施阻止该违法信息的传输，不承担侵权责任。《电子商务指令》第 15 条明确了平台原则上不负有积极查找平台内违法行为和信息的义务，除非基于保护国家安全、国防和公共安全以及为防止、追查、侦破和惩治刑事犯罪的需要而要求采取有针对性、临时性的监控措施。新加坡、巴西《新加坡电子交易法》进一步细化了红旗标准。《新加坡电子交易法》第 26 条规定，仅提供接入、存取服务的网络服务提供者对站内第三方制作、发布、传播或散布的侵权信息，除违反合同特别约定，或违反成文法规定的监管要求，或者是违反成文法或法院的删除、阻止、限制访问的要求外，不承担民事责任和刑事责任。《巴西网络民事基本法》第 19 条规定，除法律另有规定外，网络服务提供者仅在接到法院令后，未在规定时间内删除或屏蔽侵权信息时，才对站内用户侵害他人权益的行为承担侵权责任。

存记录与向国家有关机关报告。[1] 它为网络平台设立了合理注意义务，在其“发现”不法内容及时采取措施，否则要网络平台承担不法信息传播的责任。国家网信办密集立法并明确提出，对于虚假信息采取“强双责”的方针——强化网络平台的主体责任与社会责任。[2] 不仅要求网络平台在明知不法信息的情况下承担责任，更是将对信息的主动监控义务加诸网络平台。[3] 在这种制度框架下，网络平台承担了违法内容造成不利法律后果的民事责任，并且开始逐渐承担普遍性的信息主动监控责任。

二、现有算法监管路径的制度假设

网络技术具有较强的专业性，而网络信息传播的法律规制隐含着立法者对于技术的理解。对于结果进行监管的路径包括内容审查

[1] 参见《互联网信息服务管理办法》第16条：“互联网信息服务提供者发现其网站传输的信息明显属于本办法第十五条所列内容之一的，应当立即停止传输，保存有关记录，并向国家有关机关报告。”

[2]《网信办提出网站履行主体责任八项要求》，载《新华每日电讯》2016年8月18日第3版。

[3] 参见《互联网用户公众账号信息服务管理规定》第7条规定，互联网直播服务提供者应当落实主体责任，配备与服务规模相适应的专业人员，健全信息审核、信息安全管理、值班巡查、应急处置、技术保障等制度。提供互联网新闻信息直播服务的，应当设立总编辑。互联网直播服务提供者应当建立直播内容审核平台，根据互联网直播的内容类别、用户规模等实施分级分类管理，对图文、视频、音频等直播内容加注或播报平台标识信息，对互联网新闻信息直播及其互动内容实施先审后发管理。http://www.cac.gov.cn/2017-09/07/c_1121624269.htm；参见《互联网用户公众账号管理规定》：“信息服务提供者应加强对本平台公众账号的监测管理，发现有发布、传播违法信息的，应当立即采取消除等处置措施，防止传播扩散，保存有关记录，并向有关主管部门报告。”参见《互联网跟帖评论服务管理规定》：“跟帖评论服务提供者对发布违反法律法规和国家有关规定的信息内容的，应当及时采取警示、拒绝发布、删除信息、限制功能、暂停更新直至关闭账号等措施，并保存相关记录。”http://www.cac.gov.cn/2017-08/25/c_1121541842.htm.

与平台责任，其隐含着如下制度前提：

（一）内容审查：开发者的“全能性”假设

对于网络不法信息传播的内容审查范围日趋扩大化，隐含着立法者假设网络平台等软件的开发者和使用者可以完全控制信息的生产和传播，并具有对网络信息审查的“全能”的能力和权限。因此，对不法信息审查的内容范围不仅局限于违法信息，还包括对私权利侵害的审查，甚至涵盖对道德标准的审查。例如，2017 年的阿里云案件，虽然阿里云称其作为云服务提供者并没有权限和能力审查租用网络空间的用户数据，但法院仍判定其涉嫌共同侵权。[1] 法院的理由是，平台的技术开发者和使用者有能力知晓非法内容的存在，不能声称自己无法控制信息的传播，因此对造成的社会危害不能够逃脱责任。同样的立法精神也体现在了 2016 年轰动全国的快播案中。[2]

[1] 参见 2017 年阿里云服务器一审败诉的案件。北京市石景山区人民法院对阿里云被诉侵权案作出一审判决。法院认定被告阿里云公司构成侵权，需赔偿乐动卓越公司经济损失和合理费用约 26 万元。2015 年 8 月，乐动卓越公司发现某网站提供的《我叫 MT 畅爽版》涉嫌非法复制其开发的《我叫 MT online》的数据包。乐动卓越公司通过 whois 域名查询系统、域名备案系统等，均没有查到涉案网站经营人的相关信息。但他们发现《我叫 MT 畅爽版》的游戏内容存储于阿里云公司的服务器，并通过该服务器向用户提供游戏服务。接着，乐动卓越公司两次致函阿里云，要求其删除涉嫌侵权内容，并提供服务器租用人的具体信息，阿里云并没有予以积极回应。乐动卓越公司便以阿里云涉嫌共同侵权为由，向北京市石景山法院提起诉讼，请求法院判令阿里云公司断开链接，停止为《我叫 MT 畅爽版》游戏继续提供服务器租赁服务，并将储存在其服务器上的《我叫 MT 畅爽版》游戏数据库信息提供给乐动卓越公司；赔偿经济损失共计 100 万元。随后阿里云于就此事发布声明，称作为云服务器提供商，阿里云无权审查任何用户数据。

[2] 2016 年 9 月 13 日，北京市海淀区人民法院进行一审宣判，深圳快播科技公司及其主管人员王欣等四名被告人涉嫌传播淫秽物品牟利案。深圳市快播科技有限公司成立于 2007 年 12 月 26 日，公司相继开发了“快播”服务器软件和“快播”网页播放器，却被控用来大量传播淫秽色情视频。本案否定了软件开发者“技术中立”地位，强调了软件开发者和运行者对用户上传内容的监管义务。

（二）平台责任：算法的“工具性”假设

网络平台承担民事责任，以及对内容承担普遍的主动监控义务，隐含着立法者对平台与算法关系的假设，即算法是网络平台的工具，网络平台作为算法的开发者和使用者，从对算法的运行和算法的决策，都具有类似对“工具”的控制能力。例如，对于网络平台上的算法进行的新闻分发和推荐，假设平台与传统媒体有相同的管理和控制能力，进而要求网络平台新闻服务提供者与传统媒体一样承担看门人的法律责任。[1]

这种算法工具性假设还意味着，网络平台对于算法的运行结果有充分的预测能力。因此监管者对于算法产生不利后果的技术原因并不感兴趣，无论在算法运行的“黑箱”中发生了什么，只要在法律对网络平台能力假设中此种后果可以被避免，平台就需要承担相应的责任。

通过对算法造成的结果进行监管，事后追究责任是传统的法律规制手段。由于算法一直被认为是不应公开的商业秘密，这种监管路径可以避免立法者和司法者介入算法运行的内部结构，陷入司法者并不了解的技术领域。追究事后责任是较为稳妥的规制方法，可以避免司法机构过于依赖专业知识，而仅仅处理纯粹的法律问题。然而，人工智能时代，算法的技术发展和角色转变都给传统监管路径带来了新的挑战。

[1] 参见《互联网跟帖评论服务管理规定》：“跟帖评论服务提供者对发布违反法律法规和国家有关规定的信息内容的，应当及时采取警示、拒绝发布、删除信息、限制功能、暂停更新直至关闭账号等措施，并保存相关记录。”http://www.cac.gov.cn/2017-08/25/c_1121541842.htm.

第二节 社交媒体治理的价值取向转向与角色转化

针对社交媒体的治理价值导向问题和监管手段问题，应及时引入公共利益原则。公共利益原则既符合新闻媒体的传统价值，又可以有效平衡社交媒体平台商业利益和国家安全利益，从而缓解国家权力对网络平台治理的僵化不足。但是，公共利益原则在社交媒体平台的贯彻又面临着算法权力主宰新闻生态，用户摆脱单一受众角色等问题，需根据网络时代新闻传播特点作出相应调整。

一、公共利益原则：社交媒体时代的价值转向

公共利益原则作为传统的媒体准则应在社交媒体时代继续沿用，既可以平衡社交媒体平台的商业利益与国家权力安全利益的冲突，也可以引入社会力量参与社交媒体治理。但公共利益原则应本着时代特点进行一定程度的调整。

（一）传统媒体的公共利益原则：沿用与更新

在大众传播领域，公共利益概念具有悠久历史，是论述媒体表现、媒体规制与媒体政策的核心概念。[1] 传播学者丹尼斯·麦奎尔认为，当公共利益意味着我们应当拥有这样的一套媒体，它遵守管理社会其他部分所运用的体系，尤其是和公平、正义、民主以及当前值得向往的社会与文化价值相关联的原则。

[1] *See* Council of Europe (2009). *Public Service Media Governance: Looking to the Future*. Report prepared for the First Council of Europe Conference of Ministers Responsible for Media and New Communication Services, http://www.coe.int/t/dghl/standardsetting/media/doc/PSMgovernance_en. Pdf, 2017-04-10.

公共利益原则不仅是政策制定者制定规范治理传统媒体的基础理念，也是不同媒体从业人员和媒体在从业行为中遵守的原则。[1]以美国为例，从《1934 年通讯法》(Communications Act of 1934) 颁布至今，“公共利益至上”成为新闻界的职业理念（无论新闻通过何种技术传播）。[2]不同的新闻部门已经自我设计和实施了不同的行为准则来确保实现不同程度的公共利益原则。

社交媒体本身汇聚数亿乃至十亿级的用户，具有强大的公共性和社会性。网络时代，以公共利益原则对社交媒体进行治理应根据时代特点作出相应调整：（1）公共利益原则的内涵不仅涵盖了传统意义上新闻的客观、准确、真实，也包括社交媒体为网络用户提供网络服务、保证数据安全等内容。比如 2012 年欧洲委员会提出，社交媒体的“公共服务价值”既应包括为用户提供实质性信息和方法，保护儿童和青年人不受有害信息和行为侵扰，也包括确保处理个人信息的可靠性，例如限制用户个人数据使用的范围等。[3]（2）公共利益原则调整对象不仅应涵盖新闻从业人员，社交媒体平台的设计者、新闻推送算法的工程师、网络维护的技术人员等都应涵盖其中。

（二）平台商业价值与国家安全价值的平衡

采用公共利益原则，可以有效平衡现有社交媒体治理中平台所

[1] Karppinen, K., & Moe, H, *Acritique of Media Governance,* 2013. In M. Loblich, & S. Pfaff-Rudiger (Eds.), *Communication and Media Policy in the Era of the Internet,* pp. 69—80.

[2] Barkin, S. M. (2002). *American Television News: The Media Marketplace and the Public Interest*. Armonk, NY.

[3] Council of Europe (2012). *Recommendation CM/Rec (2012)4 of the Committee of Ministers to Member States on the Protection of Human Rights with Regard to Social Networking Services*, https://wcd.coe.int/ViewDoc.jsp?id=1929453, 2017-04-30.

追求的商业利益与国家权力追求的安全利益之间的冲突。

社交媒体过度追求商业价值致使新闻追求低俗，导向错误。一方面，社交媒体平台基于“逐利”的追求，想尽办法让用户在社交媒体上花费更多的时间。这决定了其传播信息的标准是足够“吸引眼球”，而绝非“形成理性的对话”。2016 年脸书披露其新闻产品三大价值观为朋友至上、有料和娱乐性；“抖音”的算法能够让用户形成沉迷，消耗大量时间，均体现了这一点。另一方面，社交媒体为了私有公司利益，控制公众言论，损害公共利益。如 2012 年奥运会期间，推特就关闭了批评 NBC 的英国记者的账户，引起广泛的批评。公众质疑，NBC 和推特之间存在的股权关系使其采取了此番行动。

国家权力对于“安全”价值的追求，政府部门将网络言论的治理作为行政任务，其最终的方向可能指向损害自由表达。在安全利益目标下，网络新闻内容标准模糊，具有较多政治宣传性口号，难以界定。出于信息安全价值的追求，新闻被定义为“针对突发事件的报道、评论”，而其他则笼统地被称为“互联网信息内容”，都可以随时归入新闻的范畴进行事先审查。

公共利益原则的引入，可以有效平衡商业利益与安全价值的冲突，规避偏重某种价值带来的治理弊端。社交媒体平台扮演着网络时代的公共领域的角色，成为了去组织化的新闻媒体。然而，传统商业企业的封闭式治理手段不足以应对各种新问题，企业单向度的利益取向也难以形成有效的监管手段和处置机制。社交媒体平台并不关注公众利益，而公众利益对于新闻价值至关重要。此外，对于政府来说，引入社会力量，以公共利益原则为导向，制定和修订新形势下的政策和制度也是最佳选择。政府和企业在社交媒体治理方面双双走向开放，是破解缓和当下社交媒体治理导向冲突的正确之路。

（三）代表公共利益原则的社会力量充分参与治理

社交媒体治理问题主要涉及个人信息与隐私保护、内容审查、市场公平竞争以及数据跨境流动等多个层面，需要构建一个全新、复杂、动态演变的治理体系，仅依靠政府和企业双方的努力显然不够。万维网的发明者蒂姆·伯纳斯·李曾哀叹，“力量的集中使一群新的守门人产生，从而少数平台能够控制人们在网上看到和分享的想法和意见”。[1] 目前，政府力量在网络空间式微，社交媒体拥有巨大权力，网络用户高度自治，这些都决定了社交媒体的治理是一个多方参与的合作工程。应激活更大的社会力量，代表公共利益参与治理。代表公共利益的第三方力量，比如媒体、学界和社会组织等应及时跟进。如脸书在2008年与美国律师协会达成协议，帮助儿童免于收到不适合的成人内容，并限制香烟和酒精的广告。[2] 开放式引入更多的利益相关方参与规则的制定和流程的设置，在社交媒体治理中实现公共利益，是必由之路。

二、社交媒体新闻治理需应对的角色转化

在传统媒体的新闻生态下，制度对传播者有着极高的要求，同时制度也赋予了传播者强大的话语权。传统媒体时代，公共利益原

[1] 参见方兴东：社交媒体治理需突破“囚徒困境”http://qlpf.gov.cn/bencandy.php?fid=55&aid=48592，2018年12月1日访问。

[2] Stone，B.（2008，May 9），*Facebook Agrees to Devise Tools to Protect Young Users*，New York Times，http://www.nytimes.com/2008/05/09/ technology/09face.html?_r=0，2017-03-28.

则的主要调整对象是媒体、记者等新闻从业人员。然而，在社交媒体主宰新闻生态的今天，公共利益原则的调整对象需要根据大数据时代新闻传播特点扩张。

（一）社交媒体：从提供平台到技术权力

国内外的社交媒体公司，如新浪微博、脸书、推特都用“平台”这种建筑结构的比喻来描述自己提供的服务[1]：仅向用户提供服务和场所，代码权和上传信息的权利属于用户。“平台”这种表述使得社交媒体成为言论自由的代言人。它策略性地表达社交媒体代表民间力量，又向公众暗示自己与国家权力之间的距离。社交媒体坚称自己只提供“平台”而非“媒体”，扎克伯格在2016年底回应“Facebook已经成为最重要的媒体”的言论时，极力否认脸书的媒体定位。[2]

究其原因，“平台”的信息中立地位可以用来抗辩法律责任。如根据美国的《千禧年数字版权法》确立的“避风港原则”和“红旗标准”，网络服务提供者因为并不提供内容，只要没有对特定侵权行为故意视而不见，或接到权利人的通知后及时采取了处理侵权

[1] 新浪微博在法律文件中全面使用“微博平台”的代称。见《新浪微博服务使用协议》http://weibo.com/signup/v5/protocol；Facebook公司介绍“Facebook Platform helps developers build, grow and monetize their business.” https://developers.facebook.com/；Twitter Culture：“When we discuss the future of Twitter, we focus on the mechanisms through which we can build a platform of enduring value.” https://blog.twitter.com/official/en_us/topics/company/2017/building-a-more-inclusive-twitter-in-2016.html，均为2017年4月12日访问。

[2] 参见《为什么Facebook不愿承认自己是家媒体公司?》，对于评论中称脸书是媒体公司的论调，扎克伯格则专门回应称：“Facebook的本意是让用户与朋友和家人保持联络，新闻和媒体并非Facebook的原有属性，因此人们一再强调Facebook是媒体公司有些不公平。” https://read01.com/2D2RP4.html，2017年5月21日访问。

信息的措施，就可以不承担侵权责任。此二原则被包括我国在内的世界多国采纳。[1]

然而，社交媒体对公众舆论有着巨大权力：（1）社交媒体对用户使用资格拥有绝对的权力。脸书、推特、新浪微博等知名社交媒体的用户协议中，均强调社交媒体在特定情况下可以封锁用户账户，删除用户上传内容，向用户投放广告信息。（2）社交媒体对平台上的信息有着与义务不对等的权利。如社交媒体对用户创作并上传的内容享有知识产权，却不对此承担侵权责任。[2] 用户上传的内容是社交媒体采集信息和通过广告盈利的资源，而此过程在社交媒体平台后台进行，用户无法得知、观察，更遑论监督。（3）社交媒体事实上制定和实施信息在网络传播中的规则。社交媒体有权进行用户上传信息的审查，对于用户之间的纠纷，社交媒体也有一定

[1] 2000年，欧盟发布《电子商务指令》移植了“避风港原则”和“红旗标准”，第14条规定，除用户受控于平台或依平台指令实施的侵权行为外，平台不知道用户的行为违法，或在知悉违法行为或事实后删除该违法信息或采取措施阻止该违法信息的传输，不承担侵权责任。《电子商务指令》第15条明确了平台原则上不负有积极查找平台内违法行为和信息的义务，除非基于保护国家安全、国防和公共安全以及为防止、追查、侦破和惩治刑事犯罪的需要而要求采取有针对性、临时性的监控措施。新加坡、巴西《新加坡电子交易法》进一步细化了红旗标准。《新加坡电子交易法》第26条：仅提供接入、存取服务的网络服务提供者对站内第三方制作、发布、传播或散布的侵权信息，除违反合同特别约定，或违反成文法规定的监管要求，或者是违反成文法或法院的删除、阻止、限制访问的要求外，不承担民事责任和刑事责任。《巴西网络民事基本法》第19条：除法律另有规定外，网络服务提供者仅在接到法院令后，未在规定时间内删除或屏蔽侵权信息时，才对站内用户侵害他人权益的行为承担侵权责任。

[2] 参见《新浪微博用户协议》5.3：微博平台是微博平台及微博产品中所有信息内容的所有权及知识产权权利人。《新浪微博用户协议》7.1：用户在使用微博服务的过程中应遵守国家法律法规及政策规定，因其使用微博服务而产生的行为后果由用户自行承担。

的裁判权力，如认定是否涉嫌侵犯他人名誉、隐私等权利。[1] 这种平台权力甚至可以对抗国家公权力。根据 Google 年度数据透明度报告显示，在 2016 年接到泰国政府 149 项移除 YouTube 上涉嫌侮辱王室的视频要求，Google 移除了其中的 70%。[2] Twitter 年度数据透明度报告同样显示，2013 年下半年有来自各国 377 项对用户言论、用户账户等信息的删除要求，Twitter 仅执行了其中的少部分。[3] 公共利益原则指导下的社交媒体治理，必须以社交媒体平台巨大的技术权力为原点进行调整。

（二）用户角色转化：从受众到传播者

最新的研究显示，在传统新闻组织和社交媒体用户喜欢分享的新闻之间存在巨大差异。这说明个人用户在新闻价值上有高度的自治性。社交媒体的信息分享方式把用户置于过滤、散播信息的位置上，由用户来判断新闻的价值并决定是否传播，用户的分享点赞决定了新闻和信息的流动。与传统媒体不同，判断新闻是否符合公共利益的权利被交到了用户手中。

然而，用户不需要得到传统媒体新闻传播工作者的职业资格许可，并遵循记者的执业操守。根据研究，用户甚至并不关心真相。比如在美国大选中脸书的假新闻转发者中，很多人明知新闻有

[1] 如《新浪微博用户协议》4.11.5：不得上传、展示或传播任何不实虚假、冒充性的、骚扰性的、中伤性的、攻击性的、辱骂性的、恐吓性的、种族歧视性的、诽谤诋毁、泄露隐私、成人情色、恶意抄袭的或其他任何非法的信息资料；4.11.6 不得以任何方式侵犯他人依法享有的专利权、著作权、商标权等知识产权，或姓名权、名称权、名誉权、荣誉权、肖像权、隐私权等人身权益，或其他任何合法权益。

[2] Google *Google Transparency Report*（Mar.37，2014），https://www.google.com/transparencyreport/userdatarequests/countries/, 2017-05-12.

[3] Twitter *Transparency Report: Content Removal Requests*, https://transparency.twitter.com/removal-requests/2013/jul-dec, 2017-03-02.

假，但仍通过转发有利于特朗普的假新闻来实现身份认同与感情宣泄。[1] 与传统媒体相比，用户对新闻传播的挑选、偏好和倾向性都直接影响了社交媒体平台的新闻生态。同时，社交媒体的信息分享方式使得用户的观点被单一化的传播生态强化，极端的观点和虚假的新闻失去了被纠偏的机会，被不断重复的误读和传播。

社交媒体平台是否能够服务于公共利益，提供良好的新闻与信息，最终依靠个人用户对信息的再传播。新闻传播中的个人用户也应当作为贯彻公共利益原则治理的主体。

（三）算法控制传播：算法权力主宰新闻生态

大数据时代，数据与算法正在重塑新闻业的整个生态系统，算法的权力体现在新闻线索获取、新闻撰写与把关、新闻事实核查、新闻推送传播等新闻生态各个环节。在新闻的筛选与推送中，社交媒体依靠算法，取代传统主流媒体而成为新的“信息看门人”和“议程设置者”，其所使用的程序算法取代专业记者和编辑而成为决定新闻价值和公共议程的“软利器”。

算法会通过对用户使用习惯的把握和预测，为编辑的写作构造模板，新闻写作编辑的部分权力已被算法收编。根据哈佛新闻研究机构 Nieman Lab 的报道，《纽约时报》数字版的主编由“非常前沿和复杂的算法”Blossom 担任，其推荐的文章点击量能够达到非推荐文章的 38 倍。[2]

[1] Napoli P M, *Social Media and the Public Interest: Governance of News Platforms in the Realm of Individual and Algorithmic Gatekeepers* 39 (9) Telecommunications Policy, pp. 751—760 (2015).

[2] Shan Wang, *The New York Times Built a Slack Bot to Help Decide which Stories to Post to Social Media*, http://www.niemanlab.org/2015/08/the-new-york-times-built-a-slack-bot-to-help-decide-which-stories-to-post-to-social-media/, 2017-03-20.

在新闻推送中，社交媒体则可根据需要调整算法，选择推送内容控制用户看到的信息。[1] 算法具有了前所未有的影响舆论的能力，传统媒体的把关能力和议程设置的功能，逐渐交由算法来操纵和实现。算法甚至可以使公众在由自己的意志编织起来的“信息茧房”中背离事实，削弱其理性判断力，从而实现对公众的意识操纵。因此，必须对社交媒体的算法针对性地进行公共利益原则下的调整，能够使公共利益原则贯彻至整个新闻传播过程中，有效实现公共利益原则对社交媒体平台的治理。

将传统媒体的公共利益原则引入社交媒体新闻的治理，能够利用与国家公权力和平台技术权力抗衡的第三方力量，化解社交媒体的治理僵局。但与此同时，应根据社交媒体新闻生态的特点，调整公共利益原则下法律的调整对象，转化社交媒体平台的法律定位，将用户纳入调整对象，并重视算法的法律规制。

第三节　公共利益原则下社交媒体治理的制度设计与调整

公共利益原则在社交媒体治理中的贯彻，通过两条制度路径实现：第一，激活社会第三方力量与用户以公共利益为原则参与治理并进行制度设计，以应对社交媒体平台日益复杂、动态的治理需求。第二，在公共利益原则的指导下，社交媒体的平台权力与国家公权力均应进行制度调整，受到一定限缩，与代表公共利益的第三方利益形成均衡。

[1] Tufekci, Z. *Engineering thePublic: Big Data, Surveillance, and Computational Politics*, First Monday, 19 (7), (2014), http://firstmonday.org/ojs/ index.php/fm/article/view/4901/4097, 2017-03-14.

一、第三方力量与用户参与社交媒体治理的制度设计

第三方力量主要指不受到资金来源、商业利益与政治影响的组织或个人，包括但不限于非政府组织、专家学者、社会团体等。在以公共利益原则为指向的制度设计中，必然需要第三方力量代表和实践公共利益，同时也需根据用户在社交媒体新闻传播中的决策作出制度设计。

（一）政府指导下的第三方力量介入

在社交媒体治理中贯彻公共利益原则，面临的第一个问题是谁来确立明确的、具有可操作性的公共利益原则的适用标准？通过何种方式贯彻执行新闻的公共利益原则？

在传统媒体时代，政府担任了这一角色。美国媒体业的发展变迁历史，充分体现了有效政府规制对公共利益原则的重要推动作用。从《1934 年通讯法》的颁布到 20 世纪 70 年代末 80 年代初，政府对媒体采取“公众委托模式”进行严格规制，传媒业的基本指导原则是“公共利益至上”，联邦通讯委员会有严格的许可证颁发程序与规则，并在法案的基础上制定了一系列措施与细则，基本确保了美国传媒业“公共利益、便利、必需”的运营准则。然而到了 20 世纪 80 年代，政府逐步放松对该领域的管制，《1996 年电信法》颁布后，传媒产业全部解禁，“公共利益至上”的规制原则被“商业利益优先”所取代。

如今，政府提供市场准入和行政指导之外，社交媒体宜引入独立的第三方力量参与治理。最典型的方式如请第三方机构来进行新闻的真实性核查工作，保证其日常监管行为不会受到资金来源、政

治立场与商业利益的影响。第三方力量的介入可从限制性路径和授权性路径两个角度考虑。在授权性路径中，应明确哪些行为是被倡导和被鼓励的。如反网络假新闻的“初稿联盟”组织，成立于2015年，由30余家媒体和信息技术企业组成，其中包括《纽约时报》《华盛顿邮报》法新社和美国有线电视新闻网。“初稿联盟”组织寻求过滤虚假信息，提高社交网络新闻质量，创立了一套自愿执行的网络新闻行为规范，以提高社交媒体用户的新闻素养；同时成立“协作验证平台”，以供组织成员辨别可疑新闻。谷歌也宣布与一个名叫Crosscheck的假新闻监督机构合作，在谷歌的新闻搜索中帮助公众判定媒体报道的真实性。CrossCheck的人工核查人员是来自法新社、BuzzFeed、Global Voices等媒体的编辑。另外，限制性路径应明确哪些行为是违反公共利益原则，提供负面清单，不仅应明确禁止暴力仇恨信息，也应通过商业杠杆来践行公共利益原则。例如谷歌还从AdSense广告联盟中移除了超过200家发行商，因为他们在假新闻网页中投放AdSense广告来获取收益。

为避免平台成为网络空间立法、司法与执法的网络极权力量，应引入第三方力量承担网络空间司法角色。在社交媒体平台发生用户纠纷、言论标准不明等情况时，应将争议事项交由具有一定权威的公共机构、专家团体、行业自律机构等进行裁决。比如韩国《促进信息通讯网络的利用和信息保护法》第44（6）条关于提供用户身份信息的相关规定。日本互联网企业则交由专家团体对平台与用户之间的纠纷进行裁决，如应对《关于特定电信服务提供者的损害赔偿责任限制及向服务提供者请求提供发送者信息的法律》。而2018年1月起执行的德国《加强社交网络执行法》则将争议事项提交具有独立性的行业自律机构。

（二）用户与公共利益原则相关的责任

Web2.0 时代，新的网络技术使得代码权下放，每一个网络节点上的用户都可以代码权创造和上传信息，网络发展日益去中心化。不同于大众传媒时代，报纸、电视等传统媒体受到少数人的控制，主要限于社会的精英阶层。传统媒体存在编辑、主管等看门人，普通民众很难发声。社交媒体时代，网络用户只要注册账号即可进入社交媒体发表言论。互联网几乎成为一个“网络共和国”。[1] 如果说公众交流对话的空间即是某种形式的公共领域，毫无疑问，社交媒体是 Web 2.0 时代的公共领域。[2]

网络用户也应承担与其权利相适应的有关公共利益原则的责任。社交媒体应提示用户在信息传播中的公共利益意识，如设立推送提醒，谣言举报，假新闻标签等制度，从用户分享的个人行为层面贯彻公共利益原则。社交媒体应从信息分享和传播的设计上避免用户分享假新闻以获得关注甚至商业利益。对于多次分享已经被确认为假新闻的用户，应设立提醒与限制机制。从根本上，社交媒体应调整用户“唯热点方推送”的信息获取方式，避免负面、虚假新闻更容易得到分享和推送。

此外，用户参与社交媒体治理应常态化与制度化。用户既应参与网络平台规则的构建，同时社交媒体平台也依靠发动用户力量进行平台规则的实施。这既有利于国家法律法规、平台规则下沉，同

[1]［美］凯斯·桑斯坦：《网络共和国：网络社会中的民主问题》，黄维明译，上海人民出版社 2003 年版，第 135 页。

[2] Lull，James. 2007. *Culture-on-demand: Communication in a Crisis World*. And Malden Blackwell. Chester，Jeff. 2007. *Digital Destiny. New Media and the Future of Democracy*. New York：New Press.

时也有利于增强用户自律提高社交媒体平台的信息质量。如百度贴吧形成的“吧主制度”，即百度选取活跃度较高责任心较强的用户，来负责贴吧内的内容建设和普通用户管理。吧主的权限较大，既包括对信息的过滤审核，“保证吧内帖子质量，及时对吧内的不良信息进行处理，如广告、黄赌毒、政治敏感等”，也包括对普通用户的管理权限，比如“严禁吧主滥用管理权限，如封锁ID，删除网友发言，拥有官方提供的吧务管理工具的使用权”[1]。

引入用户自治与用户承担与其权利相适应的有关公共利益的责任，可使公共利益的贯彻直达用户层面，是公共利益原则制度设计的重要内容。

二、平台权力行使：比例原则与正当程序原则

平台的内容审查权力本质是基于网络用户协议进行的私主体之间的规制。网络平台与用户虽然同为私主体，但是在技术能力方面已经日趋分化，平台与用户间的权力结构已经形成。平台权力本质是一种私权力，在行使私权力时，应当遵守权力行使的基本规则。其中最重要的就是必要性原则、比例原则与程序公开原则。

一方面，社交媒体平台为了免于暴露于过高的法律风险中，往往在公权力内容审查的标准之上，加强了自我审查。社交媒体平台私权力的形式同样应该遵循必要性原则，参考公权力运行的相关限度，防止社交媒体平台形成私权力的滥用。极易形成公权力与私权力的合谋，侵害到用户的表达自由。其次，社交媒体平台对新闻及言论的规制应该遵循比例原则。尤其是涉及言论可能侵害私权利的

[1] 参见百度贴吧吧主制度，https://baike.baidu.com/item/百度贴吧吧主制度/7446913，2018年6月23日访问。

情况，对一方用户采取的禁言、取下、删除等不利措施应当是损害最小的。

另一方面，社交媒体平台对互联网新闻和言论的审查应该遵循正当程序原则。平台规则的制定应该公众参与且信息公开，充分接受公众的建议和质询。在作出对用户的处罚措施时，应该说明理由并遵循公开程序，以有效防止平台私权利的滥用，切实保障用户权益。

三、政府监管限缩：增加新闻审查标准的明确性和可预期性

“政府管平台，平台管用户”和“谁运营，谁负责”是我国政府监管网络平台的主要指导思路。然而，简单的思路一方面容易造成行政监管部门的懒政、缺乏有效行政监管，另一方面容易造成私权力负担过多的管理职责，阻碍产业发展并侵害用户权益。2016年，习近平总书记指出：“随着互联网特别是移动互联网发展，社会治理模式正在从单向管理转向双向互动，从线下转向线上线下融合，从单纯的政府监管向更加注重社会协同治理转变。”政府在设置平台主体责任时，应当充分尊重平台的自我规制，合理设定平台义务。平台主体责任也应该符合必要性原则、比例原则、正当程序原则。唯有如此才能真正有效克服市场失灵、社会失灵与政府规制失灵问题，实现良好治理。

新闻审查归根结底属于网络平台信息内容的审查。新闻的审查标准决定了网络平台违法行为的判定、行政责任的承担，是网络平台责任的起点，具有至关重要的作用。公权力介入对网络内容的审查，不可避免存在滥用权利的可能。网络表达自由在公权力面前显得尤为脆弱。应尽量增加新闻审查标准的明确性和可预期性，这既

有利于公众遵循，也有利于平台在信息审查时使用扩大解释，危害表达自由。

第一，应尽量明确政治性信息审查的标准。政府往往对政治性信息有钳制的天然惯性。这类信息的限定过宽，打击过重将会引起寒蝉效应。当前对于政治性信息的审查标准立法用语高度抽象，具有过宽的解释空间，易于导致适用困难和权力滥用。在既有条文中，国家安全、社会主义政治制度、国家秘密、民族团结、社会公德等均属于典型的不确定法律概念，具有多义性和模糊性。在具体适用的过程中，容易导致适用标准不统一，恣意进行扩大解释。应秉承最小侵害标准，最大程度限缩其范围。这类信息不仅应该在立法中作明确、具体和严格的规定，在具体适用时也要遵循严格解释原则。

第二，新闻中涉及公民私人权利的应尽量涵盖可能的权利保护。对于网络诽谤、造谣、侵犯他人隐私权、名誉权等私权利的新闻和评论，应以被侵权人提出异议为前提。但提出异议只是必要条件而非充分条件，是否真正有害，应适用我国在网络著作权侵权信息的认定及处理机制，给予双方当事人充分质证辩论的机会，善用通知与反通知规则。尤其在私权利被侵害的新闻与评论上，网络平台与公权力的立场高度一致，都希望兼顾双方利益。因此应在调解的个案中对标准逐步以平台为单位予以明确。

现我国对网络新闻信息审查的标准多以限制性陈述为主，并且多采取概括式的立法模式。对于表达自由的限制，宜采取一般概括条款与具体列举条款并重的模式，并且在实践中以指导性司法案例或行政执法案例作为补充。

这场多方合作进行的社交媒体治理的目标始终应设定为公共利益的最大化。对社交媒体等网络平台权力的重新认识和规制是为了公共领域不被其商业利益捆绑，而在规制中也应注意保护言论自由，避免伤及网络空间信息流动自由而引发寒蝉效应。在网络空间的公共利益包含着网络安全、信息真实、用户平等不受歧视等诸多价值，归根结底，都属于网络空间的正义价值。

第四节　公共利益原则下的社交媒体算法治理

在社交媒体平台治理的制度设计之外，应重视日常运营社交媒体平台的算法的法律治理。算法在新闻生态中发挥的关键作用引起了广泛关注。2018 年 5 月 30 日，全球最大的媒体集团之一新闻集团（New Corp）召开 2018 年第一季度财报公布会议，集团首席执行官罗伯特·汤普森呼吁成立“算法审查委员会”，以此来监督科技巨头公司不断增长的权力。[1] 社交媒体的平台算法决定了新闻议程和传播分享，对社交媒体的新闻生态起到决定性作用。算法应接受来自政府和技术专家的伦理性审查，以保证算法驱动下的社交媒体新闻传播符合公共利益原则。

一、算法滥用导致公共利益受损风险

社交媒体庞大的用户基数和高度的用户黏性，使得其通过算法治理平台成为一种必然选择。算法通过选取新闻、把关新闻、定向推送新闻等控制了社交媒体的新闻生态。正如图费奇（Tufekci）等人所指出：“用户生成的平台上的内容规模和与人类节制相关的成本是算法流程吸引平台的原因。然而，考虑到这些平台所发挥的关

[1] 央广网：新闻集团呼吁成立“算法审查委员会”以监督各科技巨头，http://china.cnr.cn/yaowen/20180513/t20180513_524230979.shtml，2018 年 12 月 11 日访问。

键功能，算法还会带来新的复杂性。”[1] 算法的滥用可能导致用户权利和公共利益受到严重损害，甚至成为牟利的工具。

算法并非中立，而可能会通过操纵行为来左右用户的政治观点、精神状态等。如美国有研究显示，脸书的新闻供应算法可以将政治党派的新闻置于显著位置。[2] 社交媒体平台删除用户上传的内容，过滤信息也可通过算法的设置实现。虽然像谷歌或脸书这样的大型社交媒体平台都声称由人工审查被删除的内容，但是这个过程中有很大一部分是自动化的。[3]

在新闻议程的控制中，算法却完全处于不受公众监督的状态。借助社交媒体的海量数据，算法甚至开始操纵网络用户。如脸书的新闻推送“Newsfeed”项目根据用户的政治倾向投放有关竞选的新闻。美国电子隐私信息中心敦促联邦贸易委员会要求脸书公布平台推送新闻的算法，并对公众公开算法设计和操作的细节。这项要求反映出社交媒体公司内部监督过程大部分仍被“封印在黑匣子中”，这种状况对社交媒体的治理提出了根本挑战。[4] 对于社交媒体的日常运营，以及良好地引导网络舆论等方面，应重视对于社交媒体平台算法的规制。

[1] Tufekci，Zeynep，Jillian C. York，Ben Wagner& Frederike Kaltheuner. 2015. *The Ethics of Algorithms: From Radical Content to Self-Driving Cars*. Berlin，Germany：European University Viadrina. Retrieved，https://cihr.eu/publication-the-ethics-of-algorithms/.

[2] Abbruzzese，J.，*Seeing More Politics in Your News Feed? Facebook Boosts Partisan Sites*，Mashable，http://mashable.com/2014/ 07/13/facebook-politics-partisan-newsfeed，2017-03-14.

[3] Wagner，Ben. 2016. *Global Free Expression: Governing the Boundaries of Internet Content*. Cham，Switzerland：Springer International Publishing.

[4] Napoli P M.，*Social Media and the Public Interest: Governance of News Platforms in the Realm of Individual and Algorithmic Gatekeepers*，39（9）Telecommunications Policy，pp. 751—760（2015）.

二、算法设计运行应嵌入公共利益原则

新闻推送和转发的算法，应该嵌入体系化的公共利益规范。由于算法对于新闻的推送起着至关重要的作用，以点击量为取向的算法催生了新闻“标题党”，以博人眼球为目的以求大量转发推送。在设计阶段应以立法形式要求算法通过道德审查标准，来防止对用户的操纵或产生不公平的后果。算法的目的应根据公共利益原则调整为促进优质内容的产生，而不应由点击量绑架新闻的内容。应由设计者将价值与价值位阶等规范进行评估，评估其在多个场景中进行的新闻推送与过滤是否符合人类的伦理价值与公共利益原则。

同时，对社交媒体运行的日常监督，也需要嵌入公共利益的算法来进行。应鼓励第三方与社交媒体平台使用通过道德审查，符合公共利益的算法进行日常监管。例如，脸书宣布在法国测试一套“事实核查工具”，并与法国有声望的新闻媒体和机构展开合作。这套事实核查实验法将允许用户通过信息流上的下拉菜单标记可疑新闻报道，随后由算法半自动化与第三方核查人员判定是真实报道还是虚假消息。

三、公共利益原则下的算法技术监管

应对社交媒体运行的算法进行技术监管，包括定期评估、透明性监督，以及设定一定的技术责任。第一，算法的定期监督和评估应由跨学科专家进行，以确保算法的安全。为了保证设计过程监管与未来责任回溯，监管机构将需要增加设计责任的制度。第二，透明度监督应要求社交媒体一定范围内披露算法的设计理念。今日头条日前披露新闻推送算法却类似于产品说明。透明度应要求满足达

到公平、安全、可审计的标准。例如，澳大利亚和新西兰的"老虎机"中使用的软件和算法是政府法规要求的"公平、安全和可审计的"[1]。政府要求开发者应用于消费者之前应将算法提交给监管机构。透明度的标准也非常清晰，如其最新版 10.3 中就非常详细地规定技术规格"游戏的标准偏差（NSD）不得大于 15"，"验证游戏设备软件的散列算法、固件和 PSD 是 HMAC-SHA1 算法"[2]。第三，技术责任则包括，要求社交媒体平台对算法的不当设计和使用承担相应的设计责任，方式为撤回或修改算法、罚款等。

社交媒体为新闻传播分享提供了前所未有的自由与便利，也为新闻生态的治理提出了前所未有的挑战。新闻传播中社交媒体的治理，实际上是三种价值的博弈：政府的安全目标，社会的公共利益目标和社交媒体商业利益的目标。三方力量的对比变化，深刻影响网络空间的新闻生态。

在互联网发展的前半场，社交媒体依靠技术力量占据了上风。然而，虚假新闻、不实信息、不当言论频现；互联网发展的下半场，公权力基于安全利益的严格控制又不免造成僵化。以公共利益原则为指导，引入第三方力量和激活用户量进行制度设计，并进行算法监管是社交媒体治理未来的必然方向。这场多方合作进行的社交媒体治理的目标始终应设定为公共利益的最大化，实现网络空间的网络安全、信息真实、用户平等不受歧视等诸多公共利益的价值。

[1] Woolley, Richard, Charles Livingstone, Kevin Harrigan & Angela Rintoul, *House Edge: Hold Percentage and the Cost of EGM Gambling*, 13（3）International Gambling Studies: 388—402（2013）.

[2] 澳大利亚/新西兰游戏机国家标准，https://publications.qld.gov.au/dataset/a-nz-gaming-machine-national-standards.

第六章
算法嵌入行政活动的正当程序控制

自20世纪50年代起，算法自动化决策即开始被应用于政府的公共行政。[1]在人工智能时代，自动化决策借助深度学习、大数据等技术，以辅助行政裁量、预测调配资源的方式，嵌入了政府行政治理中，这从深层撼动了传统行政活动的运行规律和基本范式。更重要的是，这种变化不仅体现在政府行政流程、效率方面，也体现在了以保障公民权利为核心的行政正当程序层面。

围绕具体行政行为构建的行政程序从“人”的行为出发，而非机器。算法自动化决策对传统行政正当程序带来了诸多挑战。例如，早在2005年，杜宝良案中行政相对人反复在同一地点违章105次却未收到行政机关通知[2]，引发了对于全自动行政行为正当程序缺失的广泛关注。更重要的是，算法可以提前预测风险而调配行政资源，这一活动却完全不受正当程序的控制。以禁飞名单为例，算法根据既往违法人员的特征，预测高风险人群并禁止其登上飞机。换句话说，被禁飞的人并非已经违法而是有违法风险。但

[1] 自动化决策系统被用于公共行政的历史长达几十年，早在1958年德国就有电子自决立法，直至今天，荷兰税收管理部门仍然在使用一些20世纪70年代的税务自主处理系统。

[2] 2005年5月23日，杜宝良偶然查询得知其于2004年7月20日至2005年5月23日在驾驶小货车运菜时，在每天必经的北京市西城区真武庙头条西口被“电子眼”拍下闯禁行105次，被罚款10500元。此前，从未有交管部门告知他有违法行为。

是，直到被阻止登上飞机之前，公民并不知晓其被列入名单，也不知晓列入名单的原因与过程。保证行政活动可信和正当的行政程序面临失灵的风险。

在算法自动化决策逐步广泛深度嵌入行政活动的背景下，如何坚持、修正和发展正当程序原则是亟待研究的重大议题。本章从保证公民实体权利与程序性权利、通过正当程序限制公权力滥用的基本立场出发，在行政权力与公民权利互动的理论框架下，剖析算法自动化决策对行政正当程序的挑战，以及立法者应如何应对行政正当程序实现的制度障碍与技术障碍。

第一节　算法治理嵌入行政活动的双重效应

算法自动化决策从信息输入、信息处理与信息输出三个层面嵌入行政活动，并改变了行政活动的范式，使得行政机关可以通过风险预测提前配置行政资源。这极大地加强了行政机关对治理对象信息处理分析能力，产生了行政权力的增强效应。但与此同时，算法自动化决策压缩行政活动环节，架空了行政正当程序；并且以内部决策的角色参与行政活动，使正当程序控制失灵。此消彼长下，形成了“权力—权利”失衡的格局。

一、算法嵌入行政治理的行政权力增强效应

行政活动中一直存在着行政机关与治理对象的信息不对称，即政府对社会活动和治理对象信息掌握不足的情况。许多行政制度是为了缓解信息不足的矛盾而建立起来的。例如，由于行政机关检查与发现违法的情况有限，无法获知所有违法行为，所以罚款额度既

要有效惩罚被发现的违法人，也要威慑潜在违法者。著名经济学家加里·贝克曾指出，最佳的惩罚额度应等于损害除以发现的概率。即如果只有 1/4 的发现机会，那么最佳罚款应该是损害的四倍。[1] 在现实生活中，如果闯红灯的交通违法行为的罚款金额 200 元是以被发现概率为 1/4 而设立的，那么当交通管理部门设置的闯红灯摄像可以实现违法行为 100% 被发现时，罚款金额应相对降低。

算法自动化决策的应用使得这种信息不对称得到了极大缓解，有效增强了政府权力运行的广度、深度和密度。信息技术在我国行政活动中应用已久。[2] 2019 年以来，以算法为代表的信息技术应用进一步扩展，甚至参与裁量活动领域并进行风险预测，改变了行政活动的范式。2019 年 1 月国务院办公厅印发了《关于全面推行行政执法公示制度执法全过程记录制度重大执法决定法制审核制度的指导意见》中明确提出："一是要推动行政执法裁量的决策辅助系统，规范行政自由裁量权，确保执法尺度统一；二是要开发风险预测系统，提前预警、检测、研判，及时履行政府职能、提高行政精准性。"[3] 在算法自动化决策的推动下，政府对信息的处理能力发生了质的飞跃。

[1] [美] 罗伯特·考特、托马斯·尤伦：《法和经济学》(第 6 版)，史晋川、董雪兵等译，史晋川审校，格致出版社、上海三联书店、上海人民出版社 2012 年版，第 456 页。

[2] 信息技术嵌入我国行政治理活动的前两个阶段：第一阶段，以提高效率为目标，致力于政府信息工具基础设施建设并培训技术，实现办公无纸化与自动化，以"三金工程"为代表。第二阶段，以推进政府行政流程改革为目标，大力推行"互联网 + 政务"，以各地政府上网、开通政务公众号、开发政务 App 的广泛使用为代表。

[3]《国务院办公厅关于全面推行行政执法公示制度执法全过程记录制度重大执法决定法制审核制度的指导意见》(2019) 第 17 条。

首先，政府收集的信息数量和质量得到了极大提高。如2016年上海市政府搭建的事中事后综合监管平台实现了各部门收集信息的共享，已汇集各类信息247万余条、累计提请联合惩戒156万余条。[1]海量信息有效助力于行政检查、行政命令等多种行政活动。如我国《道路交通安全管理法实施条例》要求营运客车、货车安装使用行驶记录仪，为行政执法提供行驶速度、连续驾驶时间等信息。其次，政府处理、输出信息能力增强，因此行政执法力度与强度也远强于过去。算法自动化决策可直接统筹信息收集、分析处理与输出环节，直接作出对行政相对人产生效力的命令、裁决等活动。以广东省食品药品监督管理局为例，互联网药品信息服务资格证书核发、变更、换发等项证照都已实现电子化。[2]最后也是最重要的是，政府通过算法自动化决策对行政活动大数据的分析，预测评估行政相对人的风险指标，在违规发生之前进行干预。如北京市城市管理综合行政执法局通过对全部投诉举报电话进行定量分析，得出每年夏季晚上某固定时段占道经营违法行为上升的结论，结合指挥系统的位置信息，调配执法力量。[3]

作为一个信息函数，行政效能受到信息采集、传输和使用质量的影响。算法自动化决策有效缓解了政府与治理对象的信息不对称，成为行政权力实现和有效运行的能源和催化剂，也在此基础上强化了其说服权力行使对象的能力。

[1] 上海市政府：《2016年上海市法治政府建设情况的报告》，http://www.shanghai.gov.cn/nw2/nw2314/nw2319/nw12344/u26aw52470.html，2020年3月12日访问。

[2] 宋华琳、孟李冕：《人工智能在行政治理中的作用及其法律控制》，载《湖南科技大学学报（社会科学版）》2018年第6期，第85页。

[3] 袁雪石：《建构“互联网+”行政执法的新生态》，载《行政管理改革》2016年第3期，第36页。

二、算法应用导致的行政正当程序失灵效应

算法自动化决策如何造成了行政正当程序失灵？如前所述，算法增强行政活动中收集、处理和输出信息的各个环节，从两方面改变了行政活动的传统范式：其一，反应型算法自动化决策压缩行政活动各环节，直接实现行政活动的半自动化与自动化。自动化行政在系统内部瞬间完成，无法分离活动的程序、步骤和方式，而是将所有信息与内容糅杂进既定的算法之中从而得出结果。其二，预测型算法改变传统认知范式，根据过去的历史数据推断出未来的趋势。算法可以用来预测风险，先发制人地对行政资源进行调配，事先引导和部署行政活动。

首先，反应型算法对行政活动环节的压缩，使得正当程序制度无用武之地。反应型算法是算法自动化决策应用于行政活动的常见模式，其基本模型为收集数据—匹配条件—作出决策，具有较强的工具性特征。例如，最简单的反应型算法为登录邮箱时输入密码—密码错误—拒绝登录。在行政活动中，名为专家系统、业务规则引擎、决策支持工具等的算法均为反应型算法。通常这些系统包含三个主要组件：其一，相关业务规则（即立法、政策或程序性业务规则）的知识库或规则库；其二，一个独立的推理引擎，该引擎使用推理得出结论；其三，用户界面，向用户呈现信息，并将用户响应提供给推理引擎以得出结论。行政机关可实现行政行为的半自动化或者自动化，甚至如果能将行政执法依据、行政裁量基准、行政执法流程、行政文书整合入人工智能系统，则有可能作出自动化的行政执法决定。

较为常见和简单的例子是交通违章的自动识别。算法自动化决

策可对监控设备采集的数据进行智能识别和分析，按照技术标准形成车辆违法数据，继而经过交警部门的审核，对违法车辆进行处理，以违法处理单的形式将处罚通知送至违法者。除了人为加入的审核环节，其他环节技术上均可在瞬间糅杂完成。由于算法对行政活动程序的压缩，原有的按照人的活动环节设立的诸多行政正当程序发送信息的步骤均被省略。

其次，预测型算法对治理对象的预测，实质上架空了行政正当程序。算法自动化决策给信息技术带来的改变，根本在于对信息认知方式的变化。传统认知方式下，信息技术围绕特定认知对象或假设进行信息搜集，对已有的信息作出特定反应，仍具有较强的工具化特征。在人工智能时代的信息认知方式下，算法自动化决策具有数据挖掘功能，一方面提高了数据计算能力，能够从不完全信息中提炼出更多有效信息；另一方面，可以进行趋势风险的研判和预测。算法自动化决策信息认知方式的改变，产生了可以预测风险的预测型算法。

预测型算法与反应型算法有着逻辑上的根本区别。虽然反应型算法的动态特性使得一旦发生违规，算法就可立即进行干预。但是预测性算法可以在风险发生之前调配资源进行规避，实现“好钢用在刀刃上”。[1] 例如，江苏省税务机关运用大数据技术，预测税务风险较高的行政相对人，据统计，一年稽查次数减少 97% 合计 8000 多次。[2] 在此类行政活动中，预测型算法已成为事实上的行

[1] 袁雪石：《建构“互联网 +”行政执法的新生态》，载《行政管理改革》2016 年第 3 期，第 36 页。

[2] 宋华琳、孟李冕：《人工智能在行政治理中的作用及其法律控制》，载《湖南科技大学学报（社会科学版）》2018 年第 6 期，第 85 页。

政活动核心流程。

然而，预测型算法由于其仅仅是内部行政决策，无法受到正当程序的控制。从时间点上来说，决策发生在具体行政行为发生之前，从外形上来说并不具备具体行政行为的要件，显然也并非抽象行政行为，只能作为行政机关的内部决策。内部行政决策本身即缺乏正当程序的控制，由于行政决策更多地与政治过程相关联，导致它并未纳入法治的轨道。[1] 即使近年来，行政决策亦要被纳入法制化轨道已经成为国务院和地方各级政府的基本共识，提出要以正当程序控制行政决策。[2] 预测型算法依靠运算在算法黑箱内部得出结果，完全规避了公众参与、专家论证等信息交换和披露的正当程序控制。

算法自动化决策一方面增强了行政权力，一方面却侵蚀了正当程序制度。行政正当程序的缺失，不仅可能造成行政相对人实体权利消减的结果，更直接损害了其程序性权利。在行政活动中，行政程序具有不同的价值位阶，可分为“工具性价值”与“构成性价值”。[3] 工具性行政程序关注行为活动的整体流程，目的在于提高

[1] 参见肖北庚、王伟：《行政决策法治化研究》，法律出版社2015年版，第1页。

[2] 截至2013年3月，共有20部地方政府规章和258个地方政府规范性文件对行政决策程序作出规定。例如《四川省人民政府重大决策专家咨询论证实施办法（试行）》（2004年）、《成都市重大决策事项专家咨询论证实施办法（试行）》（2004年）、《武汉市人民政府重大决策事项专家咨询论证实施办法（试行）》（2006年）、《长沙市人民政府重大决策事项专家咨询论证评估制度》（2007年）、《银川市人民政府重大决策事项专 家咨询论证评估制度》（2008年）、《广东省重大行政决策专家咨询论证办法（试行）》（2012年）等。转引自湛中乐、高俊杰：《作为“过程”的行政决策及其正当性逻辑》，载《苏州大学学报（哲学社会科学版）》2013年第3期。

[3] 美国学者萨摩斯提出，工具性价值的行政程序对实现好的结果具有意义，而构成性价值的行政程序在实体结果之外，将行政程序区分为“过程性”与“装置性”。参见姜明安：《正当法律程序：扼制腐败的屏障》，载《中国法学》2008年第3期。

行政效率，例如关于行为作出期限和方式的规定；构成性行政程序指的是具有特殊价值追求的制度构造，例如听证、理由明示等。[1] 日本学者认为："违反程序法上所规定的四项主要原则（即告知和听证、文书阅览、理由附记、审查基准的设定与公布），至少应解释为构成撤销事由。"[2] 在我国行政法上，进行陈述、申辩或者参加听证是我国《行政诉讼法》规定的具有构成性价值的正当程序，此类程序的缺失即使不影响行政相对人的实体权利，也具有效力瑕疵。[3]

毫无疑问，无论行政活动如何借助科技的力量变得便捷与高效，这类构成性行政正当程序都不应该成为被省略的对象。这不仅造成了行政相对人实体权利的损害，也是程序性权利的缺失。行政相对人在行政活动中获得知情、陈述申辩、得到理由说明的各项权利，无法得到保证。在此消彼长下"权力—权利"格局严重失衡。

第二节 算法自动化决策与行政正当程序的冲突

从信息论的角度看，行政正当程序本质是行政机关向行政相对人发送信息的工具。无论是行政活动前的行政公开、听证，行政活动中的通知、听取申述与申辩，以及事后的说明理由，目的都是在行政机关与行政相对人之间建立信息沟通机制。算法自动化决策的

[1][日]盐野宏、闫尔宝：《法治主义与行政法——在日本的展开》，载《中山大学法律评论》2011年第1期，第109页。

[2][日]盐野宏：《行政法》，杨建顺译，法律出版社1999年版，第230页。

[3]2018年2月发布的《最高人民法院关于适用〈中华人民共和国行政诉讼法〉的解释》第96条明确指出：原告的听证、陈述、申辩等属于重要程序性权利，不得造成实质损害；而处理期限轻微违法或者通知、送达等属于程序轻微违法。

不透明性遮蔽了行政公开原则，算法设计运行的技术垄断架空了公众参与原则，算法决策黑箱无法为相对人提供理由说明，算法自动化决策与行政正当程序产生了严重冲突。

一、行政正当程序制度的信息工具功能

正当程序制度一向被认为是规范行政权力运行、保障公民合法权利的重要制度。从信息论角度观察，正当程序制度实际上是一种信息工具，目的在政府与行政相对人之间建立信息沟通机制，以缓解行政相对人的信息不对称，从而达到保障权利的制度目的。行政正当程序具有信息发送的功能，可缓解行政相对人的信息不对称，本身就是独立于实体权利的程序性权利，蕴含着实现诸如参与性通知、程序理性和人道性等效能。

正当程序的基本含义是当行政机关作出影响行政当事人权益的行政行为时必须遵循法律的正当程序，包括事先告知相对人，向相对人说明行为的根据、理由，听取相对人的陈述、申辩，事后为相对人提供救济路径等。[1] 从信息工具的角度观察，正当程序制度的几项核心内容均系为了解决行政机关与行政相对人的信息不对称问题。如果把行政行为的过程分为作出前和作出后两个阶段，正当程序制度在行政行为作出前要求行政机关对相对人发送足够的信息，在作出后亦要求提供纠正信息的路径。

第一，正当程序制度包含着行政活动前的“信息发送”工具。例如，要求行政机关对相对人有合理的告知。所谓合理的告知，不仅是指相对人应得到被处理事项的合理说明，也包括其在合理的时

[1] 参见姜明安：《行政法与行政诉讼法》（第2版），北京大学出版社2005年版，第72页。

间内被告知。没有告知或不恰当的告知，将影响相对人行使程序和实体上的权利。其还要求说明理由，即行政机关作出任何行政行为，特别是作出对行政相对人不利的行政行为，除非有法定保密的要求，都必须说明理由。[1]

第二，正当程序制度包括行政活动中的“信息沟通”工具，即强制要求行政机关必须获取行政相对人的信息。例如，要求行政机关作出任何行政行为，特别是作出对行政相对人不利的行政行为，必须听取相对人的陈述和申辩。行政机关作出严重影响行政相对人的合法权益的行政行为，还应依相对人的申请或依法主动举行听证。

第三，正当程序制度包括行政行为后的“信息纠正”工具。例如，要求行政机关事后为相对人提供相应的救济途径，其目的是为了防止行政行为错误，给相对人获得“信息纠正”的机会。以上种种正当程序制度的要求，都是力图解决行政机关与相对人信息不对称的情况。而只有符合正当程序的行政行为方为合法有效，也充分说明了信息工具的缺失会直接影响行政行为的法律效力。尽管行政机关与相对人之间的信息不对称无法最终消除，但通过正当程序“发送信息”是法律对行政行为的基本合法性要求。

从这个角度去理解正当程序制度，会发现政府信息公开制度、行政听证制度、说明理由制度、公众参与制度等本质上均为信息工具。通过程序来强制性要求政府对公众披露行政活动中的信息，达到控制公权力保障公民权利的目的。20世纪中期以后，随着各国行政程序立法的发展，正当程序原则在世界许多国家如奥地利、意

[1] 参见姜明安：《行政法与行政诉讼法》(第2版)，北京大学出版社2005年版，第73页。

大利、西班牙、德国等均得到了确立和广泛使用。从程序控权取代实体控权，从注重行政行为的合乎实体法规则向注重行政行为的合乎程序性转变，以正当程序模式的行政法来弥补严格规则模式之不足，已经成为当代行政法的主流。[1] 其背后的考量，是行政行为所需的信息越来越庞杂，依靠实体法规则已经无法囊括，只能退而要求在程序法规则上满足“发送信息”的要求，交由具体行政活动中相对人获得的信息来保障公权力在合法范围内运行。

行政正当程序的信息发送功能由于算法自动化决策阻碍无法实现。无论是反应型算法压缩行政程序各个环节造成行政正当程序的缺省，还是预测型算法直接作为内部决策规避行政正当程序，最终均导致行政相对人无法接收到行政机关通过行政正当程序发送的信息。具体而言，尤其以行政公开原则、公众参与原则与说明理由规则为甚。

二、算法不透明遮蔽行政公开原则

20 世纪中期以后，公开、透明、公众参与已构成现代正当法律程序的基本的、甚至是不可或缺的内容。[2] 美国、欧盟诸多成员国等近 50 个国家和地区，都在 20 世纪 60 年代以后或本世纪初陆续制定了信息公开法和与美国“阳光法”类似的透明政府法。[3]

[1] 参见周佑勇：《行政法的正当程序原则》，载《中国社会科学》2004 年第 4 期。

[2] 姜明安：《公众参与与行政法治》，载《中国法学》2004 年第 2 期。

[3] 美国于 1967 年制定《信息自由法》，1976 年制定《阳光下的政府法》，此两法之后均归入 1946 年定的《行政程序法》作为正当法律程序的组成部分。欧盟和欧盟的许多成员国（如德国、意大利、英国、法国、荷兰、丹麦、芬兰）以及日本、韩国、印度、澳大利亚。参见姜明安：《正当法律程序：扼制腐败的屏障》，载《中国法学》2008 年第 3 期。

行政公开指的是行政机关的活动要坚持信息公开，除国家秘密、商业秘密与个人隐私的内容，应由行政机关向社会公众进行公开。[1]

算法导致的行政公开原则缺失可分为两类原因：不愿公开与公开不能。具体而言，第一类原因是算法的采购、设计与运行，甚至算法的存在本身，政府基于各种考虑可公开而不愿公开。私营公司主张公开算法侵害商业秘密，政府官员可能会担心公开披露的算法会被篡改或规避，阻碍行政目的实现。[2] 2017 年年底纽约市政府开展的世界首次算法监管活动堪称典型。纽约市算法监管工作组召开了三次会议，直到 2019 年 4 月仍未就“算法自动化决策”的定义与范围达成共识，各政府部门也拒绝提供使用的算法清单，仅肯提供示例。[3] 此次监管活动也因未取得成效受到了广泛批评。

第二种是“算法黑箱”造成的公开不能。“算法黑箱”是指在算法决策数据输入、计算和输出的三个环节中，分别面临着三个难题：数据收集由于公共利益豁免知情同意规则而不透明、算法决策过程由于商业秘密保护而不公开、数据分析结果与决策之间转换不公布。

算法不透明可由于政府严重的技术依赖关系形成一个恶性循环。政府不仅需要购买算法系统，还需要私营公司提供长期技术支持以便对算法系统运行进行维护和改造。私营公司为了垄断相关技术领域，会更加排斥将算法软件技术开源或公布。这进一步导致了

[1] 胡建淼、马良骥：《政府管理与信息公开之法理基础》，载《法学论坛》2005 年第 4 期。

[2] Laskov P & Lippmann R, *Machine Learning in Adversarial Environments*, 181 Machine Learning, Vol.81, 115—119 (2010).

[3] 张凌寒、李荣：《纽约算法监管遇挫启示录》，载《法治周末》2020 年 1 月 16 日第 11 版。

某个专门的算法系统长期垄断某行政部门的行政活动技术支持，更加缺乏来自社会公众的监督。2014 年美国一项针对政府工作人员的调查显示："联邦政府工作人员没有足够的数据分析技能将复杂的数据集转化为决策者所需要的信息……高达 96% 的受访者认为他们所在部门存在数据技能短板。"[1] 因此，调和算法自动化决策与行政信息公开的原则需平衡的三项利益：在要求企业披露算法的相关信息的同时，不损害商业秘密、竞争优势和确保公众监督。

三、技术垄断架空公众参与原则

行政正当程序中的公众参与原则极为重要，"某种形式的听证"被认为是程序正当性过程最基本的要求，是行政机关提供正当程序的最低限度。[2] 然而，算法自动化决策系统由私营公司"技术垄断"，公众的参与权难以得到保障。

公众参与原则的核心理念是"听取公众意见"。具体而言，包括两个层面：第一，公众应有权利参与行政活动，这体现了正当程序的公共意志形成功能；第二，在具体行政行为中，应充分听取当事人的陈述和申辩。在公众参与的过程中，要设置专门的程序（如听证）保证公众能够参与，并要保证参与各方信息的对称性。公民的有效参与，意在通过自己的行为影响某种结果的形成，而不是作为一个消极的客体被动地接受某一结果。在算法广泛嵌入行政活动的背景下，公众参与原则面临多重障碍。

[1] Giest S, *Big Data for Policymaking: Fad or Fasttrack?,* 50 Policy Sciences, 372 (2017).

[2] 王锡锌：《正当法律程序与"最低限度的公正"——基于行政程序角度之考察》，载《法学评论》2002 年第 2 期。

第一，公众参与行政活动面临私营企业技术垄断的障碍。算法自动化决策本质是对于行政资源的分配，但这一过程改变了政府资源分配和监督行政相对人的一贯做法，转而由私营企业承担核心角色。在此次疫情防控期间，各地政府依靠私营公司的技术力量进行健康码的设计和运行工作，并大有将健康码运用于社区、企业、群体评价等社会公共活动中的趋势。[1]“智慧城市”也极好地体现了“公共权力私有化”这一趋势。政府部门的数据、权力和私营公司的技术力量结合，发展出了主宰城市运行的智能系统。[2]技术公司垄断了硬件与算法系统的开发、设计和使用，却拒绝对公众公布算法收集处理数据的权限和过程。[3]如迈阿密市政府与照明技术公司签订为期 30 年的合同，使该公司可以免费安装装有摄像头和牌照读取器的灯杆，为迈阿密警察局收集和处理信息，而该公司可以使用这些数据。[4]政府大多数情况下需要以技术服务合同的方式向私营企业购买算法系统的设计和运营服务，因此算法自动化决策

[1] 2020 年 5 月 22 日，杭州市卫健委提出健康码“一码知健”的思路，亦即“通过集成电子病历、健康体检、生活方式管理的相关数据，在关联健康指标和健康码颜色的基础上，探索建立个人健康指数排行榜。同时，也可以通过大数据对楼道、社区、企业等健康群体进行评价”。参见《杭州健康码未来可能出“渐变色”可对个人与企业实现百分量化》，https://www.cnbeta.com/articles/tech/982717.htm，2020 年 5 月 28 日访问。

[2] Vanolo，A.，*Smartmentality: The Smart City as Disciplinary Strategy*，51 Urban Studies 883—898（2014）.

[3] Karen Bartko，*Over 160 Properties Join Red Deer Surveillance Camera Registry in First 4 Months*，Global News，Nov.13，2019，https://globalnews.ca/news/6163354/red-deer-surveillance-camera-registry/.（last visited on 2020-06-19）.

[4] Daniel Rivero. *Miami Could Let Company Put Surveillance Poles on Public Property for Free*，WLRN，Oct.09，2019，https://www.wlrn.org/post/miami-could-let-company-put-surveillance-poles-public-property-free#stream/0，2020-06-19.

（例如专家系统、自动行政）的采购和设计处于完全不透明的状态，缺乏公众参与的听证环节。公众没有机会在行政活动中融入自身的价值判断和权利主张，更无法实现对行政权力滥用的程序性控制。

第二，自动化（半自动）行政行为根据算法设定的规则运行，这一过程由行政机关与技术公司垄断，没有为行政相对人提供陈述与申辩的机会。由于缺乏有意义的通知，并且政府倾向预设算法结论是正确的，这共同造成了相对人陈述与申辩环节的缺失。当反应型算法应用于行政处罚等可能产生不利于行政相对人法律后果的行政行为时，缺乏陈述与申辩环节是严重的程序瑕疵。

由此可见，算法自动化决策既回避了行政决策的公众参与和听证，也消解了具体行政行为层面的当事人陈述和申辩的程序，造成了公众参与原则的缺失。如果一项技术是服务于社会中的大多数群体，政府的作用就不可替代，无论作为社会系统的设计者还是行业领域技术创新的监管者，政府都应承担起责任，打破技术中心主义的局限。[1]

四、算法黑箱无法提供理由说明

正当程序中的说明理由制度是指公权力机关在作出决定或者裁决时，应向其他利害关系人说明法律依据和事实状态，及通过相关法律和事实状态进行推理或裁量而作出结论的过程，从而表明理由与最终该决定的内在联系。[2] 尤其是行政机关作出不利于行政相对人的行政行为时，除非有法定保密的要求，否则都必须说明理由。

[1] 陈姿含：《公共领域算法决策的几个问题探讨》，载《理论探索》2020年第3期。

[2] 王立勇：《论正当程序中的说明理由制度》，载《行政法学研究》2008年第2期。

我国《行政处罚法》《行政许可法》等法律法规均明确规定了行政行为说明理由的要求。[1] 说明理由制度是正当程序中的重要构成要素，违反说明理由义务可能直接影响到决定或者裁决的效力。[2]

预测型算法作出行政决策的时点是在行政对象作出行为之前，依据是大数据的相关关系而非因果关系，因此无法提供理由说明。由于大部分深度学习推荐算法将数据变换到一个隐含空间，可以计算如何无限接近算法设定的目标，但是很难提供直接的决策理由。[3] 尤其是预测型算法在行政治理中的应用，将行政对象的目标与既有数据对比，应用数据分析来发现特征和结果之间的相关性，并利用这个分析来生成可能不容易解释或理解的预测。[4] 一个正当的行政行为要求理由的公开，并公布作出行政行为的证据。而由于预测型算法的时间点在事件发生之前，所以尚无证据存在。这种先验性使得合法正当行为所需要的具有证明力的证据不可能存在。

算法预测指导的行政活动对行政对象挑选并进行甄别，却无法提供实质性证据。这实际上构成了对行政对象区别性的不利对待，可能违反法律面前人人平等的原则。[5] 典型的预测型算法应用为“预测警务”。如北京市公安局怀柔分局的“犯罪数据分析和趋势预测系统”收录了怀柔 9 年来一万余件犯罪案件数据。2014 年 5 月，该系统预测提示：近期泉河派出所辖区北斜街发生盗窃案的可能性

[1] 参见《行政处罚法》第 31 条，《行政许可法》第 38 条。

[2] 王立勇：《论正当程序中的说明理由制度》，载《行政法学研究》2008 年第 2 期。

[3] Adnan Masood, *On Explainability of Deep Neural Networks*, http://www.csdn.net/article/2015-08-17/2825471, 2017-07-20.

[4] *See* Antoinette Rouvroy & Thomas Berns, *Algorithmic Governmentality and Emancipation Perspectives*, 17 Réseaux 163—196 (2013).

[5] Citron, D. K., *Technological Due Process*, Washington. 85 University Law Review, 1249 (2007).

较高，派出所加大对该区域的巡逻，并于5月7日抓获一名盗窃汽车内财物的嫌疑人。[1] 预测型算法会在治安高风险地区时会相应投入更多警力，使得该地区的治安违法行为更容易被查到，导致风险级别进一步提高，可能形成一个失真的回馈环路。

算法预测准确率无法保证，一旦出错可能造成无法挽回的损失。2017年12月，美国伊利诺伊州儿童和家庭服务部宣布，终止评估儿童安全和风险的预测系统，因为算法预测不准确造成父母与子女错误分离的后果。同年早些时候，美国洛杉矶郡也由于预测型算法的黑箱问题与高误报率终止了预测型算法用于儿童受虐风险的评估项目。[2]

算法深度学习与相关可能存在的预测失真问题由于算法自动化决策无法提供理由说明，算法决策缺乏有效的法律程序控制，易于不断自我肯定与强化，造成行政行为持续性错误与相对人权利受损。

第三节　基于行政信息公开原则增强算法透明度

一、算法嵌入行政活动背景下行政信息公开原则的回归

现有算法自动化参与的行政活动中，我国法律作出了一定调整，但仍在某些领域需要行政信息公开规则的回归。例如，在算法

[1] 李涛：《北京怀柔建"犯罪预测系统"收录9年案件数据》，中国新闻网 http://www.chinanews.com/fz/2014/06-17/6287303.Shtml，2020年6月2日访问。

[2] Brown A，Chouldechova A，Putnam-Hornstein E，et al. *Toward Algorithmic Accountability in Public Services: A Qualitative Study of Affected Community Perspectives on Algorithmic Decision-making in Child Welfare Services*，Proceedings of the 2019 CHI Conference on Human Factors in Computing Systems，pp. 1—12（2019）.

自动化决策参与行政许可行为中，我国《行政许可法》第33条规定了以数据电子方式提出行政许可，应在行政机关的网站公布许可事项，[1]以作为行政信息公开在算法治理时代的因应性调整。然而，在算法自动化决策参与的行政活动中，尚有行政信息公开原则的一些基本规则尚未得到满足。

首先，应增强算法自动化决策的可见性，作为行政信息公开的基本要求。我国政府部门中，算法自动化决策系统多以“秒批”“智能交通”“智慧司法”为名。我国不仅对于人工智能算法应用于政府部门并无清晰的规划与分类，现有的电子政务的公示与通知也并不完善。2018年第十七届中国政府网站绩效评估显示，超过15%的政府网站的办事指南存在权力清单与行政事项不对应，35%的政府网站办事内容不准确，80%存在办理材料详单不清晰。[2]政府不应仅将算法系统看作是办公辅助系统，而是应公布政府部门自动化决策清单，让公众知晓哪些行政活动有自动化决策的参与，了解算法自动化决策可能带来的权利影响。

其次，算法作出决策的基本规则和因素权重，应该对公众与社会公开。形式的改变并不能豁免政府信息公开的义务。算法参与的行政行为并不会因为缺乏意思表示要素而不受行政法的拘束。其

[1]《行政许可法》第30条规定，“行政机关应当将法律、法规、规章规定的有关行政许可的事项、依据、条件、数量、程序、期限以及需要提交的全部材料的目录和申请书示范文本在办公场所公示”。在现代信息社会下，或可对“办公场所”予以功能意义的理解，“办公场所”已不限于行政机关的办公地点、办公室、办公窗口、办事大厅，行政机关的网站在功能上也扮演了“办公场所”的作用，应通过行政机关的网站，对行政许可事项、依据、程序、期限等加以公开。

[2]北京大学课题组：《平台驱动的数字政府：能力、转型与现代化》，载《电子政务》2020年第7期。

原因在于，各类智能机器、评估模型等自动化设备的设置及启用以及运作方式都是由行政机关发送指示，行政机关仍是行政程序的主宰，所作出的表示或决定都是行政机关的行为，具有法效意思及规制效力，性质上仍为具体行政行为。[1] 如果政府机构采用一条规则，仅仅以为算法运行不能直观地作出解释，就拒绝向公众公开，则违反了行政行为应公开透明的基本原则。早在 1992 年的案件中，美国联邦公路管理局拒绝披露用于计算运营商安全评级的算法，但法庭认为这违反了《信息自由法》中政府披露政府记录和数据的要求，判决联邦公路管理局必须披露计算中所用因素的权重。[2]

以上是行政信息公开原则对算法自动化决策应用于行政活动的基本要求。除此之外，行政信息公开原则面临着“算法黑箱”的挑战，需作出相应的调整。

二、行政信息公开原则在算法数据收集环节的贯彻

算法治理时代，人类将被降格为信息存在，以便接受机器的计算，方便企业获得利润和政府监督管理。[3] 行政机关可大量收集公民数据，不仅基于公共利益豁免“知情同意”规则的限制[4]，还

[1] 陈敏：《行政法总论》，台湾新学林出版股份有限公司 2016 年版，第 699 页。

[2] Don Ray Drive-A-Way Co. *v.* Skinner, 785 F. Supp. 198 (D. D. C. 1992).

[3] Floridi L, The Fourth Revolution: How the Infosphere is Reshaping Human Reality, OUP Oxford, p. 32 (2014).

[4]《网络安全法》第 41 条第 1 款：“网络运营者收集、使用个人信息，应当遵循合法、正当、必要的原则，公开收集、使用规则，明示收集、使用信息的目的、方式和范围，并经被收集者同意”;《上海社会信用条例》第 14 条规定，采集市场信用信息的，涉及个人信息的，应当经信息主体本人同意，但依照法律、行政法规规定公开的信息除外。

可要求私营公司报送数据[1]。这就导致，行政相对人并无机会知晓嵌入在行政活动中的算法自动化决策通过哪些个人数据作出了决定。为遵循行政信息公开原则，行政机关的数据收集行为应受到如下限制：

首先，行政机关收集数据同样受到“合法、正当、必要”原则限制，应在行政活动中逐渐将此类规则细化。[2]从行为性质上梳理，行政机关对个人信息的收集行为属于内部行政程序，仅仅作为后续行政行为的必要前置活动，并不受到具体行政行为的相关法律限制。但是，作为数据收集行为，仍需严格遵循正当目的原则与必要原则。以2020年新冠疫情防控为例，无论是健康码对个人敏感数据的大规模收集与使用，还是大数据对公民的追踪定位，包括社区出入居民的信息登记，均应有公共卫生紧急状态作为正当性基础。在紧急状态恢复成日常状态之后，即使疫情状态防控常态化，也应避免对公民个人数据的收集与追踪常态化。

其次，尽管基于公共利益考虑无法要求政府再次获得数据个体的知情同意，但起码应在平台向个体收集数据时，作出“不利行为”通知。即如果政府可能根据第三方的信息作出行政的自动化决策，对行政相对人有负面不利影响，则应要求平台在收集数据之时就告知数据个体。例如，应提示行政相对人，自动化决策结果参考

[1] 例如《电子商务法》第28条规定电商平台应向税务部门报送平台内经营者的“身份信息”和“与纳税有关的信息”。《网络交易监督管理办法（征求意见稿）》第26条规定，网络交易经营者应按要求报送“特定时段、特定品类、特定区域的商品或者服务的销量、销售额等统计资料”，第40条要求“在每一个公历年度内至少每半年”报送一次平台内经营者的身份信息。

[2]《数据安全法（草案）》第35条：“国家机关为履行法定职责的需要手机、使用数据，应当在其履行法定职责的范围内依照法律、行政法规规定的条件和程序进行。”

了个人的公开信息、犯罪记录、信息记录，甚至社交媒体使用情况。美国学者欧内斯特·格尔霍恩所指出的，政府机构实施的不利公布行为之基本功能就是通知，其目的在于告知公布对象相关政策或情况，以便他们在行为选择时可以利用这些信息。[1]

最后，法律应及时划定政府获取第三方平台数据的边界，防止政府以公共利益为名无限度获取平台通过知情同意收集的用户数据，并规定政府做好相关的数据安全保障工作。

三、行政信息公开原则与保护算法商业秘密的衡平

应平衡算法自动化决策的模型公开与保护私营企业商业秘密之间的冲突，适度增加算法自动化决策的透明度。一直以来，公开算法模型都被开发设计算法的私营公司以"保护商业秘密"为由反对。例如，美国法学教授要求纽约州和纽约市公布教师评分的算法，遭到了纽约州教育部的拒绝。因其算法技术供应合同规定，承包商提供的方法或措施是"专有信息"，教育部门不能公开。[2]这引发了疑问，私营企业的商业秘密可否凌驾于行政正当程序对信息公开的要求之上？

坚持行政公开原则，必须衡平商业秘密保护与公民正当权利之间的价值位阶。行政信息公开是一种集体语境下的程序正义，算法自动化决策普遍适用于行政相对人，本质是一般规则。算法的开发

[1] Ernest Gelhorn, *Adverse Publicity by Administrative Agencies*, 86 Harvard Law Review 1380—1441（1973）.

[2] 纽约州用"增值模式"（VAM）算法来评估和评分教师的表现。法学教授罗伯特·布劳尼斯和埃伦·古德曼向城市和州提交了公共记录请求，以获取有关算法决策模型的信息，但遭到了拒绝。Brauneis R & Goodman E P, *Algorithmic Transparency for the Smart City*. 20 Yale Journal of Law & Technology 103（2018）.

设计过程类似于起草和通过一项即将适用于一大批案件的一般证据规则。一套算法系统可对多个行政相对人产生法律效力，一旦发生错误可能产生弥散化的损害后果。而具备正当性的规则应具有可预测性，即人们可以根据规定，事先估计到当事人双方将如何行为及行为的后果，从而对自己的行为作出合理的安排。[1]这种对规则的知情权既是一种人权，也是可依据我国《宪法》推导出的公民权利。[2]相对于私营公司的商业秘密保护，显然价值位阶更高。

退一步论证，要求公布算法决策要素及权重，并不是要求公布技术源代码，而是要求公布被代码化的法律规则。当前，有学者认为算法的透明既非必要也不可能，甚至存在一定的害处。[3]这将算法透明视作单一的、绝对的源代码披露，忽视了算法的透明具有多层次性、多种方式、多种对象。

算法自动化决策系统信息公开的不足会导致对政府公权力信任的不足，民众信任的缺失可能导致更多的上诉，抵消掉算法系统带来的行政效率提高效应。鉴于算法的技术性，美国学者尝试发展“技术性正当程序”的制度来解决这一问题，即通过强调编码公开、开发公众参与程序、系统软件测试等来实现程序所要求的透明化、公开和可问责等要求。[4]因此，未来将在政府内部增加专业力量，

[1] 又称为可预测性、安定性。参见雷磊：《法律方法、法的安定性与法治》，载《法学家》2015 年第 4 期，第 1—19 页。

[2] 胡建淼、马良骥：《政府管理与信息公开之法理基础》，载《法学论坛》2005 年第 4 期，第 15 页。

[3] 沈伟伟：《算法透明原则的迷思——算法规制理论的批判》，载《环球法律评论》2019 年第 6 期，第 20 页。

[4] Citron, D. K. *Technological due process,* Washington. 85 University Law Review, 1249 (2007).

由既懂行政规则又懂技术的人员来监督算法设计运行，方为解决之道。

四、行政信息公开与算法决策输出的说明

行政信息公开应包括对于行政决策结果中，在何种程度参考了算法自动化决策结果的信息。某个具体的行政行为，算法自动化决策可能起到不同程度的作用。有可能算法自动化决策直接成为生效的行政行为，如深圳市政府的“秒批”事项在 2020 年已达 212 个[1]；有可能需要进行进一步人工审核，如再犯风险评估软件的法官审核。在此意义上，算法自动化决策对具体行政行为的干预程度和行政决策的可逆性应向行政相对人公开。即使算法自动化决策已经开始深度嵌入行政活动中，但考虑到行政权力有着诸多不可让渡的空间，并且涉及国家等基本概念的存系，应尽量减少算法直接作出行政决定的情况。[2]

与此同时，应尤其注意算法自动化决策结果对技术弱势群体的说明方式。我国《政府信息公开条例》第 43 条规定：“申请公开政府信息的公民存在阅读困难或者视听障碍的，行政机关应当为其提供必要的帮助。”[3] 依此立法精神，应在信息公开环节同样照顾老人、受教育程度较低人群等技术弱势群体，以简明、图画方式对公众说明算法自动化决策。

[1] 佚名：《深圳网上政务服务能力蝉联全国第一》，载《计算机与网络》2020 年第 11 期。

[2] 胡敏洁：《自动化行政的法律控制》，载《行政法学研究》2019 年第 2 期。

[3]《中华人民共和国政府信息公开条例》（2007 年 4 月 5 日中华人民共和国国务院令第 492 号公布 2019 年 4 月 3 日中华人民共和国国务院令第 711 号修订）。

综上所述，行政部门应用算法自动化决策既应符合行政信息公开的基本要求，也应在输入数据、决策过程和最终决策层面遵循行政信息公开原则的要求。德国第三十六届信息官员自由会议通过一项文件《算法在公共管理中的透明度》。根据此文件，德国政府部门使用的算法必须要公布下列事项：（1）有关程序输入和输出数据的数据类别的信息；（2）算法所涉的逻辑，尤其是使用的计算公式，包括输入数据的权重，基本的专业知识以及用户部署的个人配置；（3）最终决策的范围以及程序可能产生的后果。政府使用算法决策如不遵循行政信息公开原则，算法自动化决策的公平、可问责则无从谈起。

第四节　基于公众参与原则进行算法影响评估

行政正当程序中的公众参与原则具有重要的实体权利保障功能，应从加强公众参与与恢复相对人陈述和申辩权利两个方面，发展算法治理时代的行政正当程序。

一、以算法影响评估保证公众参与算法系统订购与使用

行政一般规则的制定需要公众参与的审议，然而技术力量垄断主导的采购与设计流程架空了这一过程。公众参与原则要求算法自动化决策系统在被用于决策和影响行政相对人之前，公众有权了解、评估和参与其对于自身和社会的影响。

算法影响评估是既有行政制度资源的发展，可参考环境影响评估等类似的相关制度。这一制度的目的在于让政府使用算法自动化

决策前，能够创造机会使得行政相对人、研究人员和决策者共同参与影响评估。这为公众提供了算法系统部署前发现问题、表达诉求主张、甚至反对使用算法的机会，这本身就是向社会提供算法系统信息的机制，能够让公众更加了解情况、增加算法透明度，并让政府部门、算法研发人员和公众进行富有成效的对话。体现出行政程序不应是行政主体单方用来约束公民、组织的工具，更是要体现出民主、责任、参与、法治的诉求。

目前，我国各级警务部门的算法系统上线过程基本采用“个别试点后全面上线运行”的模式。这种模式可以视为试运行阶段的对算法影响的测评，但上线前此类算法系统并无明确的评估程序，公众无法借助参与过程提出自身的诉求。为了保证算法自动化决策系统被安全地部署于政府部门，欧洲议会提出了“算法影响评估”（AIA）的制度框架，即对于可能对公民权利造成影响的算法自动化决策系统，应允许社区和利益相关者进行评估，以确定是否可以以及在什么领域使用算法。[1] 一些国家则已经将算法影响评估制度从倡议落实为制度。加拿大在2020年生效的《自动决策指令》中提出了对算法影响的评估制度。[2] 美国华盛顿州通过了众议院和参议院针对公共部门算法系统的HB165法案，[3] 要求政府部门的算法系统在使用之前必须由政府在公共网站上公布，“并邀请公众就

[1] Ansgar Koene, Chris Clifton & Yohko Hatada, et al., *A Governance Framework for Algorithmic Accountability and Transparency*, https://www.europarl.europa.eu/RegData/etudes/STUD/2019/624262/EPRS_STU（2019）624262_EN.pdf, 2020-06-19.

[2] Government of Canada, Directive on Automated Decision-Making, https://www.tbs-sct.gc.ca/pol/doc-eng.aspx?id=32592, 2020-05-12.

[3] Washington House Bill 1655, https://legiscan.com/WA/bill/HB1655/2019.2020-04-13, 2020-05-28.

算法问责报告发表评论，时间不得少于30天”。[1] 实际上，在欧盟《通用数据保护条例》中规定的“数据处理活动影响评估”制度实际上也是类似的算法自动化决策系统影响评估制度，而且既适用于私营公司也适用于公共部门。[2]

算法自动化决策的评估程序，不仅是公众参与的有效路径，也是算法设计者和使用者（平台或政府）进行自我监管的重要方式。例如，我国中央网信办将某些算法应用定义为“具有舆论属性或社会动员能力的互联网信息服务”，并要求其进行自我安全评估。[3] 举轻以明重，由政府部门购买使用的算法自动化决策，也不应被置于秘密黑箱之中，而应在投入使用切实影响公民权利之前，经过公众参与的算法评估程序。在我国2020年7月发布的《数据安全法（草案）征求意见稿》中，提出了重要数据处理者的风险评估制度，以及政务数据委托处理的批准程序，但此类规定出于保护数据安全，基于保护公民权利的程序制度尚付诸阙如。

二、将通知与申辩环节作为算法决策生效必经程序

第一，应避免全自动行政行为直接对当事人发生法律效力，保证行政相对人可以收到算法自动化决策的有效通知，作为行政行为生效的必经程序。为保障行政效率，很多的算法作出具体行政行为

[1] Washington House Bill 1655, Article 5, https://legiscan.com/WA/drafts/HB1655/2019, 2020-05-30.

[2] See TAP Staff, *How the GDPR Approaches Algorithmic Accountability*, Technology Academics Policy, https://www.techpolicy.com/Blog/November-2019/How-the-GDPR-Approaches-Algorithmic-Accountability.aspx, 2020-07-12.

[3] 国家互联网信息办公室和公安部：《具有舆论属性或社会动员能力的互联网信息服务安全评估规定》，2018年11月15日发布。

时完全无需任何人工干预。但是，当算法作出了不利于当事人的决定时，按照正当程序更应该提供有效通知。例如我国荣成市将个人信用评分的计算和评级分为指标得分和直接判级两种，前者是按照信用信息评价标准予以加（减）分，后者则是针对严重失信行为将自然人的信用级别直接降级，被降级的自然人可能面临如限制出境、限制高消费、公布姓名等惩戒行为。这类算法自动化决策应以对相对人的及时通知作为后续行政活动展开的基础，公民可以主张相关内容的更改、撤销或者无效，方可为公民提供后续的救济路径。基于这种考虑，德国行政程序法上对完全自动化行政的适用规定了两个条件：其一，法律保留，即仅当法律法规允许时方可适用；其二，行政机关不存在裁量和判断余地时方可适用。

第二，应保证当事人有陈述和申辩的权利，确保公民获得人工干预算法自动化决策的权利。心理学的认知实验表明，人类将算法自动化系统看做防错系统，当算法与人的决策出现分歧时，自动化系统的操作员倾向于相信计算机的回答。[1] 因为解码算法自动化决策的成本过高，而验证该算法作出的某个具体决策是否准确相比之下收益变得极小。这导致算法自动化决策在作出具体行政行为的情况下，具体个案的听证成本极高，并不符合成本收益分析。欧盟《通用数据保护条例》第22条为类似境遇的相对人提供了出路：不受完全的自动化决策支配的权利，以及获得人为干预的权利。

[1] Carr N, *The Glass Cage: Where Automation is Taking Us*, Random House, p. 71 (2015).

第五节 基于说明理由规则创设算法解释权

由于数据来源的不透明、算法黑箱等因素，算法自动化决策的结果是如何得出的却难以为个体所知晓。算法治理时代应在适用算法自动化决策时坚持并修正行政行为说明理由的制度。

一、发展算法解释权说明具体行政行为的理由

各国的立法者与学界达成共识，即自动化决策的算法应当具备可解释性，使得用户有权知晓决策的原因。[1] 如法国数字事务部长表示："如果政府不能解释其决定，政府就不应该使用算法。"[2] 如果对于相对人不利的行政活动缺乏具有合理理由的说明，不仅会造成严重的程序性权利损害，更会使得行政相对人并不知晓理由而无法获得行政法上的救济。

如果将算法自动化决策看作是专家论证，行政决策的科学性也必然要求建立行政决策专家咨询的说明理由制度。算法自动化决策经常以"专家决策辅助系统"的形式参与行政决策，行政部门应以其理性解释回应公众疑问，这既是对行政决策理性内涵的解释，也是对公众的一种负责任的回应。[3] 无法提供理由说明的专家意见

[1] *See* Association for Computing Machinery US Public Policy Council (USACM): *Statement on Algorithmic Transparency and Accountability*, https://www.acm.org/articles/bulletins/2017/january/usacm-statement-algorithmic-accountability, 2020-07-27.

[2] *See* Joshua New & Daniel Castro, *How Policymakers Can Foster Algorithmic Accountability*, http://www2.datainnovation.org/2018-algorithmic-accountability.pdf 2019-05-12, 2020-07-27.

[3] 成协中：《科学理性导向下的行政正当程序》，载《华东政法大学学报》2013年第5期，第126页。

直接影响行政决策的效力。司法实践中，以专家咨询结论说理不充分为由否定行政决策的个案并不鲜见。[1]

算法解释权已经从理论逐步发展为各国的具体制度，但其面目一直模糊难辨。以最早提出算法解释概念的欧盟《一般数据保护条例》为例，其第 13 条、15 条提出的应使数据主体了解“有意义的信息”“参与决策的逻辑”等规则，可以被法官进行宽泛或限制性解释，也可能由于算法决策并非“完全基于自动化处理的决策”而被规避。

法国 2017 年颁布实施的《数字共和国法案》则规定了较为具体的针对公共部门的算法解释权。第一，针对的算法自动化决策范围扩大，不再要求是“完全基于自动化处理的决策”，而涵盖了行政机关的决策支持算法系统。第二，法国的算法解释权仅适用于行政决定，因公共部门披露算法决策更具有理论正当性，并且没有商业算法决策的商业秘密障碍。第三，披露的内容具体、范围明确。要求提供的具体解释内容包括算法在行政决策中所起的作用与模式，算法处理的数据及来源，以及算法作出决策的权重，以及其如何适用于个体。无独有偶，加拿大公共部门算法的《自动化决策指令》在 2020 年 4 月生效，要求使用算法决策的公共部门，应就其决策向受影响的个人提供有意义的解释，甚至包括决策中使用的变量。可见，针对向行政相对人个体提供具体的算法解释具有不可替代的制度价值并逐渐为各国所实践。算法影响评估制度并不能代替算法解释权制度，因为其旨在事前风险的规避，而非事后的个体救济。

[1] 成协中：《科学理性导向下的行政正当程序》，载《华东政法大学学报》2013 年第 5 期，第 132 页。

二、行政行为算法解释的内容和标准

理由说明的目的不仅限于知情，更在于提供救济路径。具体的自动化决策算法解释的理由说明包括：具体决策的理由、原因、产生决策结果的个人数据。例如，每种指标的功能权重，机器定义的特定案例决策规则，起参考辅助作用的信息等。[1] 政府部门提供的算法解释应遵循以下标准：

第一，政府具体行政行为的理由说明，如不能提供理由则应视为没有理由[2]，可能直接导致政府算法自动化决策的行为失效。第二，解释语言清晰平实，以书面形式做出。由于政府与行政相对人占有信息的不对称，应要求行政机关的自动化决策算法解释必须以清晰平实的语言作出，否则会导致解释徒具形式而无法被理解。[3] 行政机关的算法解释应遵循具体行政行为说明理由的要求，或以书面形式作出，或在作出行政行为时必须说明，方便为日后行政诉讼与算法问责留存证据。

不透明的自动化决策应具备可解释性而受到公众监督，使相对人有权知晓决策的原因，已经成为算法自动化决策治理机制的共识。[4] 如果要求政府使用的算法自动化决策必须提供解释和理由

[1] See Mahendran A & Vedaldi A., *Understanding Deep Image Representations by Inverting Them*, 2015 IEEE Conference on Computer Vision and Pattern Recognition (CVPR). IEEE (2015).

[2] 姜明安：《行政的现代化与行政程序制度》，载《中外法学》1998 年第 1 期，第 12—19 页。

[3] 欧盟《通用数据保护条例》第 12 条提出数据主体获得的这些信息需要以“透明的，可理解的和容易获得的方式，以清晰和平实的语言作出”。

[4] 张凌寒：《商业自动化决策的算法解释权研究》，载《法律科学（西北政法大学学报）》2018 年第 3 期。

说明，还可以限制政府使用过于复杂的机器学习的算法系统。

在已有的世界各国的立法中，政府使用的算法自动化决策都是被优先作为监管的对象。公民有权利期待国家使用现有的最佳技术来履行其行政管理职责，这既来源于政府机构有直接义务维护行政相对人的各项权利，更来源于行政机关应为整个国家树立榜样。试想，如果被民众信赖的、拥有最多社会资源的政府尚不能在算法自动化决策中保障公民权利，又如何指望私营的互联网企业同样公开、透明呢？算法治理时代，亟须遵循行政正当程序的制度精神以改变对算法“技术中立”的错误认识，避免“算法监狱”与“算法暴政”的产生。[1] 算法治理时代，坚持、修正与发展正当程序的具体制度，是政府负责任地应用算法自动化决策的基本要求。

[1] 徐凤：《人工智能算法黑箱的法律规制——以智能投顾为例展开》，载《东方法学》2019 年第 6 期。

第七章

司法活动中的算法应用规制

第一节 算法在域外司法实践中的应用现状

算法在域外司法实践中的应用已经遍及警务、法庭事实认定、司法裁判等各个环节。从司法活动流程角度梳理，具体包括：一是事前的犯罪预防与侦查环节，包括热点警务预测、个人风险评估、面部识别系统和数字取证工具；二是法庭审判辅助环节，可以提供检索、在线纠纷解决等辅助功能；三是司法裁判环节，可以以算法结合既往数据模拟司法裁判，为法官决策提供选项甚至代替法官进行司法裁判，如法律专家系统、机器人法官系统等算法应用。

一、事前的犯罪预防与侦查环节

（一）热点警务预测（Predictive Hotspot Policing）

算法根据既往犯罪数据分析各地区的犯罪发生风险，警方可以根据算法预测结果在高风险地区有针对性地部署警力，来预防可能发生的犯罪。英国东米德兰兹警方应用 ProMap 系统，[1] 由分析师根据犯罪记录和公众电话等数据手工绘制犯罪地图，可根据既往数

[1] ProMap 由伦敦大学学院吉尔·丹多犯罪科学研究所（Jill Dando Institute of Crime Science）的研究人员于 2004 年左右设计完成，并于 2005 年 6 月由位于东米德兰兹（East Midlands）的内政部进行了部署和评估。

据分析预测未来盗窃案的发生地点与时间；[1] 荷兰阿姆斯特丹警察局创建了刑事预判系统并在全国范围内推广；美国孟菲斯市警察局应用 Blue Crush 预测犯罪分析系统，用于分析基于位置和时间的犯罪模式和不断变化的趋势，大幅降低了犯罪率。[2]

（二）个人风险评估（Individual Risk Assessment）

警务系统中的算法应用可以用来评估犯罪嫌疑人、预测嫌疑人再犯风险、选取潜在的高风险受害人，甚至用来评估警员个人的表现。一是评估被逮捕人，危害评估风险工具（HART）是由英国达勒姆警察局在 2015—2016 年度与剑桥大学合作开发的，该工具应用随机森林算法预测被逮捕人再犯的风险，并将风险归为低、中、高三个级别。[3] 二是评估嫌疑人，英国伦敦大都会警察局部署了一个由埃森哲公司免费提供的软件。[4] 该软件有一个应用机器学习算法建立的风险评分，显示与持刀犯罪有关的个人信息。三是评估受害者，例如雅芳公司和英国萨默塞特警方部署了预测失踪儿童系统。该系统通过分析大量的报告和电话来预测儿童何时可能失踪，从而达到优化警力资源配置的目的。四是评估警方工作人员，

[1] Bowers KJ, Johnson SD & Pease K, *Prospective hot-spotting: The Future of Crime Mapping?* 44 British Journal of Criminology 641—658（2004）.

[2] Blue Crush 为警察预测犯罪的地点和时间，应关注的街角和城市街区，使警察提早制定战术并在特定地点采取行动。

[3] 该应用主要是：（1）协助警方决定是否拘留被逮捕人，这可以帮助一些弱势罪犯免于被起诉；（2）协助警方决定“中等风险”被逮捕人是否需要进行 Checkpoint 计划，即对于持有型轻微犯罪，可以帮助警方有针对性提供措施，减少再犯的发生。

[4] The Law Society Commission, *Algorithm use in the Criminal Justice System*, The Law Society of England and Wales（Apr.5, 2020）. https://www.lawsociety.org.uk/support-services/research-trends/algorithm-use-in-the-criminal-justice-system-report/.

例如，美国北卡罗来纳州的警察与大学合作开发的系统，该系统根据警官级别不同，试图预测可能犯有不当行为风险的警官，防止其对自己和他人造成严重后果。[1]

（三）面部识别系统（Facial Recognition in Policing）

面部识别技术可以从图像或视频中检测、提取人脸特征，并与人脸数据库进行比对，输出匹配结果。该技术主要有两种运行模式：一是确认模式，适用于预先录制的图像，一对多进行图像匹配；二是辨认模式，适用于现场直播视频，一对一进行图像匹配。该系统具有面部判定速率快、易于部署等特点，因此使用范围广泛，主要应用在体育活动中心和音乐活动现场。例如在英格兰和威尔士，警方使用面部识别系统来搜捕嫌疑人、寻找受害者。

（四）数字取证工具（Digital Forensics）

数字取证是一套情报及证据工具，在刑事调查及法庭程序中，运用算法搜集、分析及解释相关数码资料及数据，快速确定案件的方向，以协助司法公正。数字取证包括解释模棱两可的数字资料或痕迹；识别犯罪嫌疑人与数字材料或痕迹之间的联系；从一系列证据中重建整个事件。例如，标准的法医实践（如 DNA 测试和视听分析）也是一种数字取证工具。

二、法庭审判辅助环节

算法系统在法庭审判辅助环节的应用，即司法工具智能化，是

[1] Carton S，Helsby J，Joseph K，Mahmud A，Park Y，Walsh J，Cody C，Patterson CE，Haynes L. & Ghani R，*Identifying Police Officers at Risk of Adverse Events*，in Proceedings of the 22Nd ACM SIGKDD International Conference on Knowledge Discovery and Data Mining，pp. 67—76（2016）.

对司法工具的一种创新性改进，逐渐颠覆传统庭审活动。如运用预测编码进行复杂文件的检索识别，从而实现大数据对于人工的解放，或是运用在线纠纷解决系统完成线上的纠纷解决，从而减少线下传统庭审的数量。

预测编码（predictive coding）作为一种算法支持下的文本分类技术，能够帮助法官或律师进行高效、低成本的法律数据检索工作。现有的法律法规繁多冗杂、判例数以万计、相关文档可达数百万页。预测编码基于律师及案情专家对测试文件（或一组种子文件、正确性检测文件或训练文件）的审阅，通过软件程序对案件相关的特定文件进行识别，该技术一定程度颠覆了传统庭审活动。2012 年，在美国联邦地区法院纽约南区法院 Monique da Silva Moore 等人诉 Publicis Group SA 和 MSL Group 公关公司案中，主审法官批准被告使用预测编码审查其收集到的大约 300 万封电子邮件。[1] 自该案发生以后，英美司法审判中使用预测编码的案例逐渐增多，预测编码的广泛应用不仅大幅度节省了成本，结果也比人力审查更为准确。[2]

在线纠纷解决（ODR）也是一种算法技术，可以完成在线协商、在线预判评估、在线调解、在线仲裁以及在线诉讼。在荷兰，一种名为 Rechtwijzer 的先进的替代性纠纷解决方式（ADR）将在线纠纷解决组件整合在一起，帮助想要分居或离婚的夫妇。首先 Rechtwijzer 询问双方一些问题，然后对这些输入信息进行技术处理，输出结果。该项目还“提供信息、工具、其他网站的链接和个人建议”，鼓励当事人自行解决争议。如果未能达成解决方案，最

[1] Da Silva Moore *v.* Publicis Group, 287 F. R. D. 182 (S.D.N.Y. 2012).

[2] 於兴中：《预测编码在司法中的应用简介》，载《经贸法律评论》2018 年第 1 期。

后一步是 Rechtwijzer 向双方提供专业第三方（如调解人、法律代表和其他争端解决过程）的信息和联系方式。该项目的参与者对体验很满意，但是大多数人仍然觉得有必要让第三方来检查通过系统达成的协议。

三、司法裁判环节

司法裁判智能化主要有两种进路：第一，法官辅助系统，即通过法律专家系统实现对人类法律推理的模拟，辅助进行司法裁判；第二，机器人法官系统，即通过机器学习算法对大数据进行分析，发现人类司法裁判的内在规律，为法官决策提供选项或代替法官进行司法裁判。[1]

（一）算法辅助法官进行司法裁判

算法在法官决策辅助系统中的主要作用在于“预测”，通过对既往判决的文本分析，输入现有案件的要素数据，得出对案件结果的预测分析结果，即“分析过去的数据，制定未来的规则”。[2]在欧洲，Aletras 和同事开发设计了一个预测辅助审判系统，通过对《欧洲人权公约》(European Convention of Human Rights）的文本解析以及相关的案例分类，可以预测具体个案中是否出现了违法情况，预测的成功率高达 79%。[3]此外，对罪犯进行再犯风险分析等创新技术为刑事司法官员和法官提供了决策依据。在美国，

[1] 郑戈：《司法科技的协调与整合》，载《法律适用》2020 年第 1 期。

[2] Tania Sourdin, *Judge v Robot? Artificial Intelligence and Judicial Decision-Making*, 41 University of New South Wales Law Journal 1114 (2018).

[3] Nikolaos Aletras et al., *Predicting Judicial Decisions of the European Court of Human rights: a Natural Language Processing perspective,* 2 Peer J Computer Science, 93 (2016).

刑事司法系统在审判和假释的各个阶段已经采用了60多个自动化系统，包括PredPol[1]、服务级别目录修订版（LSI-R）[2]、公共安全评估（PSA）[3]、定罪后风险评估（PCRA）[4]、惩教犯管理画像（COMPAS）[5]等系统。

（二）算法作为机器人法官进行司法裁判

算法系统可以通过大数据分析、机器学习进行预测，为法官决策提供选项或代替法官进行司法裁判。2018年，美国加利福尼亚州通过SB10号法案，取消了保释金制度，改为使用风险评估算法工具来替代现金保释制度，根据这些工具得出的结果，来决定被告在候审期间可以被释放或是被关押。[6]

[1] PredPol源自加州大学洛杉矶分校，圣塔克拉拉大学以及洛杉矶警察局的教授之间的一个协作项目，该项目通过预测未来犯罪的地点指导警察部署。

[2] 服务库存等级，是一种精算分类系统，用于评估个人的风险，为监管、监督和服务需求的监管决策提供信息。*See* b. Vose et al., *Empirical Current State of Service Levels*, 72 Federal Probation 22（2008）; *See* SM Manchak et al. *Utility of the Revised Level of Service Inventory (LSI-R) in Predicting Recidivism After Long-Term Incarceration*, 32 Law and Human Behavior 488（2008）.

[3] 公共安全评估，是一种风险评估工具，有助于提高预审阶段保释金的预测准确性。*See* Development Country Pretrial Risk Assessment Model（Laura and John Arnold foundation, 2013）, pp. 4—5.

[4] 定罪后风险评估，是美国法院行政办公室为提高定罪后监督的效力和效率而创建的一个科学工具。PCRA使官员们能够集中精力监督最有可能失败的可能再犯者。*See* office of court administration, office of probation and pretrial services, *overview of PCRA in U.S. courts*, PCRA statistics and reports（2011）.

[5] Skeem, JL. & JE Louden, *Evaluation of Evidence On The Quality of Criminal Management Records (COMPAS) for Alternative Sanctions*, California Department of Correction and Rehabilitation, No. 3,（2007）.

[6] *Artificial Intelligence Research and Ethics Community Calls for Standards in Criminal Justice Risk Assessment Tools*, The Partnership on AI（Apr.5, 2020）. https://www.partnershiponai.org/artificial-intelligence-research-and-ethics-community-calls-for-standards-in-criminal-justice-risk-assessment-tools/.

第二节　算法在司法实践中存在的问题

算法的应用增强了司法能力、提高了司法效率，但与此同时，算法的应用也引发了广泛的担忧。在算法研发、应用、部署各个阶段，都可能因技术与司法实践活动的无法契合产生对法律权威、正当程序和当事人合法权利的消极影响。

一、算法技术与司法活动存在契合难题

应用于司法实践中的算法系统存在三个方面的问题：一是法律要素难以数据化；二是算法系统难以取代法律思维；三是规则代码化与数据采集存在偏差。

（一）法律要素难以数据化

法律要素的数据化可以分为：大前提即法律规定的数据化、小前提即案件事实也就是证据的数据化。其一，法条的数据化存在困难：法律中的诸多要素和逻辑模式，难以简单的抽象化、数字化，这也是算法系统在各领域应用中的共性问题。算法系统只能处理可以形式化和量化的数据、抓取法律规则，但难以理解这些数据处理过程背后的含义、法律原则的衡量过程以及自由裁量的限度。如果不能将法律条文和价值取向完美融合于算法系统，那么缺乏核心价值观的刑事司法系统的算法应用必然是有缺陷的。其二，证据的数据化存在困难：每一项证据都是一个无法拆分的整体，根据法官对证据整体自我感知和主观判断，不同的人会作出不同的考虑和选择。证据数据化的前提是对传统证据进行符合计算机认知模式的结

构改造。[1]但实务中的证据诸如物证、书证等实物证据，无法拆分，难以具象为数据编码，而当事人陈述、证人证言等虽不依托于实物载体，但由于内含信息的不确定性与变动性，数据编码也难以反映其原有的法律含义。

（二）算法系统难以取代法律思维

法律思维的独特性在于，法律判决是法官自由心证得出的结论，这个自由心证的过程，都是在大前提确定的情况下通过一系列小前提即证据，进行逻辑推理分析，从而得出自己内心认可的结论。这个认可即是刑事案件中的“排除合理怀疑”，或是民事案件中的“高度盖然性”。法律思维方式的特殊性，或者说自由心证的特殊性，使算法系统难以完全模拟法律思维。

应用于司法的算法系统有多重设计方案，但按照原理可以分为两类，一类是基于概率论的算法系统，另一类是基于逻辑推理的启发式算法系统。基于概率论的算法系统，将要素抽象为计算变量，通过构建数学模型，将变量嵌入模型得出答案，并能预测出该结论的准确性大小。如将大前提法律依据和小前提证据（n1、n2…）嵌入数学模型中，得出该法律结论存在的可能性，超过标准数值后（如95%）则认为该法律结论成立。但该算法系统的结果仍有5%的可能性是错误的，对于数学计算来说这是可以接受的，但对于决定人的自由的司法判决来说，5%意味着可能会把无辜的人送进监狱。

基于逻辑推理的启发式算法系统，其运行过程更接近于人类的思维方式。2017年，伦敦多家知名律师事务所的100名律师对一

[1] 栗峥：《人工智能与事实认定》，载《法学研究》2020年第1期。

个名为Case Cruncher Alpha的AI律师进行了一场预测法庭案件的竞赛，后者以86.6% vs 66.3%的准确度战胜了前者。启发式算法系统模拟了人自由心证的过程，在计算的基础上加入了学习和经验，加入了推理和判断，产生了类似于人类的直觉与顿悟。[1]但这种系统最大的问题是缺少算法决策的可解释性，无法追溯与验证。

（三）规则代码化与数据采集存在偏差

编制算法的技术人员大多没有专业的法律知识储备，无法确保将复杂法律条文和判例正确地转化为代码。

在数据的选用和处理过程中，技术人员也发挥着举足轻重的作用：选择数据集，进行数据的清洗和去噪，决定数据标记和分类方法等。无论采集、处理和分析任一环节出现错误，都可能产生无可逆转的偏差和伤害。尤其是数据可能被算法系统多次利用，使得小的偏差也可能导致累积的错误，并且可能造成损害的弥散化。如亚马逊公司在2014年开发了一套“算法筛选系统”，由于该公司整体员工构成以男性为主，训练该算法系统的“老师（简历数据）”因此就带有很强的男性偏好，因此当算法识别出“女性”相关词汇的时候，便会给简历相对较低的分数。[2]

二、算法适用于司法活动的正当性争议

（一）算法系统采购与使用的正当性

如何赋予由私营公司开发的算法以适用于司法活动的正当性在诸多方面存在争议。首先，算法的供应商往往为私营技术公司，将

[1] 粟峥：《人工智能与事实认定》，载《法学研究》2020年第1期。

[2] Dastin, Jeffrey, *Amazon Scraps Secret AI Recruiting Tool that Showed Bias Against Women*, Reuters,（Oct.9, 2018）.

司法权力外包给私营公司是否具有正当性存疑。由于算法存在“技术黑箱”，导致应用于公权力部门的算法应用缺乏充分的评估和监督，创建它们的公司经常拒绝透露有关它们的信息。从开发人员的角度来看，揭示算法如何运作有可能将有价值的商业秘密信息暴露给竞争对手。[1]其次，如何评价司法算法系统的质量与技术准确性尚无通用的标准与程序。国外学术界和新闻机构已经开始质疑在警务和其他刑事司法机构中使用大数据分析的假定中立性、效率和质量。还有学者质疑是否应允许负责开发司法系统算法的私营公司援引知识产权，以保留内含被告、法官和案件的大量数据。[2]最后，如果发生错误需追究责任，如何在算法开发者、供应商和采购关系中分配责任也存在争议。法官依靠这种理由来拒绝被告要求访问有助于对其进行定罪的算法的请求，以及警察部门拒绝对预测性警务算法的请求。

（二）算法决策适用于司法审判的正当程序设置存在争议

司法活动要求正当程序的严格适用。但是，算法系统在司法过程中的多大范围内使用，采用什么方式使用并无定论。程序正当性的缺失势必会影响结果的正当性。如前文所述，算法系统在证据规则指引、单一证据校验、逮捕条件审查、社会危险性评估、类案推送、量刑参考、案件评议、减刑假释案件办理等方面都发挥着作用。然而，目前均未形成一套成熟完整的程序指引，甚至算法使用是否需要收到正当程序控制尚存在争议。比如在证据搜集过程

[1] Rebecca Wexler, *Life, Liberty, and Trade Secrets: Intellectual Property in the Criminal Justice System*, 70 Stanford Law Review 1343 (2018).

[2] *See* Elizabeth E. Joh, *The Undue Influence of Surveillance Technology Companies on Policing*, 92 New York University Law Review. Online, 101 (2017).

中，要明确哪些算法系统可以搜集证据，证据满足哪些条件才可以采纳；又如算法的存在和使用如何对当事人透明，应允许当事人提出质疑或请求回避；再如当事人是否有权要求对算法得出的案件结论进行专家审核等。这些要求存在于司法正当程序，但不存在于适用于司法活动的算法系统中。因此应完善正当程序在司法活动中的适用。

（三）算法系统结论适用的正当性存在争议

结论适用正当性问题即算法系统的计算结论取代法官决策是否合理和正当存在争议。人对计算机的技术依赖、推翻决策的时间成本都导致法官倾向接受算法决策的结果而不是充分检验算法决策的隐性纰漏。2016 年 7 月 16 日，威斯康星州最高法院禁止法官将分数作为被告监禁或释放的决定性因素，要求威斯康星州的法庭保证人在决策循环中的作用。[1] 然而，上文提到的威斯康星州诉卢米斯（Wisconsin v. Loomis）一案中，法官直接采纳了自动化决策的建议。由此可见，很多的人为决策实质上已经是自动化决策，人在决策过程中起到的作用只是将机器的打分，转化为了人作出的决定而已。如果仅是增加人为审核环节就认可算法决策的正当性的话，那么正如有学者讽刺的那样，一只受过训练的猴子即可胜任盖章工作。[2] 这可能导致司法系统被唯算法论所支配，正义被算法绑架、被数据处理商绑架的命运。[3] 为此，澳大利亚政府发布了一份《最

[1] Jones M L, *The right to a human in the loop: Political constructions of computer automation and personhood*, 47 Social studies of science 216—239（2017）.

[2] M. Veale & L. Edwards, *Clarity, Surprises, and Further Questions in the Article 29 Working Party Draft Guidance on Automated Decision-Making and Profiling*, 34 Computer Law & Security Review 398—404（2018）.

[3] 马靖云：《智慧司法的难题及其破解》，载《华东政法大学学报》2019 年第 4 期。

佳实践指南：行政决策的自动辅助》，明确指出算法系统起辅助作用，不仅“不可自主进行自由裁量”，且“不得干扰决策者行使自由裁量权”。[1] 这正是为了避免哈兰法官在 20 世纪 70 年代所警告的情况出现：“给一个无辜的人定罪比让一个有罪的人获得自由要糟糕得多”。[2]

第三节　域外司法实践中算法应用的启示

域外司法实践中算法应用的现状与困境为我国推行智慧司法等算法应用项目提供了有益的镜鉴与启示。尽管以现有的技术无法做到算法使用数据的绝对可靠、算法决策系统的绝对正确，但是处理好以下两组利益冲突则可以尽量避免算法应用于司法系统带来的危害：

第一，算法作为技术商业秘密与公权力公开原则的冲突。如何将算法的技术黑箱特质与公权力行使的透明原则结合在一起？如果长期保持算法系统决策过程的不可解释性和不透明性，则冲击了权力公开的基本法律原则。即使某些算法组成部分可能免于公开披露，但明确、负责任地使用机器学习可以与长期确立的负责任的和

[1] Australian Government, *Best Practice Guide: Automated Assistance in Administrative Decision-Making 2007* (Apr.05.2020). https://www.google.com/url?sa=t&source=web&rct=j&url=https://www.ombudsman.gov.au/__data/assets/pdf_file/0017/34523/23-April-2007-Automated-assistance-to-administrative-decision-making-Launch-of-the-better-practice guide.pdf&ved=2ahUKEwji4o Wpx9LoA X YsZ4KHalwA qcQFjABegQIBBAP&usg=AOvVaw2VF5uMC-ikn9Zgpoh3-m5k.

[2] Han-Wei Liu, Ching-Fu Lin&Yu-Jie Chen, *Beyond State v Loomis: Artificial Intelligence, Government Algorithmization and Accountability*, 27 International Journal of Law and Information Technology 122 (2019).

透明的司法和行政决策原则相兼容。[1]因此，有必要促进算法可解释技术的发展，同时发展正当程序增加算法披露的环节。切实赋予决策相对人知晓并理解算法逻辑的权利，制衡公权力，实现对相关主体的救济。[2]

第二，司法系统高效率与公民个人权利保护之间的冲突。司法机关不可为了高效率一味追求算法的部署应用，将过多的决策权力让渡给算法。应延迟其算法的部署，以了解测试数据错误率与决策反转率之间的对应程度。[3]此外，司法机关应越来越多地寻求中立的统计专家参与到算法应用于司法实践的活动中，以便对算法的后续使用提供冷静客观的评估。个人相对于公权力处于极度弱势的地位，无法对算法潜在的不足与偏见进行充分探究，司法机关机构应尽量减少可能出现的错误和与它们使用的任何算法有关的偏见。

随着人工智能在社会各个领域的广泛应用，司法系统也直面算法技术带来的冲击。司法实践活动中的算法系统带来了多维度的紧张关系和充满价值的选择，不是简简单单地在“坏”与“好”之间，而是在社会重要价值观之间。在大数据时代，只有通过建设性的辩论和对话，让多方利益相关者参与进来，才能取得共赢的结果。

[1] Coglianese C & Lehr D. *Regulating by Robot: Administrative Decision Making in the Machine-Learning Era*, 105 Geo. LJ 1147 (2016).

[2] 张凌寒：《算法权力的兴起、异化及法律规制》，载《法商研究》2019 年第 4 期。

[3] Coglianese C&Lehr D., *Regulating by Robot: Administrative Decision Making in the Machine-Learning Era*, 105 Geo. LJ 1147 (2016).

第八章

平台监管的算法问责制

长期以来，网络平台责任的视野一直被动地停留在事后的严格责任或者间接责任式的归责模式，平台责任追究的社会效果与法律效果均不太尽如人意。网络平台时常自辩自己处于技术中立的地位，加之无法承受“海量数据处理”之重。公众虽然是受保护方，但也时常认为平台可能在作为“责任兜底之筐”而承担过重的责任。更重要的是，网络平台监管部门的法律责任设置和事后归责机理模糊化，调整对象不明确，责任设置似乎也不符合比例原则，因此常被诟病是“事故型问责”或“按需求监管”[1]。原因在于，针对平台的监管和法律责任设置，更多在事后根据危害结果要求平台承担责任，事前主观过错认定机制模糊不清，导致必要性、合理性存疑，难免产生平台委屈、公众同情、监管部门底气不足的情况。

人工智能时代的到来使得平台运行愈加轻链接化、自动化，更是加剧了缺乏主观过错的归责难题。人工智能时代，“ABC 技术”（算法 Algorithm、大数据 Big Data、云存储 Cloud，简称 ABC 技术）成为平台普遍运行方式。[2] 平台日益轻链接化与自动化，这

[1] 有学者认为平台承担的主动监控义务是基于“功能主义”的考量而非规范主义的进路。参见赵鹏：《超越平台责任：网络食品交易规制模式之反思》，载《华东政法大学学报》2017 年第 1 期。

[2] 人工智能是继移动互联网之后的互联网又一发展阶段，其以物联网技术为基础，以平台型智能硬件为载体，以算法（Algorithm）为核心，结合云计算（Cloud）与大数据（Big Data）应用，产生的三维符合、虚实互动的网络化平台技术。参见中国信通院：《互联网趋势发展报告（2017—2018）》第 2 页前言部分，http://www.cac.gov.cn/wxb_pdf/baipishu/fazhanqushi020171213443448958139.pdf，2020 年 3 月 20 日访问。

进一步削弱了平台责任的归责基础：第一，平台对生产资源、用户的控制只提供“轻链接”，地位似乎更加中立。例如，网约车平台只是提供了司机、乘客的匹配服务，而他们随时可以更换至其他平台，并没有太强的“黏性”。第二，平台运行更加自动化，人为干预日益减少。如传统的“通知—删除”机制已经依赖算法进行。[1]电商平台的定价也由算法进行，亚马逊的定价算法为一本二手书开出天价更像是一次“技术事故”。[2]按照传统平台责任理论，基于“平台是技术中立的介质属性”[3]，平台责任的“行为人与责任人相分离”[4]，平台的自动化趋势似乎必然导向更轻的平台责任。

然而，与此种推论相悖，各国近年来不约而同地加强了平台责任，平台责任“严格化”似乎有愈演愈烈的趋势。从 2016 年开始，我国网信办集中出台了多部政策法规，要求网络平台承担信息管理的主体责任[5]；2019 年欧盟通过《欧盟版权指令》，第 13 条要求脸

[1] 网络平台利用算法执行“通知—删除”机制，算法监测内容并确定其是否与数据库中的内容相匹配。参见万勇：《人工智能时代的版权法通知——移除制度》，载《中外法学》2019 年第 5 期。

[2] John D. Sutter, *Amazon seller lists book at $23,698,655.93 — plus shipping.* (Feb.10, 2020) http://edition.cnn.com/2011/TECH/web/04/25/amazon.price.algorithm/index.html.

[3] 杨乐：《网络平台法律责任研究》，电子工业出版社 2019 年版，第 146 页。

[4] 指的是平台侵权的内容都是由用户上传的，如商标侵权的商品、诽谤他人的言论，而平台却要为此承担不利法律后果。尹培培：《网络安全行政处罚的归责原则》，载《华东政法大学学报》2018 年第 6 期；参见梅夏英、刘明：《网络侵权归责的现实制约及价值考量——以〈侵权责任法〉第 36 条为切入点》，载《法律科学：西北政法大学学报》2013 年第 2 期。

[5] 2016 年网信办相继出台了《互联网信息搜索服务管理规定》《移动互联网应用程序信息服务管理规定》《互联网直播服务管理规定》；2017 年又出台了《互联网新闻传播管理条例》《互联网论坛社区服务管理规定》《互联网跟帖评论服务管理规定》《互联网群组信息服务管理规定》《互联网用户公众账号信息服务管理规定》《互联网新闻信息服务许可管理实施细则》等政策性文件，这两年堪称网信办网络监管的“密集立法期”。

书、YouTube 等平台积极监测其用户的内容，加强版权审核。[1] 就连一向主张宽松产业政策的美国，也出现了革新平台中立地位、加强平台责任的呼声。2019 年美国国会参议院的《停止支持互联网审查法案》(Ending Support for Internet Censorship Act) 主张取消大型科技公司在《通信风化法案》第 230 条之下所自动享有的责任豁免。[2] 与此同时，科技企业也按照政策导向展开自我规制，如“剑桥丑闻”后，脸书放弃了自称“内容中立平台”开始人工审核内容。[3]

理论与现象的撕裂引发思考。显然，传统的将平台拟制为类型化法律主体的平台责任理论已经无法自圆其说。无论平台作为内容提供者，还是服务提供者，只要监管指向平台的“行为”，面临的都是人工智能时代更为厚重的自动化“技术面纱”。如何形成符合主客观一致的法理和平台技术逻辑的问责思路，尤其是明确平台责任主体在主观过错方面的认定机制，以及以此为基础的归责机制、责任体系，是人工智能时代平台责任基础理论面临的重大议题。

第一节　主观过错认定机制缺失下的平台监管困境

由于平台主观过错认定机制的缺失和模糊，现有的平台监管存在两大缺憾：第一，现有平台追责思路不符合技术逻辑，仍遵循“主体—行为—责任”的传统思路，但平台运行自动化的技术逻辑

[1] *Directive on Copyright in the Digital Singles Market*, Article 13 (2019).

[2] S.1914 — Ending Support for Internet Censorship Act 116th Congress (2019—2020) (Apr.24, 2020), https://www.congress.gov/bill/116th-congress/senate-bill/1914.

[3] Rachel Gutman, *The 13 Strangest Moments From the Zuckerberg Hearing* (Mar.22, 2020), https://www.theatlantic.com/technology/archive/2018/04/the-strangest-moments-from-the-zuckerberg-testimony/557672/.

使其缺乏事前过错的认定机制，导致只能依据事后结果被动追责，治理节点滞后。第二，现有平台责任的设置缺乏对不同层次主观过错的考量，不符合主客观相一致、责罚相当的法理，使得平台责任设置缺乏体系性、合理性，似乎也不符合比例原则。这既损害了法律的权威性，也使得法律法规受到基于功能主义设置、缺乏规范和理论基础的质疑。

一、平台主观过错认定困境导致事后被动监管

由于平台主观过错的认定机制面临着“技术中立面纱”与“行为人与责任人相分离”的困境，监管部门只能在危害结果发生后启动监管和追责，具体追责时往往又找不到、理不清追责的基础和理由，陷于实际上的严格责任或者无过错责任。

从规范论的角度看，主观过错是平台承担民事责任或行政处罚的要件。早在 2000 年的《互联网信息服务管理办法》中就强调平台在“发现”的前提下，对用户发布的不法内容有避免传播的义务。[1] 我国《侵权责任法》第 36 条规定，在平台“知道”或者“应当知道”发生侵权行为时，对损害结果承担直接或连带侵权责任。[2] 我国《网络安全法》为平台设定的“网络安全保护义务”，

[1]《互联网信息服务管理办法》(2000 年) 第 16 条：“互联网信息服务提供者发现其网站传输的信息明显属于本办法第十五条所列内容之一的，应当立即停止传输，保存有关记录，并向国家有关机关报告。”

[2]《侵权责任法》(2010 年) 第 36 条：“网络用户、网络服务提供者利用网络侵害他人民事权益的，应当承担侵权责任。网络用户利用网络服务实施侵权行为的，被侵权人有权通知网络服务提供者采取删除、屏蔽、断开链接等必要措施。网络服务提供者接到通知后未及时采取必要措施的，对损害的扩大部分与该网络用户承担连带责任。网络服务提供者知道网络用户利用其网络服务侵害他人民事权益，未采取必要措施的，与该网络用户承担连带责任。”

也要求平台对违法信息的处置以“发现违法信息”为前提，对于“未被发现”，或“未能被发现”的违法信息不承担法律责任。[1]换句话说，平台的法律责任是一种过错责任，过错形态包括注意与过失。

损害结果发生之后，法律责任的追究必然要回溯平台的主观过错，过错的认定机制却遇到障碍。其一，过错认定面临“技术中立”的抗辩。监管部门对平台主观过错的追究，无法深入平台运行内部进行考察而须面对“技术中立”的抗辩。例如“快播案”中，其创始人王欣在法庭的抗辩理由即为“技术是中立的”[2]，“头条”创始人张一鸣在多个场合提到“算法是没有价值观的”[3]，均在强调平台方对造成的损害结果并无主观过错，因此不应当承担法律责任。其二，如果是用户行为造成的损害，除技术中立的抗辩之外，法律还面临着“行为人与责任人相分离”的难题。用户违反了法律，平台是否要承担法律责任？平台方一贯主张自己是严格的“传输介质属性”，要区分内容服务提供者和网络服务提供者。[4]甚至

[1]《网络安全法》(2016年)第47条规定：“网络运营者应当加强对其用户发布的信息的管理，发现法律、行政法规禁止发布或者传输的信息的，应当立即停止传输该信息，采取消除等处置措施，防止信息扩散，保存有关记录，并向有关主管部门报告。”第68条规定：“网络运营者违反本法第47条规定，对法律、行政法规禁止发布或者传输的信息未停止传输、采取消除等处置措施、保存有关记录的，由有关主管部门责令改正，给予警告，没收违法所得；拒不改正或者情节严重的，处十万元以上五十万元以下罚款，并可以责令暂停相关业务、停业整顿、关闭网站、吊销相关业务许可证或者吊销营业执照，对直接负责的主管人员和其他直接责任人员处一万元以上十万元以下罚款。”

[2]白龙：《用法治方式读懂“快播案”》，载《人民日报》2016年1月11日，第5版。

[3]崔文佳：《价值观引领算法才有更多优质“头条”》，载《北京日报》2018年4月13日，第3版。

[4]杨乐：《网络平台法律责任研究》，电子工业出版社2019年版，第148页。

科技公司的“平台”[1]这一自称都隐含着仅提供网络服务基础设施而无需对用户行为负责的诉求。由此可见，由于“技术中立面纱”与“行为人与责任人分离”两个认定主观过错的障碍，使得危害结果发生之后对平台追责的基础和理由并不明晰。

这两种过错的认定障碍造成监管部门只能根据危害结果对平台的主观过错作出“倒推”，造成实践层面和规范层面的严重后果。从实践层面来看，监管部门只能根据违法结果倒推主观过错。如2015年，国家工商总局认定阿里巴巴“涉嫌在明知、应知、故意或过失等情况下为无照经营、商标侵权、虚假宣传、传销、消费侵权等行为提供便利、实施条件”[2]。仅仅根据“违法行为—法律后果”这一客观归责模式，陷入了实质上的“严格责任”或“无过错责任”式的追责模式。

从规范层面来看，为了使“倒推”的主观过错合理化，只能不断扩大平台的事前注意义务范围，这甚至走向了过度预防而极易脱离法治的框架。二十年前各国为鼓励网络产业发展，纷纷对平台施以较轻的注意义务。美国1996年《通信风化法案》第230条提出对“内容提供者”和“服务提供者”设置不同注意义务，以及2000年《千禧版权法案》提出的“避风港”通知—删除规则，成为世界通行的规则。我国对平台责任的追究则主要依赖“谁办网谁

[1] 据笔者统计，2016年以前的研究和立法文件较多使用“网络服务提供者”或“网络中介”，2016年之后，平台成为了世界各国立法文件中普遍用词，也成为了大型互联网公司的自称。见腾讯公司主页公司信息栏目：“腾讯把‘连接一切’作为战略目标，提供社交平台与数字内容两项核心服务。提供QQ空间等中国领先的网络平台……”，https://www.tencent.com/zh-cn/abouttencent.html，2020年3月20日访问。

[2] 转引自赵鹏：《私人审查的界限——论网络交易平台对用户内容的行政责任》，载《清华法学》2016年第6期。

负责”的“主体责任”框架。[1]“主体责任”体系将对信息的主动监控义务加诸于网络平台，客观上无限扩张了“过失”的注意义务范围。[2]此举使平台追责的主观过错得以合理化，但也必然导致了平台责任的构成要件与法律后果的不明。与其说主体责任适用于平台监管是一种理论革新，不如说是为了使平台承担责任达到主客观一致作出的理论妥协。

由于主观过错认定机制的缺失，导致对平台责任的追究缺乏正当性，从而形成了客观上“出事找平台”事后监管的被动局面。监管部门被批评隐藏于平台的幕后，避免自身直接面对网络海量信息监管可能带来的行政复议与行政诉讼；平台责任的设置则被批评呈现“管道化”趋势[3]，承担了过于沉重的私人审查

[1] 参见《强化网站主体责任正当时》，载中华人民共和国互联网信息办公室官方网站，http://www.cac.gov.cn/2016-12/22/c_1120166441.htm，2019年7月15日访问。

[2] 参见《互联网用户公众账号信息服务管理规定》(2017年)第7条：“互联网直播服务提供者应当落实主体责任，配备与服务规模相适应的专业人员，健全信息审核、信息安全管理、值班巡查、应急处置、技术保障等制度。提供互联网新闻信息直播服务的，应当设立总编辑。互联网直播服务提供者应当建立直播内容审核平台，根据互联网直播的内容类别、用户规模等实施分级分类管理，对图文、视频、音频等直播内容加注或播报平台标识信息，对互联网新闻信息直播及其互动内容实施先审后发管理。”http://www.cac.gov.cn/2017-09/07/c_1121624269.htm；参见《互联网用户公众账号管理规定》(2017年)：“信息服务提供者应加强对本平台公众账号的监测管理，发现有发布、传播违法信息的，应当立即采取消除等处置措施，防止传播扩散，保存有关记录，并向有关主管部门报告。”参见《互联网跟帖评论服务管理规定》：“跟帖评论服务提供者对发布违反法律法规和国家有关规定的信息内容的，应当及时采取警示、拒绝发布、删除信息、限制功能、暂停更新直至关闭账号等措施，并保存相关记录。”http://www.cac.gov.cn/2017-08/25/c_1121541842.htm，无访问时间。

[3] 丁道勤：《电子商务法平台责任“管道化”问题及其反思》，载《北京航空航天大学学报(社会科学版)》2018年第6期。

义务。[1]

二、平台过错认定机制不明造成责任体系混乱

平台责任缺乏明晰的主观过错认定机制，导致实践中对平台的追责具有随意性，平台责任难以符合主客观相一致的基本原则，缺乏可预见性。因此，现实的平台执法往往被诟病为“按需求处罚”或“运动式执法”，这也导致了平台监管容易走向过度预防而脱离法治框架。

要求平台因不同程度的主观过错而承担不同程度的法律责任，符合法律责任主客观相一致的基本原则。无论是侵权责任的过错责任原则，还是刑法的罪责刑相适应原则，主观过错均对法律责任的存在与轻重具有决定性作用。以我国《侵权责任法》第36条为例，平台在接到通知后主观状态转为“故意”，相应的法律责任也升格为“连带责任”。在行政监管中，主观过错亦是责任要件，行为人若决定从事违反行政法上义务之行为，即得对其非难而要求其承担责任。[2] 主观过错的不同程度决定了法律责任的轻重不同。根据《行政处罚法》第25、26条的规定，在决定是否对违法行为人从轻处罚、减轻处罚甚至是不予处罚时，相对人违法时的主观状态是重要的考量要素之一。在我国行政法体系中对风险防控要求最高的《药品监管管理法》中，对药品生产者、药品销售者的责任原则也

[1] 赵鹏：《私人审查的界限——论网络交易平台对用户内容的行政责任》，载《清华法学》2016年第6期。

[2] 主要系指行为人的主观犯意，若其决定从事违反行政法上义务之行为，即得对其非难而要求其承担责任，此种责任要件有两种，即故意或过失。参见翁岳生：《行政法（上册）》，中国法制出版社2009年版，第847页。

是过错责任原则。[1] 具体到网络监管领域，《网络安全法》的立法目的之一在于“促进经济社会信息化健康发展”，因此将主观过错程度纳入法律责任追究的考量中，既可以避免客观归责的严厉制裁带来的打击平台守法积极性的后果，又可以为平台提供接受法律追责的心理基础，提升平台对处罚的可接受程度。

缺乏清晰的主观过错认定机制，导致实践中平台法律责任体系的混乱和随意。首先，实践中的平台责任严重缺乏层次性。《网络安全法》及其相关法规中平台责任形式包括责令整改、警告、罚款等。[2] 在网络平台的监管实践中，责令整改已经成为最主要的行政措施，2017 年相关的 30 个案例中有 20 个要求平台责令整改，而 2018 年相关的 53 个案例中有 43 个涉及责令整改，不同案件的法律后果往往相同。[3] 其次，实践中的平台监管存在严重的随意性。以《网络安全法》第 47 条平台未尽到“网络信息管理义务”为例，

[1] 在国务院 2002 年颁布的《药品管理法实施条例》第 81 条规定：“药品经营企业、医疗机构未违反《药品管理法》和本条例的有关规定，并有充分证据证明其不知道所销售或者使用的药品是假药、劣药的，应当没收其销售或者使用的假药、劣药和违法所得；但是，可以免除其他行政处罚。”即能够证明自己确实没有过错的药品经营企业可以免除行政处罚。药品监管即药品风险防控，可以说是整个产品质量监管领域最为严格的，但在这一最为严格的领域中，我们看到了责任主义的贯彻。在销售者合法地履行了注意义务的情况下，仍然有可能出现假药、劣药，这对销售者来说就可以称为一种“法所容许的风险”。参见杨利敏：《论我国行政处罚中的责任原则——兼论应受行政处罚的过失违法行为》，载《华东政法大学学报》2020 年第 2 期，第 120 页。

[2] 参见《网络安全法》第 47 条、第 50 条和第 68 条，《互联网新闻信息服务管理规定》第 16 条等。责令整改是否是行政处罚尚在学界存在争议。

[3] 参见陈标红：《网络安全法》执法案件汇总及执法重点分析，http://www.zhonglun.com/Content/2018/01-31/1602040135.html；陈标红：2018《网络安全法》执法案件大盘点，http://www.zhonglun.com/Content/2019/01-15/1053489268.html，2020 年 4 月 1 日访问。

存在个案罚与不罚、责任程度不一的情况，有的平台被顶格罚款从重处罚，有的则不予处罚仅予责令整改。[1] 平台监管中缺乏对平台是否尽到注意义务的主观过错的论证和考量，导致了从重处罚与免于处罚缺少有力的说理论证，平台责任呈现逻辑的混乱与监管的随意。平台责任呈现实质上的“客观归责”，即仅以结果作为追究责任的原因，难免被诟病“按需求处罚”[2]。

这种责任体系的混乱造成了平台与监管部门双输的局面。从平台的角度看，是否承担法律责任并不取决于是否履行了注意义务，而取决于监管部门是否开展了相关的“专项治理”及其治理力度。互联网行业常常担忧不可预测的“运动式执法”带来的行业寒冬，长此以往极易因恐惧处罚而失去创新动力。从监管部门角度看，主观过错层次考量的缺失使平台责任陷入扁平化、缺乏体系性的特点，客观上呈现“要么约谈，要么关停”的两极化趋势。这使得法律责任的设置和监管执法行动并不符合比例原则，具有“事故型问责”特征而丧失执法的权威性。更严重的后果，是监管部门缺乏体系性和层次性的治理策略，而又有避免风险的强烈动机，因此只能

[1] 广东省网信办于 2017 年 8 月 11 日对腾讯公司微信公众号平台存在用户传播暴力恐怖、虚假信息、淫秽色情等危害国家安全、公共安全、社会秩序的信息问题依法展开立案调查。几乎与此同时，北京市网信办也依据《网络安全法》就新浪微博对其用户发布传播“淫秽色情信息、宣扬民族仇恨信息及相关评论信息”未尽到管理义务以及百度贴吧对其用户发布传播“淫秽色情信息、暴力恐怖信息帖文及相关评论信息”未尽到管理义务的违法行为作出从重罚款这一处罚决定。而另一起行政处罚中，北京市网信办、北京市规划国土委就违法违规发布“大棚房”租售信息一事，联合依法约谈 58 同城、赶集网、百度等网站。根据《网络安全法》第 47 条及《互联网新闻信息服务管理规定》仅仅责令网站落实整改。参见尹培培：《网络安全行政处罚的归责原则》，载《东方法学》2018 年第 6 期。

[2] 参见章剑生：《现代行政法基础理论》，法律出版社 2015 年版，第 363 页。

不断加强对平台的行为控制。这种预防型的行为管制具有与生俱来的“越严越好”和“越早越好”的内在扩张逻辑，极易脱离法治的框架而走向过度预防。

由此可见，平台监管和追责中缺乏对主观过错层次的考量，使得平台法律责任的设置不符合权责一致、责罚相当的法律原则，具有不确定和难以捉摸的特性。这既损害了监管部门的权威性，使得平台法律责任的设置缺乏合比例性和体系性，又使得平台监管日趋走向严格监管。

第二节　平台问责原理：主客观相一致的算法责任

人工智能时代的平台责任设置必须既符合平台的技术逻辑，也符合法律责任主客观相一致的法律原理。平台监管的需求不是严格监管而是精准监管，在平台责任的设置中加入主观过错的考量，可以使平台责任设置符合主客观相一致的法律原则，具有体系性与合比例性。

一、算法作为平台底层技术逻辑而应成为直接的监管对象

平台监管的触角和追责的视角，应以刺透“技术中立”的面纱，深入到平台底层的技术逻辑——算法，改变现有监管层次过浅的现状，修正长期以来“主体—行为—责任”的追责路径，解决“平台责任中行为人与责任人相分离”的理论误区。

（一）监管算法符合平台底层技术逻辑

从底层技术逻辑的角度来看，算法在网络平台的硬件基础设施

（架构）、应用程序中均扮演着核心角色，决定了平台的运行模式，塑造了用户的习惯与价值观。

第一，平台的架构是算法，换句话说，算法作为平台自动化运行默认基础架构也可被称作“商业模式”。早在莱斯格的《代码 2.0》就指出，代码搭建了网络空间架构，建构和引导了用户行为。[1] 平台依靠算法自动链接市场资源和用户形成多边市场，依靠算法高效自动收集、筛选和处理数据。[2] 以“滴滴”为例，其通过算法搭建了司机、车辆与乘客的三方匹配系统，通过看似免费的服务吸引大量运输资源与乘客链接于滴滴平台之上，形成了多边市场稳定的交易网络。例如滴滴这种看似松散的连接乘客与汽车租赁、驾驶服务的平台，却实质上拥有比传统出租车公司更强的权力——订单的分配和接受、行驶路线的指定、费用的支付与收取、司机与乘客的评分等活动，均按照算法规定的程序进行。[3] 由此推开，淘宝、脸书、美团等平台，均通过算法搭建的架构形成调配社会经济资源的多边市场。人工智能时代，自动化平台以此为通用架构：平台建立资源链接之后，收集用户活动行程数据并通过算法挖掘预测，并不断加强基础服务使服务流程更加自动化和便利，形成了有效闭环。[4]

第二，应用程序也是算法，被模块化组装到平台上，并用技术

[1] *See* Lawrence Lessing, *Code: And Other Laws of Cyberspace Version 2.0*, Basic Books Press, 2006, pp. 35—36.

[2] 胡凌：《平台视角下的人工智能法律责任》，载《交大法学》2019 年第 3 期。

[3] 张凌寒：《算法权力的兴起、异化与法律规制》，载《法商研究》2019 年第 4 期。

[4] 参见胡凌：《从开放资源到基础服务：平台监管的新视角》，载《学术月刊》2019 年第 2 期。

来塑造用户习惯与价值观。这些以应用模块为形态的算法可表现为平台新闻推荐算法、用户信用评分机制等多种形式，可被随时搭载于平台，也可被随时卸载。如搜索引擎平台增加“自动补足算法”，最早只是用来减少用户打字，后期则通过自动补足搜索关键词的方式来引导用户流量，为用户提供各类信息。[1]社交媒体脸书用 Newsfeed 推荐算法来增强用户黏性、定向投放政治新闻。微信以小程序的方式搭载第三方多种算法应用程序。淘宝对商家的评分排列机制可进行更改升级，通过排序算法权重的调整更改商家呈现于用户的顺序。

（二）监管算法可使平台法律责任独立化

将算法直接作为平台监管的对象，有助于破解“行为人与责任人相分离”[2]的理论误区，增强平台责任的独立性。“行为人与责任人分离”是指对平台法律追责的原因，往往是由用户或者第三方行为引发的，平台并不“生产”违法内容，因此不应为此承担法律责任。例如微博上的用户发布侵犯他人名誉权的内容，行为人是提供内容信息的用户而非平台。2000 年的《千禧版权法案》（CDMA）沿袭了这一对互联网产业宽松包容的政策，确立“通知—删除”规则，允许网络平台被动中立，无需主动发现和介入违法事实。在我国平台民事责任的认定中，也经常将平台认定为“帮助侵权”行为，而主张平台承担较轻的法律责任。

算法极大地改变了网络平台对信息流的自动处理能力，使得平台的角色早已超越了“网络服务提供者”，其法律责任已经独立化。

[1] 张凌寒：《搜索引擎自动补足算法的损害及规制》，载《华东政法大学学报》2019 年第 6 期。

[2] 赵鹏：《网络平台行政法律责任边界何在》，载《财经》2016 年第 12 期。

以搜索引擎平台为例，具体的网页并不由搜索引擎编辑生成，但是搜索引擎利用算法对网页依据用户关键词进行“网页索引”，并以信息流的方式呈现给用户，这本身就是“信息生产者”。与此相似，无论是新闻网站（如今日头条）还是电商平台（如淘宝）都扮演着相同的角色。如淘宝网站虽然不直接出售商品，但具体应用中对各种商品排序权重的考虑和设计都体现在对商家的排序和搜索算法中。头条虽然并不生产内容，但是其个性化推荐算法直接决定了用户能够看到什么，或者无法看到什么。比起内容生产者，平台算法所起到的屏蔽、推送、排序作用对用户接收的信息具有更强大的干预作用。例如淘宝搜索规则在2010年7月8日的调整将小商家排序靠后导致流量急剧下降，导致淘宝网众多商家的聚众抗议事件。[1]因此，平台地位早已超越“网络服务提供者”，传统的“行为人与责任人相分离”和“平台技术中立”的论断也已经不再适应人工智能时代的平台角色。甚至在认定法律责任标准最为严格的刑事责任领域，平台责任的认定也已经改变了“共犯”和“帮助犯”的思路，走向了平台刑事责任的“正犯化”与“独立化”。如在《刑法修正案（九）》中，明确将平台拒不履行信息网络安全管理义务罪独立化，在危害性判断上不考察利用其帮助的实行行为，而是直接以平台产生的危害后果确定。[2]举重以明轻，对于平台进

[1]《淘宝搜索规则》在2010年7月8日的调整曾引发了巨大争议，导致淘宝网众多小商家的聚众抗议事件。尽管淘宝方面宣称此次调整是为了削减人气流量的比重而给更多商家展现机会，但被很多小商家指责此举目的为“逼迫”卖家投放竞价排名广告。参见：百度百科《新淘宝搜索规则》，https://baike.baidu.com/item/新淘宝搜索规则/869491?fr=aladdin，2018年10月31日访问。

[2]参见于志刚：《网络空间中犯罪帮助行为的制裁体系与完善思路》，载《中国法学》2016年第2期，第12页。

行的行政监管亦应考虑到平台借助算法处理信息行为的独立性，而摒弃“行为人与责任人分离”的理论误区。

（三）监管算法促进平台监管思路的升级

将算法直接作为平台监管的对象，可以改变现有监管层次过浅的现状，升级传统的“主体—行为—责任”的监管路径。算法应用给平台力量带来了根本性变革，从“生产关系适应生产力”的角度看，原有的平台监管对象应相应革新，以适应算法技术带来的平台角色和地位的演变。

人工智能时代，法院疲于将层出不穷的平台算法与传统服务类型比对，以确定网络服务提供者的类型。这种“主体—行为—责任”的思路忽视了平台算法对不同数据的实质控制力，可能造成平台不当逃避责任。以“微信小程序案”为例，杭州互联网法院认为微信小程序类似于《信息网络传播权条例》（简称《条例》）中规定的“接入服务提供者”，仅提供单纯的互联网接入服务。而实际上《条例》对平台功能区分为存储服务和介入服务，是基于台式机时代网页 HTTP 协议跳转的链接行为，在移动互联网 App 时代早已发生改变。[1] 用户可以基于微信与小程序直接链接的算法和内置于微信内的搜索引擎、排序算法进入微信小程序，因此平台通过算法对侵权的微信小程序具有控制力。然而，传统“主体—行为—责任”的平台责任逻辑使得微信免除了法律责任。此外，法院甚至在传统平台主体类型外被迫创新平台服务主体类型，也使得平台责任的设置具有了不可预见性。例如在 2017 年的“阿里云案”二审中，

[1] 胡凌：《平台视角下的人工智能法律责任》，载《交大法学》2019 年第 3 期，第 7 页。

北京知识产权法院认为阿里云公司提供的云技术服务既不是自动接入、传输服务提供者，也不是储存、缓存服务，或是连接搜索链接服务提供者，而属于《侵权责任法》第36条的其他网络服务提供者。[1] 可见法院知晓云服务与传统存储、接入平台主体类型的本质区别，但又苦于现行法律中没有对应的"主体类型"，只能通过解释的方法将其归类为"其他网络服务提供者"。传统的"主体—行为—责任"路径必然造成司法实践中越来越多类似的困境。

平台运行的技术逻辑是算法，平台商业价值和竞争优势的基础是算法，但是，损害国家利益、社会公共利益和公民个人权益的原因也是算法。尤其需要注意的是，平台通过算法以"作为"的形式作出了某些不当行为。"今日头条"旗下"内涵段子"被关停是因其推荐算法"只要价值不要价值观"。[2] 近年来饱受诟病的"大数据杀熟"事件本质是算法的差异化定价策略。Zuboff的《监控资本主义》揭示了算法是平台商业逻辑之根本，不仅引导用户行为、侵害消费者隐私，更影响市场秩序与社会公平。[3] 这与"主体—行为—责任"逻辑下平台未尽到注意义务，以"不作为"的方式实施违法行为的认识迥然不同。算法应当成为监管问责的核心对象。

近两年来，世界各国逐渐重视算法在平台监管中的核心地位，将算法作为监管对象的立法动作频出。2019年美国国会议员提出《算法问责法案》，拟对用户在100万人以上的平台公司进行算法审

[1] 北京知识产权法院民事判决书（2017）京73民终1194号。

[2]《国家广播电视总局责令"今日头条"网站永久关停"内涵段子"等低俗视听产品》, http://www.xinhuanet.com/2018-04/10/c_1122661804.htm，2018年11月20日访问。

[3] *See* Zuboff S, *Big Other*, *Surveillance Capitalism and the Prospects of an Informal Civilization*, Palgrave Macmillan UK, 20 Journal of Information Technology 75—82 (2015).

查。[1] 2019 年澳大利亚竞争与消费者委员会（ACCC）宣布计划设立专门分支机构“主动监视”平台算法运行，赋予其要求披露算法详细信息的权限。[2] 我国网络监管部门也意识到平台言论呈现的意识形态，其很大程度上是算法对网络信息内容排序、推送、屏蔽的结果，2019 年的法规中要求平台“优化个性化算法推荐技术”[3]。可以预见，将算法作为平台监管的直接对象是人工智能时代的大势所趋。

二、算法设计部署的主观意图是对平台追责的根本依据

算法平台即利用算法构建商业模式、争夺用户流量，又利用算法的自动性试图减轻甚至避免监管与责任。技术原理虽然是中立的，但是平台对算法的设计和部署是包含价值观和主观意图的，对算法运行的结果是有基本预见的，这是法律追责的根本指向，也是对平台算法问责的根本依据。将算法设计部署的主观过错作为平台追责的根本依据有三项：

（一）自动化技术面纱下算法设计部署存在主观意图

人工智能时代，算法通过搭建平台架构和嵌入日常运行营造了平台“自动化”的假象。平台自动化的“技术面纱”下隐蔽着平台设计部署算法的主观意图，看似技术中立的算法自动化决策实际在

[1] *See* H.R.2231 — Algorithmic Accountability Act of 2019（May.05，2019），https://www.congress.gov/bill/116th-congress/house-bill/2231.

[2] Rob Taylor，*Facebook and Google Algorithms Are Secret—but Australia Plans to Change That*（Apr.20，2020），https://www.wsj.com/articles/facebook-and-google-algorithms-are-secretbut-australia-plans-to-change-that-11564134106.

[3]《网络信息内容生态治理规定》（2020 年）第 12 条：“网络信息内容服务平台采用个性化算法推荐技术推送信息的，应当设置符合本规定第 10 条、第 11 条规定要求的推荐模型，建立健全人工干预和用户自主选择机制。”

自动运行中实现平台对结果的设计和预见。

首先，算法“技术中立”的假象隐藏了平台设计和部署中包含的价值观和主观意图，并借助用户的“知情同意”赢得了用户“自愿”进入平台架构和交易过程的合法性。平台利用算法搭建平台基础架构，该系统看上去像永动机一样自动运行，基本的交易规则和基础服务成为默认设置，通过架构设计强制执行，参与者被赋予不同程度的激励。[1] 以淘宝电商平台为例，商家一旦接受用户协议入驻淘宝，即需要遵守淘宝事先设定的被展示的排序模式、与客户沟通的方式、交易纠纷解决规则和机制，等等。[2] 除了算法搭建的基础架构，对作为应用程序嵌于平台的算法，平台也主张“技术中立”。如德国的前第一夫人贝蒂娜·武尔夫起诉谷歌要求其承担诽谤责任，其自动补足算法暗示武尔夫夫人曾从事过色情服务行业，但谷歌的抗辩是其自动补足算法“自动生成结果”，[3] 却无视其提供的自动补足词条具有引导用户点击的效应。平台声称不对用户进入平台之后算法自动化决策的结果负责，因为其整个交易体系都由一个实现设计好的默认基础架构完成，并经过用户知情同意。

[1] 胡凌：《平台视角下的人工智能法律责任》，载《交大法学》2019 年第 3 期，第 9 页。

[2] 以淘宝自动化决策对用户违约的认定为例，“6.1 淘宝可在淘宝平台规则中约定违约认定的程序和标准。如淘宝可依据您的用户数据与海量用户数据的关系来认定您是否构成违约；您有义务对您的数据异常现象进行充分举证和合理解释，否则将被认定为违约”。见《淘宝平台服务协议全文（2016 年 10 月版）》http://b2b.toocle.com/detail--6361764.html，2017 年 11 月 23 日访问。

[3] See Frederic Lardinois，*Germany's Former Foreign First Lady Sues Google for Defamation Over Autocomplete Suggestions,* TECH CRUNCH（Sept.7，2012），http://techcrunch.com/2012/09/07/germanys-former-first-lady-sues-google-for-defamation-over-autocomplete-suggestions/（Jun.01，2018）.

然而，即使是平台底层的架构设计，也可以嵌入价值观和主观意图。早在2011年，Cavoukian提出“设计隐私”理念，主张平台在算法设计时就应考虑用户隐私保护问题，将隐私保护嵌入平台架构设计中。同样，在我国2019年四部委联合开展的App治理专项行动中，《App违法违规收集使用个人信息行为认定方法》也将“嵌入代码、插件”和“提供注销功能”等设计层面的算法作为治理对象，违反者则认定为具有不当收集个人信息的故意。由此可见，算法营造平台运行自动化和技术中立的假象，并不能抹杀其嵌入了设计者主观意图的实质。

其次，算法作为商业秘密和“技术黑箱”也成为平台隐藏算法设计主观意图的手段，试图混淆源代码与设计主观意图的界限。理论界普遍存在误区，认为算法透明、算法可解释等制度意味着由平台披露算法的源代码[1]，忽视了即使获得源代码也无助于监管部门了解算法设计和部署的主观意图。追究算法设计和部署的主观过错，是要了解算法设计、执行、使用过程中可能存在的偏见和可能造成的潜在危害，而非获取技术细节。算法技术可以放在“技术黑箱”里，但是设计开发算法的主观意图和对结果的预期不应该置于“黑箱”中。以“剑桥丑闻”为例，监管部门即使不知晓“剑桥分析”的算法源代码，也不妨碍其了解算法运行目的在于定向投放政治广告操纵选举。[2]可见，平台披露设计算法的意图并不构成对

[1] 纽约算法监管行动组和加拿大的《自动化决策指令》甚至要求披露源代码。

[2] 剑桥分析公司及其母公司“战略通讯实验室”曾参与过世界各地举行的200多场选举活动，其成果包括利用脸书数据操纵2016年美国大选、2013年和2017年两次帮助肯尼亚总统赢得选举，以及操纵乌克兰大选等。参见佚名：“脸书”个人用户数据被滥用？“剑桥分析”在全球有何影响，https://www.bbc.com/zhongwen/simp/world-43482767，2019年4月9日访问。

商业秘密的威胁。

最后，在揭开了技术中立、平台自动化的面纱，破除了商业秘密与算法黑箱等障碍之后，可以得出结论，无论算法的形式是平台设计的基础架构，还是加载于平台的应用程序，均承载了平台设计和部署的主观意图。事实上，平台很多时候自身也对算法设计和部署的主观意图进行披露。正如谷歌的搜索引擎工程师宣称，“某种程度上当人们使用谷歌，就是在寻求我们的编辑性的判断”。[1] 在搜索王与谷歌的案件（Search King v. Google）中，搜索王（Search King）公司声称谷歌的恶意篡改网页排名算法导致其访问量急剧下降。[2] 法庭认为算法并非“客观的”“中立的”，“谷歌从来没有放弃其作为言论者的权利，即选择向用户提供何种信息以及如何提供这些信息”。[3] 作为监管对象的平台的主观过错，必然有着更为严谨的形式与内容要求，须以平台主观过错认定机制予以事前固定。

（二）考察平台算法主观过错符合我国一贯的立法实践精神

主观过错既是我国行政监管考量的基本要素，也是我国平台责任立法的已有实践，对算法设计部署中存在的主观过错进行网络平台监管，方可实现法律预防违法行为、促进网络产业积极发展的目标。

[1] *See* Steven Levy, *TED 2011: The “Panda” That Hates Farms:A Q&A with Google’s Top Search Engineers*, WIRED NEWS（Jul.15, 2018）, http://www.wired.com/business/2011/03/the-panda-that-hates-farms/all/.

[2] Search King, Inc. v. Google Technology, Inc., Case No. CIV-02-1457-M（W.D. Okla. May. 27, 2003）.

[3] *See* Blackman, Josh, *What happens if data is speech.* 16 University of Pennsylvania Journal of Constitutional Law Heightened Scrutiny 25（2014）.

第一，考量平台算法的主观过错施加法律责任能够体现“责罚相适应”的基本法理，实现法律制裁对违法行为预防的有效性。平台监管所施加的法律责任对于平台来说是一种法律上的不利益，应充分遵循责罚相适应原则，使行为人的主观过错、行为的危害性与责罚相当，方才具有法律责任的正当性。只有责罚相适应，才能使行为人得到应有的制裁，同时依据惩罚程度的不同实现对恶性违法行为的预防功能，从而尽可能地增强行政处罚预防功能的有效性。

第二，考察主观过错有利于实现网络平台监管的积极支持和促进网络发展的立法目的。从我国《网络安全法》第二章可以看到，其立法目的之一在于“促进经济社会信息化健康发展”。因此，除了对平台的消极行为进行预防之外，网络相关立法的重要目的在于积极支持与促进网络发展。将主观过错纳入平台责任的考量范围，可以避免客观归责造成的平台主观积极性下降的消极后果，使得平台监管从严格监管走向精准监管，促进平台积极履行注意义务保证网络平台运行安全，促进网络产业积极发展。

第三，将主观过错作为平台责任考量要素也符合我国一贯的立法实践。最高人民法院的司法解释曾就平台主观过错如何认定给出过详细指引，网络服务提供者是否“知道”设置了一系列考量因素。比如，一是考虑网络服务提供者是否以人工或者自动的方式对侵权网络信息以推荐、排名、选择、编辑、整理、修改等方式作出处理；二是考虑网络服务提供者管理信息的能力、提供服务的性质、方式引发侵权的可能性；三是网络信息侵害人身权益的类型及明显程度；四是侵权网络信息的社会影响程度或者一定时间内的浏览量；五是网络服务提供者采取预防侵权措施的技术可能性及其是否采取了相应的合理措施；六是网络服务提供者是否针对同一网络用户的重复侵权行为或者同一侵权信息采取了相应的合理措施；等等。[1]

由此可见，考察平台的主观过错并施加法律责任，既符合责罚相适应的基本法律原则，又能够有效实现法律促进网络发展的立法目的，也符合我国一贯以来对平台责任认定的法律精神。

（三）算法问责是建立合理有效平台归责机制的关键

要求平台依据主观过错承担法律责任，是平台算法走向“负责任”（accountability）的必由之路。在平台治理中，归因和归责发挥着“托底”的作用。平台是由与机器（算法）合作运行的，人负担的责任越大，法律责任对恶意使用的威慑作用就越大，有效治理的可能性就越大。

平台运行过程的一个重要组成部分是将平台功能外包给一个非人为的“行为者”，即算法本身。世界上没有不出故障的技术，正如世界上没有完美的人。当平台造成了损害结果时，不能穿透技术面纱，直指人（平台）的主观过错，就会存在潜在的责任缺口。如果放任平台以“技术中立”和“算法黑箱”继续逃避法律责任，则意味着人类将终审权拱手交给了机器。[2]

归根结底，技术要由“人”来负责，负责的根本依据是其在设计和部署时的主观意图。对此，需要算法的设计者、开发者和部署者对他们创建和编码的内容进行监控，监管机构也需要建立一系列相应制度来认定其是否履行了义务。正如巴尔金所主张的，

[1] 最高人民法院《关于审理利用信息网络侵害人身权益民事纠纷案件适用法律若干问题的决定》第 9 条对网络服务者是否“知道”侵权行为的存在作出了规定。

[2] Jeremy Kun, *Big Data Algorithms Can Discriminate, and It's Not Clear What to Do About It*, Conversation, (Mar.22, 2020) http://theconversation.com/big-dataalgorithms-can-discriminate-and-its-not-clear-what-to-do-about-it-45849.

我们应遵循数百年来的调节人类行为的经验，要求技术的制造者应该对其“作品”负责，而无需为算法或机器人创建一套法律义务。[1]有观点主张人工智能（机器人、算法）享有法律的人格地位，试图证明其具有完全自主性而不受人类控制，这是一种可怕的不负责任的论断。如果人被一辆自动驾驶的汽车撞伤，被一个高度自主的机器人持刀所伤，法律认可机器“具有独立自主人格”，因此只损毁机器而不追究其制造者和使用者的责任，这将会形成一个设计制造技术产品不需负责任的可怕未来。同理，当平台设计部署的算法造成伤害，监管机构应该使用算法问责制来估算设计者和使用者是否可以证明其设计不存在故意或过失，并确定其是否履行了注意义务以使算法运行造成的危害降至最低。负责任的算法不仅对平台的终端用户至关重要，更能够避免对社会中其他个体伤害的弥散化。

从反面论证，如果平台反对法律考察算法设计部署的主观过错，可能导致严格责任的适用，使得平台面对更为严厉的监管来分散平台运行的风险。与严格责任（适用于某些产品责任案件）相比，更宽松的合理性标准可能会鼓励使用机器，从而促进创新和提高安全性。[2]同样，考察主观过错使得责任可以在设计者、使用者和其他主体之间合理分配。当算法过程导致有害的结果时，主观过错具有可追溯性，可促使监管部门发现故障的根源，为其分配责

[1] *See* Jack M. Balkin, *2016 Sidley Austin Distinguished Lecture on Big Data Law and Policy: The Three Laws of Robotics in the Age of Big Data*, 78 OHIO ST. L. J. 1217—1219(2017).

[2] Abbott, Ryan, *The reasonable computer: disrupting the paradigm of tort liability*, 86 Geo. Wash. L. Rev 1(2018).

任并惩罚或至少教育责任者成为可能。[1]

在法律应以平台设计部署算法的主观意图为追责之指向的前提下，有两点仍需澄清。第一，需要澄清的是平台算法责任是一种过错责任，但并不意味着过错责任是算法责任的唯一归责原则。如同在侵权责任领域，过错责任是默认的责任形态，但也同时存在着特殊侵权形态的无过错责任或公平责任形态。算法的应用形态并不局限于商业平台，已经被更广泛应用于信用评分、政府管理甚至是司法审判，不同场景下的算法责任不可能适用同样的归责原则，必然会随着算法处理的数据所涉利益的性质不同而发展出不同样态的归责原则。某些特定部门应用于公民自由、重要权利的算法，就应如同巴尔金所指出的那样，承担“公共责任”，以类似环境侵权的严格责任要求算法避免对社会公平产生“污染效应”。[2] 即使在本章所限定的平台算法论域内，算法可能用来导航、推荐新闻、投放竞选广告和动态定价等，除基本的过错责任原则外，不应否认其他归责原则适用的可能性。有学者提出平台某些领域的运行应嵌入公共义务，承担一定的公共责任，这既可能通过扩大平台注意义务来实现，也可以改变归责原则的方式落地。[3] 第二，需要澄清的是算法运行造成的危害后果可能是多方作用的结果，但这并不足以使平台逃避其算法责任。在这种情况下，对于任何算法的最终运行结果，

[1] Mittelstadt, Brent Daniel, et al. *The Ethics of Algorithms: Mapping the Debate.* 3 Big Data & Society 2 (2016).

[2] *See* Jack M. Balkin, *2016 Sidley Austin Distinguished Lecture on Big Data Law and Policy: The Three Laws of Robotics in the Age of Big Data*, 78 OHIO ST. L. J. 78, 1233 (2017).

[3] 参见刘权：《网络平台的公共性及其实现——以电商平台的法律规制为视角》，载《法学研究》2020 年第 2 期，第 42 页。

可能有多个“潜在的责任方”。[1] 但不论算法通过深度学习如何演变，平台作为设计者和部署者都对算法演变有一定的义务，包括监督记录其运行并防止危害结果出现。[2] 这也是巴尔金所提出的“制造者义务体系”，涉及在封闭式和开放式的算法中要求嵌入审计日志，或提前考虑开放式算法的权限控制。[3]

第三节 平台算法问责路径：平台的主观过错认定机制

平台算法问责的制度构建目的在于促进理想或有益的结果、防止不良或有害的结果发生，并确保适用于人类决策的法律可以有效应用于算法决策。[4] 清晰的主观过错认定机制对于平台的算法问责至关重要，这意味着平台设计、部署和应用算法的主观过错有着具体界定和表述，应该是在生产和生活实践中可观测、可区分的，在技术上可度量、可标定的。[5] 平台算法的主观过错应包含哪些内容？平台自动化运行的主观过错如何固定？

[1] David C. Vladeck, *Machines Without Principals: Liability Rules and Artificial Intelligence*, 89 Wash. L. Rev 117 (2014).

[2] Floridi, Luciano, *Distributed morality in an information society*, 19 Science and engineering ethics p. 727 (2013).

[3] *See* Jack M. Balkin, *2016 Sidley Austin Distinguished Lecture on Big Data Law and Policy: The Three Laws of Robotics in the Age of Big Data,* 78 OHIO ST. L.J., 1229 (2017).

[4] Kroll, Joshua A., et al. *Accountable algorithms.* 165 University of Pennsylvanie Law Review 633 (2016).

[5] 傅莹：《人工智能的治理和国际机制的关键要素》，载《人民论坛》2020 年 2 月（上），第 7 页。

一、过错的事前固定：算法评估与备案

平台因算法被问责的原因是其并未履行法律和道德的义务，并无法向利益相关方解释和证明并无主观过错。合理的平台算法问责有赖于清晰的主观过错认定，需通过算法评估、备案与审计对平台事前和运行中的问责点进行固定，以有效评估平台是否可以评估、控制、纠正算法带来的危害。

（一）平台算法问责点的设置：算法评估与审计

第一，平台问责点的设置包括算法评估、算法运行监管，以及算法审计。这三项制度的作用在于设置事前与事中平台的问责点。这样既避免事后平台隐瞒与错误披露的可能，也可预防风险，避免错误的计算反复被适用于海量主体而损害弥散化。以风险预防为目的的事前监管已经成为立法实践的选择。如欧盟《通用数据保护条例》的数据处理评估制度（DPIA）就是针对高风险数据处理活动对数据控制者设置的预警自查义务。[1] 在事前问责点的设置中，算法审计也发挥着重要作用，往往与评估制度被同时使用。如我国《个人信息保护法（草案）》第53条规定了个人信息处理者应定期对个人信息处理活动、采取的保护措施等是否符合法律、行政法规的规定进行审计；第54条明确提出了利用个人信息进行自动化决策应进行事前的风险评估。纽约大学的AI Now研究院也提出了类似的算法影响评估（AIA）制度，要求在重要的公共部门使用算法

[1] 欧盟《通用数据保护条例》下数据处理评估制度的规定集中在第35、36条，和前言条款第89—96项。另外，根据欧盟《通用数据保护条例》的原则，第29条工作组于2017年10月也更新了数据处理评估制度指南。

前，应采取的关键步骤来确定何时以及如何产生潜在危害，包括增加其专业知识和能力以有效实施和评估算法系统，并允许第三方以审计公共部门的算法。[1]

第二，需要进行评估与审计的算法范围。应以算法处理的数据所涉及的利益、对用户行为的干预程度、社会动员程度为标准，确立不同的算法风险等级并设定不同的监管标准。国家应围绕高敏感、高风险算法建设“关键算法系统监督网络”，而对于相对低风险算法降低监管强度。如欧盟《通用数据保护条例》的数据处理评估制度，要求受到评估的算法系统从事“高风险数据处理活动”，又如德国数据伦理委员会提出的算法风险评估方案，主张对数字服务企业使用的算法进行五级的风险评级制度，对不同级别的算法采取不同强度的监管。[2] 我国法规则将某些算法应用定义为“具有

[1] AI Now institution: *AI Now 2019 Report*. https://ainowinstitute.org/AI_Now_2019_Report.pdf, 2020-01-20 accessed.

[2] 根据算法处理的数据所涉及的利益大小，可对算法进行风险评级，对不同类型的算法采取不同强度的监管。以德国数据伦理委员会提出制定算法评估方案为例，其主张对算法分为五类：(1) 对于具有较低潜在危害的系统，例如饮料制作机，不应监管；(2) 对于具有潜在危害的系统，例如电子商务平台的动态定价机制应该放宽管制，可以采用事后控制机制，加强披露义务等来降低其潜在危险；(3) 对于具有一般或明显危害的系统，应考虑以发放许可证的方式，促使审批、监管常规化；(4) 对于具有相当潜在风险的系统，例如在信用评估方面具有准垄断地位的公司，应公布其算法细节，包括计算所参考的因素及其权重，算法所使用的数据，以及对算法模型的内在逻辑进行解释；(5) 对于自动化武器等具有潜在不合理危险的系统，则应该“完全或者部分”禁止。See *Opinion of the Data Ethics Commission*, 159 (2018), https://www.bmjv.de/SharedDocs/Downloads/DE/Ministerium/ForschungUndWissenschaft/DEK_Empfehlungen_englisch.html;jsessionid=C4CE6C88B9310034A97B42CD67553FC7.2_cid289?nn=11678512, 2020-04-20 accessed.

舆论属性或社会动员能力的互联网信息服务”，并要求其进行自行安全评估。

第三，算法问责点考量与记录的内容。日后的算法问责需要清晰的问责点，因此相关制度应着重平台设计部署算法的目的、风险与过程控制能力。

其一，为考察算法设计部署目的设置的问责点，应包括对算法设计的目的、与算法设计与应用必要性相称的评估。当一个算法系统有多个价值目标时，则必须将目标之间的优先级透明化。例如，人工智能自动驾驶汽车可能旨在减少交通事故死亡人数，降低其对环境的影响，减少严重伤害，缩短运输时间，避免财产损失并提供舒适的乘车体验。当这些目标冲突时哪个优先？2018 年优步公司的自动驾驶汽车事故中，优步公司则被指责过于追求运输速度，因其系统一直判断行人为“不明障碍物”而不减速，最后一秒识别出行人后则为时已晚。[1] 人与算法系统之间的主要区别之一是，人能够协商有冲突的价值或规则，而算法系统需要在设计时就考虑这些价值的优先顺序。[2]

其二，为考察算法设计部署风险（影响）设计的问责点，具体内容应包括对算法可能产生的公共利益、公民权利等风险的评估，包括风险的来源、性质、特殊性和严重性等。其他国家实践主张算法的设计部署者应提供更为广泛的评估，包括算法应用对

[1] *See* Timothy B. Lee. Report：*Software bug led to death in Uber's self-driving crash, May 2018.* https://arstechnica.com/tech-policy/2018/05/report-software-bug-led-to-death-in-ubers-self-driving-crash/, 2020-03-20 accessed.

[2] James McGrath and Ankur Gupta. Writing a Moral Code：Algorithms for Ethical Reasoning by Humans and Machines. 9 Religions 240—259 (2018).

人权[1]、隐私[2]和数据保护[3]的影响等；有的学者主张算法设计部署者应提供“社会影响声明”“歧视影响评估”[4]，甚至“人类影响声明”[5]等，对此应根据平台与算法的功能进行场景化的界定。

其三，为考察平台对算法风险与过程控制能力而设置的问责点，应包括处理可能发生风险的预案与措施。具体包括相关技术信息的留存措施、处理相关风险的技术措施、与相关部门沟通与协助的措施等。正如联合国国际治理论坛专家报告所言，平台应采取“持续性、前瞻性和反应性”的步骤来保证相关技术满足其风险

[1] 在联合国人权委员会的文件中，提出了对人权影响的评估框架；*See* UNITED NATIONS，HUMAN RIGHTS COUNCIL，OFFICE OF THE HIGH COMM'R，*GUIDINGPRINCIPLES ON BUSINESS AND HUMAN RIGHTS* 23—26（2011），https://www.ohchr.org/Documents/Publications/GuidingPrinciplesBusinessHREN.pdf [https://perma.cc/R3PC-BW5H]。同样，纽约大学 AI Now 研究所提出的算法影响评估框架中也包括对人权的影响，*See* DILLON REISMAN ET AL.，AI Now INST.，*ALGORITHMIC IMPACT ASSESSMENTS: A PRACTICALFRAMEWORK FOR PUBLIC AGENCY ACCOUNTABILITY* 5（2018），https://ainowinstitute.org/aiareport2018.pdf [https://perma.cc/JD9Z-5MZC]。欧盟专家委员会提出的《关于先进数字技术的人权影响框架》也提出了新技术的使用前应考虑对人权的评估，Yeung K. *A study of the implications of advanced digital technologies（including AI systems）for the concept of responsibility within a human rights framework.* Committee of experts on human rights dimensions of automated data processing and different forms of artificial intelligence MSI-AUT Council of Europe，5（2018）.

[2] See Privacy Impact Assessments，FED. TRADE COMMISSION，https://www.ftc.gov/site-information/privacy-policy/privacy-impact-assessments. 2020-04-23 accessed.

[3] Data Protection Impact Assessments，ICO，https://ico.org.uk/for-organisations/guide-to-the-general-data-protection-regulation-gdpr/accountability-and-governance/data-protection-impact-assessments [https://perma.cc/Q2NL-9AYZ].

[4] Barocas，Solon，and Andrew D. Selbst. *Big data's disparate impact.* 671 Calif. L. Rev. 169（2016）.

[5] Marc L. Roark，Human Impact Statements，54 WASHBURN L. J. 649（2015）.

评估的技术需求。[1] 以上问责点的设置为确保准确性和可审计性提供了重要的信息——通过进行敏感性分析、有效性检查和纠错过程，敦促平台仔细调查错误和不确定的领域，并在需要的情况下启动第三方的算法审计。

（二）平台算法问责点的留存：算法备案

算法评估与审计的内容需要通过算法备案的形式予以固定。算法备案是行政机关作出的一种存档备查的行为，目的在于获取平台设计部署的具有潜在危害和风险的算法系统的相关资讯，以固定问责点对今后的行政监管提供信息基础。算法备案可根据算法风险等级，内部自行备案或向监管部门备案，用于日后对平台主观过错的考量。

第一，算法备案的性质。平台算法问责的目标在于问责点的固定，而非设置行政许可或前置的审批程序。其对本身报备的事项（算法应用）并不产生直接的法律效果，其目的不像行政许可那样在于"解禁"，而在于通过对其事后进行的审查、监督来保障备案事项于公益无害。在这种情况下，备案本身即存在着监督效应。要

[1] As part of fulfilling this responsibility, private actors should take on-going, proactive and reactive steps to ensure that they do not cause or contribute to human rights abuses and that their innovation processes are human-rights friendly... The scale and complexity of the means through which they meet their responsibilities may vary, however, taking into account their means and the severity of potential impact on human rights by their services and systems. See *Draft Recommendation of the Committee of Ministers to member States on human rights impacts of algorithmic systems*, Committee of experts on human rights dimensions of automated data processing and different forms of artificial intelligence (MSI-AUT), Council of Europe, 10 (2018). https://www.intgovforum.org/multilingual/sites/default/files/webform/msi-aut201806_eng_draft_recommendation_12_november_2018.docx__0.pdf, 2020-04-10 accessed.

求平台经过行政审批方可部署算法，势必会降低平台对于创新的追求动力，也会大大减缓平台应对市场竞争的速度。因此，仅要求平台对于一定风险级别的算法进行信息披露，而不以行政部门审批作为部署条件，才能在保证事后监管问责清晰的情况下，不阻碍产业的发展。

第二，算法备案的对象。可根据不同算法风险等级要求平台进行自我备案或向监管部门备案，不向公众披露以避免商业秘密泄露与被不当使用。在各国制度中，美国的《算法问责制（草案）》拟要求平台对监管部门（FTC）披露信息[1]，澳大利亚反垄断部门的平台算法监管措施也仅限于对监管部门的披露。[2] 应避免对公众披露而被竞争对手获取，或被用户不当使用。如网络用户在掌握搜索引擎排名权重等信息后，通过搜索引擎优化（SEO）技术对排名和搜索建议进行操纵。[3] 需要指出的是，信息留存或向监管部门披露本身对于平台来说就形成了监管的威慑力。

第三，算法备案的形式。算法备案的形式可通过官方发布模板，通过平台填写模板的方式备案算法部署的目的、风险，评估过程控制方案。备案内容可用于日后一旦发生客观损害结果对平台主观过错的考量，并可供监管部门在算法生命周期中持续使用及定期审核。

[1] *See* H. R. 2231 — Algorithmic Accountability Act of 2019，https://www.congress.gov/bill/116th-congress/house-bill/2231，2019-05-22 accessed.

[2] Rob Taylor：*Facebook and Google Algorithms Are Secret—but Australia Plans to Change That,* https://www.wsj.com/articles/facebook-and-google-algorithms-are-secretbut-australia-plans-to-change-that-11564134106，2020-4-20 accessed.

[3] *See What Is SEO/Search Engine Optimization? SEARCH ENGINE LAND*，http://searchengineland.com/guide/what-is-sco，2020-4-23 accessed.

参考各国算法规制的模式，采取平台就核心算法向监管部门的备案制度，可达到政府监管与行业自律的平衡、信息披露与商业秘密的平衡、源头治理与事后追责的平衡。过度依赖事后追责难免造成损害结果的弥散化，而对风险预防的过度追求必然导向严格的事前规制，难免抑制产业发展也使监管负担过重。不同的技术机理意味着，需要不断从技术源头寻找最新、最关键的治理节点和工具，并将其纳入治理机制之中，以实现治理的可持续性。[1] 算法备案制度正式从源头设置治理节点，以备案方式为事后追责提供工具。同时，源头进行技术治理还有一个重要内容，就是在技术底层赋予人工智能“善用”的基因。要求平台在部署算法之前自我评估可能带来的风险，就是将伦理嵌入技术的具体过程。

二、过错的事后认定：平台的算法解释制度

如何在危害结果发生之后对平台的主观过错进行认定？监管部门事前备案内容可判断平台是否具有故意或者过失的主观过错，并以此为依据，结合客观的损害结果直接进行行政处罚与问责。在此过程中平台需进行算法解释。算法解释是认定主观过错进行平台问责的必经程序。

算法解释在平台责任认定中具有功能上的必要性和程序上的必要性，并应在平台算法问责中成为独立设置的环节。

第一，算法解释在平台责任认定中具有行政程序上的必要性，这是平台接受行政处罚前的不可或缺的陈述、申辩，是行政法原则保障的行政相对人的基本程序性权利。平台因算法的设计部署而接

[1] 傅莹：《人工智能的治理和国际机制的关键要素》，载《人民论坛》2020 年 2 月（上），第 8 页。

受行政处罚是一种法律上的不利后果，如果缺乏陈述与申辩环节将是严重的程序瑕疵。听证、陈述、申辩的主要功能是确保当事人参与到行政程序中进行意见表达，算法解释则是这一环节在平台算法问责的行政活动中的具体体现。

第二，算法解释在平台责任的认定中具有功能上的必要性，但其过去一直作为具体案件事实查明、行政处罚程序的一部分呈碎片化状态，而未引起注意。具体案件的算法解释以认定（排除）平台的法律责任为限，程序上多由法庭调查发起，并未与审理过程分离形成单独的程序。如个性化推荐算法向用户推送隆胸广告，用户以百度侵害其隐私权提起诉讼。承办法官撰文详细介绍原告获得算法利用其 Cookie 数据投放个性化推荐广告的过程，也是基于在审理过程中获得的自动化决策的算法解释。[1] 在监管部门的要求下，平台也需进行算法的体系性解释。如魏则西事件后，联合调查组进驻百度，其调查和监管过程包含着要求百度对竞价排名算法进行解释。最终调查组要求百度采用以信誉度为主要权重的排名算法并落实到位，实际上审查的就是其设计考量的价值取向而非内部的技术细节。因此，算法解释并非创制的制度，而是一直存在于我国司法与行政的实践中。

从监管成本、监管对象与监管内容的角度，算法解释都应成为平台算法问责制的独立环节。第一，事后的算法解释行为本身是监管考察的对象。算法解释发生在客观的损害结果发生之后，此时平台对监管部门的算法解释也会受到法律的评价，解释中的隐瞒、虚

[1] 张晓阳：《基于 Cookie 的精准广告投放技术及其法律边界刍议以朱烨诉百度公司隐私权纠纷为视角》，载《电子知识产权》2015 年第 5 期。

假解释等行为可能构成相应的法律责任。为监管部门提供虚假解释将承担不实解释的法律责任。

第二，事后的算法解释是对平台分配的合规的举证责任。在监管部门启动的有关算法的调查和行政处罚中，平台等互联网企业承担着自证合规的举证责任。算法解释的内容包含要求对算法本身合法性和合理性的审查，类似于因具体行政行为提起诉讼后，对抽象行政行为的附带性审查。应考虑将证明算法合法、合理、无歧视的责任分配给算法使用者和设计者。

第三，从监管力量和监管成本上来说算法解释环节应成为独立环节。监管部门对其他相似算法的合规检查需要数据作为支撑，而独立清晰的算法解释环节可提供相似算法监管的经验与数据，供监管部门吸取经验教训。算法解释对监管提供了技术力量支持。监管部门要求平台提供可解释的决策，即需要平台能够记录并忠实重放导致特定决策后果的计算。[1] 如果没有算法开发人员的直接参与，监管部门可能难以将算法得出的概念转换为人类可理解的概念。

三、责任设置：平台的实质责任与虚假解释责任

平台法律责任的设置，应根据主观过错的程度轻重分层次设置。对于故意和过失的平台算法的主观过错，施以主客观相一致的实质责任。对于提供虚假算法备案与虚假解释的平台，则施加类似于证券虚假陈述责任的虚假备案与虚假解释责任。

（一）主客观相一致的平台实质责任

平台的实质责任，是指平台由于算法设计、部署与运行中的故

[1] Adler P., Falk C., Friedler S. A., et al. *Auditing black-box models for indirect influence*. 54 Knowledge and Information Systems 103 (2018).

意或过失，承担的法律责任。平台算法责任的设置，应符合主客观相一致、责罚相当的法理。根据平台的主观过错形态设置不同层次的法律责任。

第一，平台的过错范围应具有多重层次和丰富内涵。算法责任的主观过错包括故意、过失形态。其一，过错的范围应涵盖现行法律规定，并将其明确化。其二，过错的内涵应吸纳不得对用户行为操纵、保障用户自治性等技术伦理内容。其三，应鼓励平台算法通过主动承诺的形式，扩大自身注意义务的范围。以美国联邦贸易委员会对脸书的5亿美元罚款事件为例，其罚款的依据是脸书于2012年自身作出的企业隐私政策。当企业自己主动提供了隐私政策和承诺之后，监管部门有理由对其违背隐私政策的行为以“欺骗性贸易”的名义予以处罚。第四，对待“关键算法”国家应直接制定相关技术标准，违反则为存在主观过错。

第二，平台的算法责任应实现动态治理，即不仅包括在设计部署时的责任，也包括算法运行过程中的责任。当平台使用算法违反现有的法律或法规时，监管机构应首先检查平台是否能够以及如何有效地证明他们有控制权，以确保算法按预期行事。如果发生重大损害并且不存在此类控制措施，或者技术人员在满足此标准方面存在疏忽与过失，则该技术人员行为应有可能受到处罚。如果这些控制措施是彻底的并得到适当实施，监管机构可能会确定平台没有采取疏忽行为或有意伤害的行为。

第三，平台实质责任的设置应与主观过错相符合。从社会角度来看，由于公司的疯狂、疏忽、故意忽视或无能而伤害消费者的错误与由于公司努力创新而伤害消费者的错误之间存在显著差异。同样，公司违反规定并对消费者或竞争对手造成重大损害的行为，以及造成很少或根本没有伤害的行为应该加以区分。[1]

（二）平台虚假备案与解释的虚假陈述责任

如果平台提供虚假备案与解释，则承担不真实解释责任，类似于公司法、证券法中的虚假陈述责任。虚假备案与解释的形态具体包括做出违背真相的虚假备案、误导性解释、干扰性披露、信息重大遗漏、不当的备案与解释行为等。

平台需要对虚假备案与解释承担法律责任，是因为在平台算法问责制的制度框架下，平台的信息披露义务是具有强制性的，披露目的具有公益性。欧盟《通用数据保护条例》的实践经验表明，如果没有一个明确的定义，平台就有可能以最无害的方式来解释它们的算法。[2]

平台进行算法的虚假备案与陈述可能有多重表现形式。除了故意的虚假备案，平台可能通过混淆的方法提供干扰性披露。平台可能通过披露大量冗余干扰性数据，混杂在关键数据中，以此妨碍解释关键数据内容。[3]《黑箱社会》的作者帕斯奎尔称这种行为为"混淆"，就是指刻意增加冗余信息，以此来隐藏算法秘密带来混

[1] New, Joshua, and Daniel Castro. *How Policymakers Can Foster Algorithmic Accountability.* Information Technology and Innovation Foundation, Washington DC, https://itif.org/publications/2018/05/21/how-policymakers-can-foster-algorithmic-accountability (2018).

[2] 欧盟《通用数据保护条例》的条文中包含了很多这种逻辑漏洞，数据控制者很容易通过各种方式规避对于算法的严格审查。参见张凌寒：《自动化决策与人的主体性》，未刊文。国外也有学者撰文指出欧盟《通用数据保护条例》条文可规避性强的问题，*See* Tal Z. Zarsky, *Incompatible: The GDPR in the Age of Big Data*, 47 SETON HALL L. REV. 995 (2017).

[3] 沈伟伟：《算法透明的迷思——算法规制理论的批判》，载《环球法律评论》2019年第6期。

淆。[1] 此外，也需关注在技术条件局限作用下导致的信息披露不能。正如詹娜·伯勒尔所提醒的，算法相关信息披露不实的原因可能涉及故意隐瞒、涉及信息的复杂性或者专门涉及机器学习本身的复杂性。[2] 具体平台算法虚假备案与解释的制度超出了本节篇幅范围，将是未来的研究方向。

四、结语

平台治理与算法规制均是人工智能时代的重要的法学议题。平台借助算法技术链接资源、自动运行，取得和巩固市场优势地位；算法嵌入平台搭建架构、调配资源，实现技术对社会的深刻变革，智能平台就是二者深度融合的具体体现。人工智能时代，法律如何应对这种生产方式与社会关系的深刻变革，是本节的关切所在。

法律相对平台技术的滞后性导致了平台监管中的问题。传统的“主体-行为-责任”的平台追责框架受到平台运行自动化的冲击，主观过错的认定和责任承担理论出现错位，导致了现有监管中主观过错认定机制不清、责任设置不符合比例原则的困境，理论层面也要面对“平台责任中行为人与责任人相分离”“平台本应技术中立所以承担的是无过错责任”的诘问。监管层次过浅、监管时点滞后、监管机制模糊的问题，需要构建新的平台算法问责机制来解决。

本节一方面主张将平台责任的理论基础深化至平台底层逻辑——算法层面，从而使得平台责任独立化，解决“平台责任中行

[1] Frank Pasquale: *The Black Box Society*, Harvard University Press 2015, pp. 6—8.

[2] Burrell, Jenna. *How the machine "thinks": Understanding opacity in machine learning algorithms*. 3 Big Data & Society 1 (2016).

为人与责任人相分离”的理论误区；另一方面主张考察算法设计部署的主观过错，解决“平台技术中立”的理论误区。这需要建立平台算法备案制度来事前固定问责点，并设置独立的算法解释制度来认定平台主观过错，解决监管时点滞后与监管机理不清的问题。平台从提供“连接”服务走向智能化与自动化后，网络平台应当基于“算法责任”的主观过错，以“客观损害结果”和之前已经事先存在的“算法责任”相结合，建立权责一致、责罚相当的监管框架与法律责任体系。

如何打造“负责任”的人工智能？平台的算法问责应该是制度建设迈出的第一步。人工智能算法营造了运行自动化、损害风险化的假象，深度学习算法、人工智能主体性被反复言说，实际上为平台（或人工智能、机器人生产企业）规避责任提供了理论基础。[1]将人工智能法律制度落地细化为平台算法监管，实际上是将人工智能应用与监管场景化，一方面可以避免对人工智能不求甚解的恐惧，另一方面也可以消除理论界一些夸大其词的判断。技术带来的风险必须由人来负责，如果不能解决“谁负责”的问题，那么所有的治理努力最终都将毫无意义。当然，政策制定者必须认识到，平台算法问责制的目标不是要实现完美无误的算法，而是要将风险降至最低——正如汽车安全标准不要求汽车百分之百安全，而是尽可能合理地安全一样。创新技术与固有思维之间的冲突与激荡，必将伴随人工智能技术发展的过程。如何建立具备足够的包容之心和适应能力的动态治理机制，是人工智能时代的学者和政策制定者必须思考的问题。

[1] 胡凌：《平台视角下的人工智能法律责任》，载《交大法学》2019年第3期。

第九章

《电子商务法》中的算法责任及其完善

《电子商务法》首次明确了网络交易平台设计、部署和应用的算法责任，包括网络平台的搜索算法明示义务、搜索算法自然结果的提供义务，以及推荐和定价算法的消费者保护义务。毫无疑问，网络平台的算法责任具有时代进步性，这既体现了立法者对算法地位和作用的合理认知，也将结果监管转化为事前监管的思路，但也一定程度存在措施过于具体化，实践操作困难等局限。平台的算法责任内核在于矫正网络平台与消费者力量的悬殊对比，为平台算法施加法律负担以保护消费者权益。因此应在意思自治与公平原则的指导下，建立网络平台滥用算法认定、消费者保护制度，以及算法问责制。

《电子商务法》的颁布实施确立了数字经济时代我国的平台责任体系，涉及电子商务网络交易的方方面面。在算法逐渐掌控网络交易平台日常运行的当下，《电子商务法》中的条款实质上首次明确了对网络交易平台日常运行中算法的监管，以及网络交易平台因不当部署、应用算法而应承担的法律责任。《电子商务法》中的平台算法责任条款隐含立法者对网络平台的技术认知与价值取向，具有时代进步性。

第一节 《电子商务法》中的平台算法责任条款

互联网平台经济大规模崛起，脸书、推特、阿里巴巴、腾讯等大型互联网公司快速发展，算法实际上承担了网络空间的日常治理工作。对于平台运营中事关用户核心服务的获取信息的搜索算法、个性化推荐算法与定价算法等，《电子商务法》首次回应，且专门规定了平台在此类算法部署和应用中的法律责任。

一、搜索类算法的明示义务

《电子商务法》第四十条规定："电子商务平台经营者应当根据商品或者服务的价格、销量、信用等以多种方式向消费者显示商品或者服务的搜索结果；对于竞价排名的商品或者服务，应当显著标明广告。"此次《电子商务法》充分意识到搜索算法对平台商户与消费者之间的信息链接的决定性作用，为网络平台对搜索算法设置了明示义务。

平台为搜索算法承担法律责任的逻辑在于，平台的设计部署对搜索算法发挥的信息检索与商品推荐功能起决定作用。网络交易平台上，通过搜索引擎寻找商品是消费者购买商品的主要途径，例如，淘宝网上有数百万卖家，在线商品数达到 4 亿种，其搜索算法为用户提供按照信誉度、销量、价格等不同排序的搜索结果。不同于谷歌、百度等信息提供类算法，网络交易平台的算法直接关系着网络商家的交易流量。

搜索算法推荐排名的三个主要因素包括：个性化、搜索量和新鲜度（Query，Deserves，Freshness，以下简称 QDF）[1]，以上因素直接决定搜索结果的不同排序，进而极大地影响了消费者与商家之间的链接通道。《淘宝搜索规则》在 2010 年 7 月 8 日的调整曾引发了巨大争议，导致淘宝网众多小商家的聚众抗议事件。[2] 尽管淘宝方面宣称此次调整是为了削减人气流量的比重而给更多商家展现的机会，但被很多小商家指责此举目的为“逼迫”卖家投放竞价排名广告。[3]

此次《电子商务法》设置的搜索引擎，明确要求网络平台将竞价广告与普通搜索结果区别标示，并要求网络平台提供不同方式排序的搜索结果。在事前对搜索算法的多样性、客观性提出监管要求。

二、推荐算法的自然结果提供义务

《电子商务法》第十八条则首次提出平台推荐算法的搜索结果应提供非个性化推荐的一般结果，即不针对消费者个人的普通搜索结果。具体条文表述为：“电子商务经营者根据消费者的兴趣爱好、消费习惯等特征向其提供商品或者服务的搜索结果的，应当同时向该消费者提供不针对其个人特征的选项，尊重和平等保护消费者合法权益。电子商务经营者向消费者发送广告的，应当遵守《中华人

[1] *See* Rhca Drysdale，*5 Suggestions for Google Suggest*，MOZ（May 10，2011），（Apr.23，2018），http://www.scomoz.org/blog/5-suggcstions-for-googles-suggcstcd-search.

[2] 参见《淘宝再遭中小卖家围攻淘宝不愿作出退让》，https://www.eol.cn/qing_qu_1871/20100915/t20100915_522198.shtml.2020-03-20 访问。

[3] 参见《新淘宝搜索规则》，https://baike.baidu.com/item/ 新淘宝搜索规则 /869491?fr=aladdin，2018 年 10 月 31 日访问。

民共和国广告法》的有关规定。”

此举是为了纠正网络平台与消费者之间严重的信息不对称。搜索和推荐算法的自然结果，是指不利用消费者个人信息的推荐结果。此举意义在于为消费者“开窗”。也就是说，网络平台的消费者已经被个性化推送所包围，而无从知晓普遍的搜索算法下的自然结果，不同的用户搜索相同关键词都会得出不同结果。将搜索算法一般结果提供义务加诸于网络平台，是信息不对称的有效纠偏工具，其作用在于使信息从信息优势方向信息劣势方流动，而达到双方衡平。

换句话说，第十八条承认了网络平台的个性化推荐算法的合法性，但加诸网络平台提供一般搜索结果的义务，以纠正平台与消费者之间严重的信息不对称。

三、个性化推荐算法的消费者保护义务

同样，《电子商务法》第十八条规定了网络平台算法个性化推荐结果的消费者保护义务。此项规定在具体的算法自然结果提供义务之外，为个性化算法设置了一条底线，即“尊重和平等保护消费者合法权益”。

推荐算法的个性化推送、个性化定价，是当前各大互联网平台普遍使用的增加利润的武器。研究显示，2015 年优步仅根据动态定价算法就创造了 68 亿美元的利润。[1] 个性化包括用户的互联网协议（IP）地址，用户自己的搜索历史，搜索引擎所在国家和正在使用的语言等组件。个性化搜索总是首先发挥作用，排名高于其他

[1] *See* Bamberger, Kenneth A. & Orly Lobel, *Platform Market Power*, Berkeley Technology Law Journal, Vol. 32, p.1051（2017）.

任何因素。第十八条在肯定了个性化和差异化服务获取更大利润的前提下，要求网络平台不得以此损害消费者利益，尤其是提出了“平等”的反歧视要求。此条专门针对广为诟病的“大数据杀熟”现象，要求商家不得利用个性化推荐损害用户的知情权以及对用户进行价格歧视。

越过底线的网络平台面临着《电子商务法》第七十七条规定的行政处罚：“电子商务经营者违反本法第十八条第一款规定提供搜索结果，或者违反本法第十九条规定搭售商品、服务的，由市场监督管理部门责令限期改正，没收违法所得，可以并处五万元以上二十万元以下的罚款；情节严重的，并处二十万元以上五十万元以下的罚款。”

以上条款与其说是平台责任条款，不如说是平台算法责任条款。在算法掌管数据和平台运行的今天，《电子商务法》为平台算法的设计和部署提出了直接要求。网络平台的推荐、定价、搜索等算法，从平台的内部设计转变成了法律直接监管和干预的对象。网络平台需对自身推荐、定价与搜索算法的设计行为、部署行为和运行结果承担法律责任。

第二节 《电子商务法》平台算法责任的进步与局限

《电子商务法》平台算法责任对平台的技术与地位有较为合理的认知，初步建立了算法事前监管制度，并直接与《消费者权益保护法》等既有制度直接链接，立法者与时俱进的立法理念得到了充分体现。但不可避免的是，仍存在着技术认知、认定标准、实践操作与责任方式等一系列局限。

一、《电子商务法》平台算法责任的立法进步

（一）平台技术与地位的合理认知

《电子商务法》中平台的算法责任条款，既体现了立法者对于平台治理技术的充分了解，也体现了立法者对平台地位角色的认知。

立法者充分了解算法在平台日常运行中的核心作用，因此对于平台责任不再纠结于主观过错与违法结果等传统法律责任的认知体系，而是直接将平台算法作为法律监管的对象。这种做法容忍了平台利用算法推荐、大数据画像、精准个性化推荐等新技术和新现象，鼓励了新的算法和数据挖掘技术的运用。另外，立法者对于平台的角色也从“提供网络交易场所”而进化为肯定平台在网络交易中的秩序塑造地位。平台以支付、云计算等搭建基础服务，以“架构”与算法搭建交易机制，以信用评分激励用户和商家行为，控制了网络交易的基本流程。

（二）算法结果监管思路的转变

此次《电子商务法》中的算法监管条款重要进步之一，是部署了算法的事前监管，实现了事前监管和结果监管并重。在此之前，网络平台对算法的不当部署应用行为造成违法后果，往往以结果作为平台主观过错的评判要件。如直接根据是否出现了低俗、不当内容作为平台是否尽到注意义务的判断要素。尽管在此类算法责任中很难分离出平台的主观过错，但仍不妨碍行政机关以违法后果作为推定平台主观过错的理由。

然而，结果监管无法确立评判算法部署和应用是否合理的法定标准，则造成平台注意义务的内容十分模糊。无论是搜索算法对搜

索结果的不当排序，还是针对用户的个性化推荐，如果仅进行结果监管，固然符合严重不公平与违法的实质正义，但难免被诟病法无明文禁止的事先明示。算法事前监管条款的引入，虽然范围仍有待扩展，但仍不失为一个良好的开端。

（三）消费者保护的制度链接

《电子商务法》中的平台算法责任为新的算法技术套上法律的笼头，防止平台利用数据优势和技术优势侵害消费者权益。平台的算法责任的标准与后果直接链接了《消费者权益保护法》与其他法律法规。如第十八条要求算法的个性化推荐和搜索结果“尊重和平等保护消费者合法权益”，同样，搜索算法中的竞价排名广告要求“应当遵守《中华人民共和国广告法》的有关规定”等。这有效节约了立法资源，为算法责任的认定细则提供了参考。

二、《电子商务法》平台算法责任的局限

（一）技术认知局限：是否存在自然搜索结果

如果没有个性化推荐的算法搜索结果，是否就存在不受到人为干预的“自然搜索结果”？无论是百度在“魏则西事件”后的整改，还是《电子商务法》的条款，以及一些地方性法规，如《杭州市网络交易管理暂行办法》的制定过程中，都存在着对于个性化搜索算法结果性质的警惕。但是，此项要求仅仅是区分了商业推广与搜索结果，而《电子商务法》的算法条款要求区分“个性化搜索结果”与“自然搜索结果”。

《电子商务法》首次提出了平台的搜索算法应“提供不针对其个人特征的选项”。表面上看可以理解为不针对个性化画像与分析的结果数据，但是在技术层面，所有的搜索算法都是人为设计和干

预的“个性化”产物。企业通过Cookie、客户端程序等软件终端，从消费者终端和浏览行为中获取用户个性化数据，或者自行获取或与第三方合作，借助第三方的平台系统获取数据。如我国著名的“个推”公司，与新浪微博、墨迹天气、飞猪、携程等数十个常用的App合作，进行数据共享与精准推送。企业对用户行为进行画像、标签，或者其他技术处理，结合用户需要与企业服务向用户客户端投放推荐与搜索结果。那么，“个性化推荐”的标准成为关键，根据地理位置和信息是否构成个性化推荐，抑或普通用户标签是否构成个性化推荐？在实践中，此类标签已经足够锁定某个群体进行个性化推荐，如2015年4月，“个推”推送发布“应景推送”，可根据大数据分析人群属性，同时利用LBS地理围栏技术，实现消息的精准触发。

毫无疑问，立法者的本意是希望消费者能够在电商平台上搜索到不受干扰的结果，但是实际上并不存在“自然”的不受干预的搜索结果。搜索算法中的个性化搜索总是首先发挥作用，排名高于其他任何因素。并且，个性化要素不仅包括用户本身的个人画像，用户所在地理位置、用户手机系统的语言、甚至用户手机的电量都可能成为个性化推荐的要素。

（二）措施效果存疑：此举是否最优路径

提供自然搜索结果是否是保护消费者权益的最好路径？通过条款的分析可得出立法意图在于“尊重和平等保护消费者权益”。而立法直接选择了由平台用户提供自然搜索结果的措施极为具体，其在实践中是否为保护消费者权益的最优路径效果存疑。

根据帕累托最优，资源分配的一种理想状态是资源的分配变化在没有使任何人境况变坏的前提下，使得至少一个人变得更好。此种路径可用来分析提供自然搜索结果的平台义务。在这种情况下，平台需增加自然搜索结果的提供渠道，重新设计算法与平台搜索结果的入口。相对于平台的巨大技术优势，暂且不将其计入成本。那么，消费者是否获得了更优体验呢？换句话说，没有个性化推荐的算法结果是不是消费者想要的？从近期来看，网络平台购物的优势就在于个性化推送带来的便捷与良好体验，从历史文化的角度来看，根据用户的需要来提供商品和服务一直是成功商业典范的关键。没有任何针对性的搜索结果很可能仅仅是一种形式化的存在，而对保护消费者利益并无实际意义。归根结底，立法者意图避免的是利用个性化推送对消费者利益造成的损害，而非个性化推送本身。

此外，为算法监管设置如此具体化的措施是不是最佳选择？随着算法技术日新月异的发展，多种算法合谋、算法冲突都已经成为现实，数据在算法网络之间的共享流动已不可避免。提供自然搜索结果这一种具体监管措施，能够应对未来算法技术和数据技术的发展吗？在可见的未来，网络平台就可以通过设置较为隐蔽的按钮，使自然搜索结果不具有可用性来规避此类规定。立法的本意在于保护消费者的权益，避免网络平台利用算法技术优势和数据优势不当攫取消费者的合法权益。提供自然搜索结果未必是最佳的选择，更大的可能性是，由于提供了所谓的“自然搜索结果”，网络平台得以规避真正侵害消费者权益的法律责任。

（三）实践操作局限：技术手段取证难

《电子商务法》第十八条规定的算法个性化推荐必须尊重和平等对待消费者。如果违反，消费者首先面临着举证的责任，而个性化推荐算法的难点在于举证与取证的困难。第一，从消费者的角度来看，用户通过客户端获得个性化推荐的搜索结果和定价服务等，而客户端的推荐结果是即使同一个人和终端搜索结果也并不重复。在客户端难以对算法结构是否存在价格歧视等问题进行验证。而所谓的“自然搜索结果”可能具有一定的参考价值，但去个性化的搜索结果必然与个性化搜索结果不同也符合常理。因此，最终判断的方式仍在于寻找各关键要素类似的用户，比较其算法个性化推荐的结果，这对于消费者来说，取证维权的现实可能性降低。

第二，司法和行政实务部门必然面临着技术与规制的博弈。需要证明网络平台的算法存在损害消费者利益的情况，必然需要采集大量个性化推荐数据，并进行去个性化比较才能得出结论。计算机算法的高度智能化，定价算法可以向其他计算机不断发出瞬时的、极其复杂的定价信号，此类信号只能被智能算法接受而无法被人类察觉。这种方式能够使得价格合谋秘密进行，不被执法机构发现。[1] 司法和实务行政部门是否具有专业知识和专业执法力量？如果最终仍须求助于网络平台的技术部门，又如何保证公正？如果以现实损害作为举证的对象，则必然存在以上问题。

（四）责任方式局限：缺乏民事救济路径

《电子商务法》中算法责任的违反直接导致网络平台承担行政责任。例如，“违反上述规定者，由市场监督管理部门责令限期改正，没收违法所得，可以并处五万元以上二十万元以下的罚款；情节严重的，并处二十万元以上五十万元以下的罚款”。这与我国平台责任的立法思路一脉相承。这就使得现实中的维权进入一个困境：第一，发起救济的私主体收益与能力不足，缺乏维权动机。个

[1] 参见钱大力、黄凯：《算法与定价——数字时代的反垄断合规问题初探》，载搜狐网，http://www.sohu.com/a/206466975_740476，2018 年 3 月 20 日访问。

人和一般企业基本没有收集网络平台算法运行数据、进行比较验证等能力。而即使具备此种能力，维权结果往往是网络平台受到行政处罚，对于消费者个人的单笔网络交易所受到的损害，维权成本与所获受益严重不成比例。第二，维权结果仅为处罚，并不导致算法的公开责任。现行法律仅规定消费者具有算法的选择权，而这种维权结果并不必然导致提高平台算法的透明度。网络平台完全可能通过调整算法中的部分参数以避免此次维权后果，并通过更改算法设计继续攫取利润。此举对促进算法透明度，保护消费者权益并无本质作用。

第三节　平台算法责任的改进与适用完善

平台算法责任的本质，是为了应对网络交易平台与消费者之间极为悬殊的数据、算法等差距，以保证消费者意思表示自由且合法权益受到保护。然而由于上文所述之缺陷，条款实施与效果存在一定局限。本着矫正合同双方权力不对称的目的，应对平台的算法责任从行为认定、制度设计与实践措施等方面进一步具化。

一、平台算法责任的改进

《电子商务法》平台算法责任的根本目的，是应对网络交易平台与消费者之间地位差距的加大作出的调整。这并不是民商事法律制度第一次因为双方权力差距而做出创新。《消费者保护法》中对消费者知情权、选择权、公平交易权的保护，都是在消费者与商家之间的合同之外，额外附加的对于商家义务的要求。而算法自然搜索结果的提供义务、算法搜索结果的明示义务、算法结果对消费者的保护义务，都是在一份看似基于意思自治而缔结的民商事合同之外，额外赋予消费者一定的权利，以对双方悬殊的地位作出纠偏的制度。

那么紧接着面临的问题就是，用这些措施来纠偏是否有足够的效果？

网络平台广泛使用算法，基于对数据的掌握、分析和控制，导致在商业领域中的公平交易关系严重受损，甚至形成了对消费者的掠夺关系。而相关的民商事合同与消费者保护制度却无法提供对消费者的足够保护。由于算法对数据和算力的掌握，使得原有的匿名化处理、知情同意等个人数据和隐私保护措施形同虚设。如算法根据个体数据为消费者量身定制反映其支付意愿的价格，实施“一人一价”的价格歧视行为。如美国著名零售商 Staples 使用的价格算法针对不同地区生成不同的折扣价格，然而高收入地区却比低收入地区享有更多的折扣。[1] 算法利用数据优势颠覆了经济生活中价格面前人人平等，使得追逐利润的“合法歧视”成为常态。

算法成为了网络平台掠夺消费者的武器，在这种不公平甚至掠夺性的商业关系下，用户原有的知情权和自主选择权失去了意义，进一步加剧了用户的弱势地位。由于力量悬殊，用户极少有行动自主权与算法设计者争夺对于平台运行的足够动力。数据保护学者认为，算法大规模收集数据行为所依赖的“通知—同意”范式已经毫无意义。在目前复杂的个人数据生态系统中，个体实际上不可能提供有意义的、真正自愿的“同意”来进行算法所要求的共享和处理

[1] 参见《美电商按顾客的位置和收入定价》，https://xw.qq.com/tech/20121224000154/TEC2012122400015400，2018 年 6 月 12 日访问。

活动。[1] 于是在算法控制下，用户沦为了生产链条上的一环，既需要作为生产者不断产生数据，又需要作为消费者不断反馈使用数据。[2]

因此，《电子商务法》的价值取向是在网络平台与消费者的悬殊力量中，为平台加诸一定的算法责任，为消费者提供一定的知情权和选择权，以应对平台算法对消费者的掠夺，这种立法的价值取向毫无疑问是正确的。然而基于上文分析，从措施的设计、取证的技术、发起救济的路径等方面，均存在些许不足。

二、平台算法责任的适用完善

（一）增加原则性规定避免平台对算法责任的规避

如上文所述，无论是算法结果的明示义务、算法自然搜索结果的提供义务等，都过于具体，而未抓住平台算法监管的实质内核——对权力不对称的纠偏。过于具体的算法监管措施可能导致网络平台极易规避算法监管，如设置较为隐蔽的自然搜索结果入口，或仅仅标注广告结果。基于商业利益的驱动，使用算法的企业很难主动审查算法，甚至会通过算法来规避现有法律规制。例如，法律规定在线就业平台的算法不得分析用户种族信息，但算法仍然可以使用其他数据作为种族的替代数据，例如邮政编码等。[3]

如此，行政监管部门陷入了算法监管的怪圈：不停接受来自消费者的举报和投诉，投入成本进行算法验证，网络平台轻易修改算

[1] *See* Acquisti A, Brandimarte L & Lowenstein G, *Privacy and Human Behavior in the Age of Information*, 347 Science 509—514（2015）.

[2] 胡凌：《论赛博空间的架构及其法律意蕴》，载《东方法学》，2018 年第 3 期。

[3] 邮政编码可反映用户的居住区域，而在美国居住区域有较明显的种族划分。

法规避监管。而网络平台通过算法套利行为并未承担合理的法律责任：其本质在于通过滥用算法与数据的绝对优势地位，不当获利或侵害消费者权益。因此，有必要对此类行为予以原则性规定，将其定性为侵害消费者的欺诈、诱导、滥用优势地位等行为，如此可以激活更多的既有法律资源，并且使得网络平台算法的相关行为的监管范围合理扩大。

（二）加强消费者力量与引入第三方

法律应增加消费者维权的路径，提高消费者的维权收益，以激励消费者能够进行与网络平台的博弈。消费者与平台的集体博弈类似于产业革命后劳资双方的博弈。2020 年的《个人信息保护法（草案）》引入消费者针对侵害个人信息的集体诉讼制度，这必将增强消费者与网络交易平台博弈的力量。然而，仅仅依靠消费者自身力量无法起到权利对比的纠偏作用，规制算法应在算法中引入第三方力量。在各国的算法治理实践中，大量的社会组织加入到了这个行列中。算法审查能力和评估自治的第三方组织，如作为第三方的非盈利组织 ProPublica 研究发现了量刑算法的系统性歧视问题。[1] 欧洲两个研究所则开展了对算法的“偏见审计”，对输入和输出数据进行系统分析，验证是否存在算法偏见。[2] 监管机构应采用机制

[1] Northpoint 公司开发的犯罪风险评估算法 COMPAS 系统性地歧视了黑人，白人更多被错误的评估为具有低犯罪风险，而黑人被错误的评估为具有高犯罪风险的几率两倍于白人。*See* Kirchner, Julia Angwin Surya Mattu, Jeff Larson & Lauren, *Machine Bias: There's Software Used Across the Country to Predict Future Criminals. And It's Biased Against Blacks*, ProPublica（Nov.01, 2017）, https://www.propublica.org/article/machine-bias-risk-assessments-in-criminal-sentencing.

[2] *See* Ada Lovelace Institute & DataKind UK（2020）, “Examining the Black Box: Tools for Assessing Algorithmic Systems”. https://www.adalovelaceinstitute.org/report/examining-the-black-box-tools-for-assessing-algorithmic-systems/ .

鼓励消费者和第三方对算法系统提出质疑。

（三）建立合理的算法问责制

即使不能详细解释算法是如何产生结果的，网络交易平台仍应该对他们使用算法所做的决定负责。这实际上是要求网络平台采用各种控制措施，以确保运营者能够验证算法是否符合运营者的意图且能够识别并纠正有害结果。[1] 换句话说，这实际上是要求这些机构承担一种无过错责任。在《电子商务法》保护消费者合法权益的立法目的下，建立算法问责机制，是在网络平台承担了明示义务、自然搜索结果提供义务之后，仍可能存在侵害消费者权益的情况下，为追究网络交易平台的算法责任提供路径。问责涉及提供理由、解释，应根据算法应用的不同领域确认其隐含的认识和规范标准。[2] 事实上，软件开发人员经常通过测试软件的方法确保运行符合设计意图，此类技术方法可利用于算法的问责制制度设计。

综上所述，建立完善的网络平台算法责任制度是一个系统工程，《电子商务法》无疑迈出了第一步。平台的算法责任内核在于对网络交易平台与消费者之间悬殊“权力”的纠偏制度，因此应本着矫正合同双方地位差距的思路，在意思自治与公平原则的指导下，通过网络平台不当应用算法的行为认定、消费者激励制度与建立算法问责制等措施改进。

[1] *See* Joshua New and Daniel Castro, *How Policymakers Can Foster Algorithmic Accountability*, May 21, 2018,（May.30, 2018）http://www2.datainnovation.org/2018-algorithmic-accountability.pdf.

[2] *See* Ananny M, Crawford K, *Seeing without Knowing: Limitations of the Transparency Ideal and its Application to Algorithmic Accountability*, 20 New Media & Society 973—989（2018）.

第十章

算法解释权制度

打开购物网站，页面会自动推荐用户感兴趣的商品，打开手机地图，导航功能会自动规划回家的最优路线……这些发生在日常生活的场景，都是算法根据我们在网络世界中留下的浏览历史、上网习惯、购物记录、位置数据等作出的评价和预测。这种算法根据大数据给的打分、评价和推荐等称为自动化决策，它被广泛用于商业领域以提高客户点击率和交易利润率。人工智能的本质就是算法的自动化决策，正如Cloudera联合创始人兼首席技术官埃坶·阿瓦达拉（Amr Awadallah）所说："我不喜欢人工智能这个说法，更准确的说法是决策的自动化，我们如何来搜集数据，利用数据进行分析，并尽可能多地让机器做出一部分的决定。"[1]

和人的决策相比，算法的自动化决策具有相对客观、公正、高效等特点，因此其应用逐渐遍布于社会生活的各个领域。例如，我国某大学根据消费记录使用算法识别学生经济状况，帮助确定贫困生补助发放[2]；银行广泛利用算法对客户进行信用评估以决定是

[1] 参见《Cloudera联合创始人：AI还在决策自动化阶段》，载《第一财经日报》，2017年11月14日。

[2] 据报道，中国科技大学采用算法，根据学生的消费频率、消费金额来识别贫困生并进行隐形资助。而未曾在学校食堂经常用餐却消费很低的学生也由算法判断不符合资助标准。参见《暖心！这所大学竟用这种方式，偷偷资助"不舍得吃饭"的学生……》，2017年7月10日报道，http://www.sohu.com/a/157397381_252526，2017年8月20日访问。

否发放贷款；美国教育部门使用算法来确定教师聘用合同是否续期[1]；美国某些法庭中，法官利用算法对罪犯重复犯罪的风险进行评估。[2]算法的自动化决策甚至通过国家公共部门在社会保障、医疗保健、公职人员监督和司法系统等领域进行应用，直接影响着人的各项基本权利。

但是由于历史数据的偏差、设计者嵌入的偏见或是技术的不完善，算法经常作出错误的、歧视性的自动决策。例如，美国航空公司的一位资深驾驶员称，由于机场人脸识别的算法将他与一位爱尔兰共和军领导人混淆，使得他先后 80 次在机场遭到拘禁。[3]美国一些法院的使用犯罪风险评估算法 COMPAS 被证明对黑人造成了系统性歧视。[4]有学者指出，私营企业和政府公共部门采用算法和大数据作出的自动决策，使得数百万人无法获得保险、贷款、出租

[1] O'Neil C. Weapons of math destruction: *How big data increases inequality and threatens democracy*. Broadway Books, 2017.

[2] Northpoint 公司开发的犯罪风险评估算法 COMPAS 对犯罪人的再犯风险进行评估，并给出一个再犯风险分数，法官可以据此决定犯罪人所遭受的刑罚。Kirchner, Julia Angwin Surya Mattu, Jeff Larson, Lauren. 2016. "Machine Bias: There's Software Used Across the Country to Predict Future Criminals. And It's Biased Against Blacks." *ProPublica*. https://www.propublica.org/article/machine-bias-risk-assessments-in-criminal-sentencing. 2017 年 11 月 1 日访问。

[3] 见《应建立第三方机构以管控作出糟糕决定的人工智能》，载搜狐网，http://www.sohu.com/a/125322861_465915，2017 年 8 月 21 日访问。

[4] 非营利组织 ProPublica 研究发现，Northpoint 公司开发的犯罪风险评估算法 COMPAS 系统性地歧视了黑人，白人更多被错误地评估为具有低犯罪风险，而黑人被错误地评估为具有高犯罪风险的几率两倍于白人。Kirchner, Julia Angwin Surya Mattu, Jeff Larson, Lauren, *Machine Bias: There's Software Used Across the Country to Predict Future Criminals. And It's Biased Against Blacks*, ProPublica (Nov.1, 2017), https://www.propublica.org/article/machine-bias-risk-assessments-in-criminal-sentencing.

房屋等一系列服务，如同被监禁在“算法监狱”[1]。然而，由于自动化决策的算法不公开、不接受质询，不提供解释、不进行救济，使相对人无从知晓决策的原因，更遑论“改正”的机会，这种情况被学者称为“算法暴政”[2]。

各国均试图解决自动化决策不透明危害公民权利的问题，其共识是提高自动化决策算法的透明度，以接受公众监督和质询。例如，美国联邦贸易委员会技术研究和调查办公室进行独立研究，向FTC消费者保护调查员和律师提供有关算法透明度的培训和技术专业知识。[3]《互联网广告管理暂行办法》则要求算法提供的搜索结果中，“付费搜索广告应当与自然搜索结果明显区分”。[4]然而，以上案例表明，提高算法透明度只能作为事先监管的手段，却无法救济已经受到自动化决策损害的人。

现实的迫切需求是，如果算法自动化决策作出了不利于相对人的决定，他们是否有权利知晓这些决定是如何作出的？如果这些决定是错误的或者歧视性的，如何对相对人进行事后有效的救济？欧洲最先做出了重要举措，2018年实施的欧盟《通用数据保护条例》第22条提出：“应该采取适当的保障措施，……保证数据主体获得

[1] Davidow, B., *Welcome to Algorithmic Prison — the Use of Big Data to Profile Citizens Is Subtly, Silently Constraining Freedom*, The Atlantic, 20 February 2014.

[2] Lepri B., Staiano J., Sangokoya D., et al., *The Tyranny of Data? The Bright and Dark Sides of Data-Driven Decision-Making for Social Good, Transparent Data Mining for Big and Small Data,* Springer International Publishing, 2017, pp.3—24.

[3] John Frank Weaver: *Artificial Intelligence Owes You an Explanation: When an A.I. does something, you should be able to ask, "Why?"* (Dec.20, 2017), http://www.slate.com/articles/technology/future_tense/2017/05/why_artificial_intelligences_should_have_to_explain_their_actions.html.

[4]《互联网广告管理暂行办法》(2016年)第7条。

对此类评估之后达成的决定的解释，并对决定提出质疑。”[1]但也有学者指出，由于相关条文没有法律强制性，且解释内容是系统一般功能，此权利形同虚设。[2]

人工智能时代，自动化决策算法被广泛应用，但法律尚未配置对于相对人知情、质疑、救济的机制。这种不平衡提出了一系列亟待解决的问题：如何救济被不公正对待的自动决策的相对人？配置给相对人挑战算法决策并提供解释的权利是否具有正当性？这种权利的来源和内在价值是什么？如何构造这种权利，行使的限度和程序又应如何设计？自动化决策相对人的制度需求得到了学者们的注意，其普遍认为有必要应对自动化决策错误与算法歧视等现象[3]，

[1] 欧盟《通用数据保护条例》中在第71条明确提出了解释权，表述为被自动决策的人应该具有适当的保护，具体应包括数据主体的特别信息和获得人类干预，表达自己的观点，并且有权获得在评估决定的解释，并对决定提出质疑。“Recital 71, a person who has been subject to automated decision-making: should be subject to suitable safeguards, which should include specific information to the data subject and the right to obtain human intervention, to express his or her point of view, *to obtain an explanation of the decision reached after such assessment* and to challenge the decision.”

[2] Sandra Wachter, Brent Mittelstadt, Luciano Floridi, *Why a Right to Explanation of Automated Decision-Making Does Not Exist in the General Data Protection Regulation*, 7 International Data Privacy Law 76—99, (2017).

[3] Government Office for Science, *Artificial Intelligence: Opportunities and Implications for the Future of Decision Making* [PDF] https://www.gov.uk/government/uploads/ system/uploads/attachment data/file/566075/g-16-19-artificial-intelligence-ai-report.pdf; Devlin, H., *Discrimination by Algorithm: Scientists Devise Test to Detect AI Bias*, Guardian (Dec.19, 2016), https://www.theguardian.com/technology/2016/dec/19/discrimination-by-algorithm-scientists-devise-test-to-detect-ai—bias; Information Commissioner’s Office, *Big Data, Artificial Intelligence, Machine Learning and Data Protection* [PDF], https://ico.org.uk/media/for-organizations/documents/2013559/big-data-aiml-and-data-protection.pdf 以及国内有关人工智能的研究：马修、谢勒、曹建峰等：《监管人工智能系统：风险，挑战，能力和策略》，载《信息安全与通信保密》2017年第3期；曹建峰：《人工智能：机器歧视及应对之策》，载《信息安全与通信保密》2016年第12期；齐昆鹏：《“2017’人工智能：技术，伦理与法律”研讨会在京召开》，载《科学与社会》2017年第7期。

但尚缺乏细致深入的制度研究。

虽然本章研究的对象名为算法解释权，实则目的在于建立自动化决策相对人的事后救济机制。由于其以赋予自动化决策相对人权利为主要内容，故而以算法解释权为起点展开。自动化决策的算法既在私法领域的商业部门广泛使用，又深度参与了公共部门的决策。然而私法与公法两个领域均有独立的基本原则和运作规则，公共部门的自动化决策涉及公权力的运行规则，相对人提起解释的权利基础与私法领域并不相同，故此本章将算法解释权的探讨局限于私法领域，即商业自动化决策，为了行文简洁下文均简称为自动化决策。

第一节　算法规制既有法律资源之不敷

算法解释的目的是使自动化决策的相对人了解对其不利的决定是如何作出的，以便在确有算法歧视和数据错误时提供救济。商业自动化决策下，算法解释可适用的法律资源应先通过梳理既有民商法制度而加以寻找。自动化决策是通过用户与自动化决策使用者订立的合同实施的，当可能发生错误时，相对人可考虑的路径包括要求确认自动化决策的用户协议符合显失公平、欺诈、重大误解条件，也可以考虑适用民事合同相对人的违约请求权，侵权责任中的赔偿请求权，以及在商业场景中消费者的知情权。然而，现有法律资源面对自动化决策场景均有严重不足，适用场景与算法场景差异太大，效果并不符合算法解释问题的初衷，无法起到救济自动化决策的相对人的作用。

一、合同效力制度不符合算法解释之目的

通过认定合同效力瑕疵无法获得自动化决策解释，其制度效果不符合算法解释的初衷。无论是重大误解、欺诈均为合同意思表示的“错误制度”，即表意人若知其情事即不为意思表示的，表意人可撤销其错误的意思表示。[1] 我国《合同法》规定“重大误解”制度，因重大误解订立的合同，一方可请求法院或仲裁机构变更和撤销。欺诈合同的可撤销制度与此类似。然而，此类准则的表面目的是为非自愿同意的合同的后果提供救济，而不是对实体不公平本身提供救济。[2] 就这两种制度而言，第一点，目的是回到当事人未缔结契约前的权利状态；第二点，手段是认定合同的缔结违反意思自治原则。而无论从手段还是目的来说，合同的错误制度均不适用于自动化决策错误的场景。

针对第一点，算法解释的目的是使当事人知情，而非回到原始权利状态。相对人需要这份包含自动化决策的合同，以获得评估、预测、信贷等服务，其目的是知情（决策内容）以修正（数据），而非退出合同。针对第二点，很难认定自动化决策者意思表示具有欺诈的故意，其相对人为海量用户，显然不可能对每个用户均有欺诈故意。而如果认定相对人基于重大误解，也仅仅是受到不利决策的相对人有得到解释的需求。换句话说，非出于救济需要，相对人不会主张“若知其情事则不为意思表示”。另外，自动化决策对当事人的影响并非一过性的，仅仅通过撤销合同无法实现有效救济。

[1] 崔建远：《合同解除的疑问与释答》，载《法学》2005 年第 9 期，第 67 页。

[2] 休·柯林斯：《规制合同》，郭小莉译，中国人民大学出版社 2014 年版，第 281 页。

如果自动化决策是由于错误数据产生，相对人需知情修正以防止困于错误数据而被反复错误决策；如果错误决策是由于算法错误产生，算法解释权的行使更可惠及未来更多的自动化决策相对人。

二、违约请求权无力救济自动化决策相对人

民事合同的违约请求权由于制度目的、程序与举证责任等因素，无法救济自动化决策的相对人。首先，违约请求权的制度目的在于公权力保障当事人适当依照合同履行约定。一方面，自动化决策错误并不等于没有依约履行合同，即合同中并未保证决策正确。另一方面，算法解释目的在于知晓错误决定如何作出，而知晓决策的考量因素和利用数据并非用户协议中明确约定的合同义务。其次，算法自动化决策使用者多为面对海量用户的互联网平台。当用户不服自动化决策时，一般首先要走内部的申诉和处理流程，但其规则和程序完全由互联网企业设定，更不会在作出接受或否定申诉的决定时告知用户实质性的理由。最后，如果自动化错误决策的相对人起诉至法院，按照民事诉讼的举证责任“谁主张谁举证”，相对人则需要在不知晓自动化决策的规则的前提下，证明其决策是错误的。如前文提到的支付宝的用户协议，相对人需要在不知支付宝为何认定存在“支付风险”的情况下证明自己支付行为是合理的，类似于刑事案件中要求当事人“自证其无罪”。因此在现行算法自动化决策的使用者——网络平台早已形成网络治理的私权力情况下[1]，以相对人一己之力对抗算法的错误决策基本不可能实现。

[1] 参见周辉：《变革与选择：私权力视角下的网络治理》北京大学出版社2016年版。

三、不利的自动化决策不满足侵权责任之构成要件

自动化决策相对人无法证明对自己不利的决策符合侵权责任的过错、损害因果关系等要件，故而侵权责任请求权无法救济相对人。由于自动化决策造成的错误决策并无适用特殊归责原则的情形，因此一般适用于过错责任原则。即相对人需证明算法使用人具有主观过错，存在损害结果，且决策与损害之间存在因果关系。其一，主观过错难以证明。自动化决策使用者一般以结果是由算法自动生成为由，主张自己并不存在主观过错。自动化决策的相对人多为消费者和普通网络用户，并无专业知识与技能证明自动化决策使用者存在算法歧视。其二，损害结果难以证明。自动化决策的结果很多是"拒绝"，如不予提供贷款，不予批准保险等。此类机会的丧失仅是不利决定，很难被证明为是对权利人的损害。其三，决策与损害的因果关系难以证明。算法使用数据进行自动化决策多依据相关性进行预测和评价，而非依据因果关系。侵权行为与损害结果之间的因果关系链条难以成立。

四、消费者知情权无法提供真正的算法解释

相对人如主张消费者的知情权，算法的法律定位仍为企业的工具而非商品，并且算法使用者可主张算法属于商业秘密提出抗辩。其一，商业场景下算法的法律定位仍为企业的"工具"。现行法律尚不认可算法自动决策独立拥有资源配置权力，可直接影响消费者权利。其二，即使算法直接作出决策损害消费者利益，自动化决策的算法使用者都可以商业秘密为抗辩理由拒绝公开决策的内容和理由。例如，《德国联邦数据保护法》规定，数据控制者必须在决策

的“评估”中向用户通报其所考虑的因素，但不必揭示给予每个因素的精确重量（即在自动化决策过程中使用的版权保护算法）。[1]德国 SCHUFA59 判决[2]显示，用户没有权力彻底调查自动处理系统（在判例中是信用评分）的准确性，因为基础公式受到商业秘密的保护。

现有法律资源都无法为受自动化决策损害的相对人提供救济。而当算法自动化决策相对人受到损害时，提供救济又是切实的利益需要。考虑依据算法的法律定位而配置独立的算法解释权成为必要。

第二节 算法解释权的确立及其理论正当性

智能革命的出现，对当下的伦理标准、法律规则、社会秩序及公共管理体制带来一场前所未有的危机和挑战。[3]已有的法律秩序面对智能产业的发展存在严重缺陷，现有法律制度供给严重不足。越是在此时越应保持法学研究的冷静与克制，避免草率地以“现象描述”的方式创制权利。但当穷尽现有法律制度仍无法为相对人提供合理救济时，即应大胆配置新型权利，以弥补传统权利体系应对人工智能时代技术发展的不足。正如哈贝马斯所言“权利是一种社

[1] Douwe Korff, *New Challenges to Data Protection Study - Country Report: United Kingdom,* European Commission DG Justice, Freedom and Security (2010), http://papers.ssrn.com/sol3/papers.cfm?abstract_id=1638938.

[2] Judgment of the German Federal Court Bundesgerichtshof 28 January 2014 - VI ZR 156/13. LG Gieβen 6 March 2013 - 1 S 301/12.

[3] 吴汉东：《人工智能时代的制度安排与法律规制》，载《法律科学》2017 年第 5 期。

会构造”[1]，算法解释权既符合公平正义的价值取向，又符合人工智能时代的需求和特征。

一、新的路径：配置独立的算法解释权

在商业自动化决策领域探讨算法解释权配置的必要性，无法绕开的问题是，一份基于意思自治而同意参与自动化决策的民事合同，为何要超越合同配置给一方相对人额外的权利？算法解释权配置的目的究竟是什么？

包含同意自动化决策的合同，使得自动化决策者和相对人之间已经从平等的民事主体关系，转化为权力和支配关系。传统的私法手段不能完成对相对人地位的衡平与权利的救济，合同制度需要作出因应性调整。算法解释权的配置为法律的创制，其目的为平衡二者之间的不平等，为相对人提供额外制度救济以达成实质平等。此论断可从三个方面获得解释，其一，自动化决策者和相对人的权力维度是财富和市场地位差距的附属物；其二，算法解释权的配置可有效衡平此种差距；其三，算法解释权的确立可为人工智能技术的未来发展预留一定的空间。

其一，因自动化决策使用者与相对人之间存在着巨大的财富、地位、权力差距，合同的形式无法保证平等。算法自动化决策使用者多为面对海量用户的互联网平台，姑且不论垄断型网络企业与普通用户之间的财富差距，仅由于格式化用户协议的存在，双方就确立了权力支配关系。首先，用户协议不是经过协商的合同，提供格

[1][德]哈贝马斯：《在事实与规范之间：关于法律和民主法治国的商谈理论》，童世骏译，生活·读书·新知三联书店2003年版，第278页。

式合同的算法自动化决策使用者享有更为充分的话语权和解释权，因此其并非双方自我规制的结果，而是一方独占地单边规制的结果。相对人毫无参与协商制定的议价能力，而仅仅有接受与否的可能，否则就是与网络服务的自我隔离。其次，仔细考察用户协议的格式合同的条款就会发现，自动化决策使用者通过免责和排除条款将风险分配给相对人。而在履行合同出现争议的情况下，格式合同赋予自动化决策使用者在与相对人谈判中强大的讨价还价的能力。如支付宝的用户协议已经要求用户需“自证其清白”，在此基础上要达到无需承担证明责任，进而要求自动化决策者提供解释显得如同天方夜谭。最后，格式用户协议中往往包含了对相对人的自我执行，因此也就根本不需要协商。实证研究也显示，相对人完全处于被裁决的弱势地位，并无实质性的交涉，网络平台内自设的申诉调解机制根本无法发挥救济作用。[1]

这种自动化决策使用者与相对人不对称的权力关系，达到了有史以来合同双方地位悬殊的顶峰。在亚当·斯密时代，也就是英国工业革命期间，小工厂主、小企业主身兼所用者与经营者于一身，不法奸商至多可以偶尔利用欺诈来骗取对方，合同制度中的意思表示错误制度上可以应付此类问题。[2]随着公司的兴起，贸易的扩大，股份公司仍以中小型企业为主，斯密的理论逻辑仍然成立。然而，当垄断市场形成，公司巨型化发展，定制化、反复化交易普及，当格式合同日益增多后，合同双方不平等加剧，合同法

[1] 胡平仁、杨夏女:《以交涉为核心的纠纷解决过程——基于法律接受的法社会学分析》，载《湘潭大学学报（哲学社会科学版）》2010 年第 1 期，第 29 页。

[2] 邢会强:《信息不对称的法律规制》，载《法制与社会发展》2013 年第 2 期。

制度被迫作出调整规制格式合同，甚至交由经济法来解决市场主体不再平等、传统手段失灵的问题。如果说垄断市场下，企业与用户的地位仅仅是财富和市场地位差距的产物，那么自动化决策使用者与相对人之间还有知识垄断的鸿沟。这种基于财富、市场、知识技术地位造成的合同双方的悬殊地位，需要合同法制度创新予以应对。

其二，算法解释权的配置，是合同制度应对当事人之间地位差距的加剧而作出的调整。这并不是合同法制度第一次因为双方权力差距而做出创新。这些创新的一致之处就在于额外配置权利或义务以使双方地位接近平等，保证意思自治与平等原则。比如消费者与商家的合同，法律施加给商家明码标价、质量担保、出具收费单据等义务；保险业发展后，面对保险合同双方实际地位的悬殊，合同制度赋予投保人享有有利解释的权利，即当合同需要解释时，偏向有利于弱势投保人的一方。产业革命后，劳资双方力量对比日益加大的情况下，合同制度甚至一定程度上牺牲了意思自治原则，允许劳动者订立集体合同，获得与雇佣者谈判的能力，以衡平双方实质上的地位不平等。而算法解释权的配置，即是在一份看似基于意思自治而缔结的民事合同之外，额外赋予相对人得到算法解释的权利，以对双方悬殊的地位做出纠偏的制度。

其三，算法解释权本质是对自动化决策“算法权力”的规制，用以应对人工智能时代的技术特征。当网络平台基于民事合同进行网络治理的“私权力”已经逐渐被广泛了解和接受时[1]，“算法

[1] 参见周辉：《变革与选择：私权力视角下的网络治理》，北京大学出版社2016年版。

权力”[1]也应引起关注。算法权力并非为引人眼球而提出的新鲜名词，而是真真切切的现实。其“权力”如前文所述，包括控制新闻议程以影响言论自由、决定资格审查批准以影响地位收入、协助评估雇员影响人的工作机会，而以“算法”作为主语则是因为算法逐渐脱离了纯粹的工具性角色，有了自主性和认知特征，甚至具备了自我学习的能力。

谷歌算法 AlphaGo 打败人类顶尖围棋高手还恍若昨日，2017 年 AlphaGo Zero 从零自主学习打败 AlphaGo 的新闻就扑面而来。[2] 所谓人工智能就是算法与大数据计算，而机器人也不过是算法与传感器、控制器等配件的组合，算法才是“智能”所在。传统民事责任制度之所以难以适用于算法自动化决策的损害，根本原因在于机器学习技术的发展使算法的自主性越来越强，很难当做是人（开发者、使用者）的简单工具。尤其当算法可以从既往数据和经历中学习并独立自主地作出决策，算法的法律地位问题就越加紧迫需要法律作出回答。法律逐步承认算法控制下的“智能人”的法律地位是必然趋势，为其创设新类型，具有自身特性和内涵的权利、义务、责任承担等也是未来法律的发展方向。[3]

[1] *See* Diakopoulos, N., *Algorithmic Accountability: Journalistic Investigation of Computational Power Structures*, 3 Digit Journal 398—415（2015）. 此文中作者也提出了“algorithm power”算法权力的概念。

[2]《比 AlphaGo Zero 更强的 AlphaZero 来了！ 8 小时解决一切棋类！》算法 Alpha Zero 从零开始学习，4 小时就打败了国际象棋的最强程序 Stockfish，2 小时就打败了日本将棋的最强程序 Elmo，8 小时就打败了与李世石对战的 AlphaGo v18。http://sports.sina.com.cn/go/2017-12-07/doc-ifypnqvn1012530.shtml，2017 年 12 月 3 日访问。

[3] 参见［美］佩德罗·多明戈斯：《终极算法：机器学习和人工智能如何重塑世界》，黄芳萍译，中信集团出版社 2017 年版。

算法解释权应对了人工智能时代“算法”角色的转化，并为其未来法律定位发展的可能性预留了空间。以“算法”解释权为名，既强调了解释的对象，也考虑到了未来可能的解释的主体。当算法的智能性逐渐超出了开发者、使用者的解释能力后，算法本身可能成为提供解释的主体。这也是为何算法解释权不应该贸然选择侵权责任路径对受害人进行救济，毕竟无论哪种责任分配方法，其逻辑基础都在于假设任何损害都可归结为人类的行为，进而进行责任的分配。尤其在算法的功能较为依赖数据的情况下，责任更加难以从数据流和算法中被识别，只有算法本身才有可能提供合理的解释。

二、算法解释权确立的理论正当性

算法解释权既是顺应时代的制度创新，又是传统理论顺理成章的发展延续。算法解释权可消弭法律实然权利与应然权利的鸿沟，其理论正当性的证成充分说明，算法解释权并非心血来潮的创制，而具有传统权利的逻辑基础，是对现有的利害关系人权利畸轻的调适，目的是以新制度实现古老平等、自由、正义的目标。

（一）平等：算法解释权是信息不对称的矫正工具

自动化决策应用虽广泛但知晓算法知识者寥寥，相对人即使掌握专业知识也对自动化决策所使用的算法和数据一无所知。相比民事合同中双方当事人、消费合同中消费者与商家对于商品价格、品质信息的信息不对称，自动化决策事项上的信息不对称堪称“黑箱”。而算法解释则是规制这种信息掌握极不平衡的合同的有效工具。

信息不对称是现代契约理论中最为重要的部分之一。信息不对称是指缔约双方掌握的信息处于不平衡的状态，当事人并不知晓，改变此种状态也需要巨大的人力。掌握信息的不平等，打破了民商法对于当事人均为平等主体的假设，合同双方的地位由于信息优劣势的不同不再是平等的、相当的。信息劣势影响意思表示的真实性，一方无法有效作出判断而引发不公平和低效率。故而民商法中许多重要的制度设立都是在尽力扭转信息劣势一方的地位，使其能够获得更多信息披露，以提高其经济地位与缔约能力，保障民商法意思自治、平等保护等精神内核。[1] 合同中一系列意思表示影响合同效力的制度，如重大误解、欺诈制度，对格式合同弱势当事人的保护就起到了“信息纠正”功能。[2] 法律甚至创制看似偏向一方的制度来纠正信息不对称的地位，如保险法合同中的最大诚信原则与有利解释原则也源于保险合同的高度信息不对称性。[3]

算法解释权是自动化决策中信息不对称的有效纠偏工具。在商业自动化决策中，相对人通过合同授权企业使用历史数据与算法进行自动化决策。然而，缔结合同前，相对人对算法决策的要素及要素占比一无所知，缔结合同后，相对人对不利决策使用的具体数据与原因无从了解。这构成合同缔结前与缔结后的双重信息不对称。民商法一般采用信息工具来规制信息不对称。[4] 在合同缔结前的信息不对称采用“信号发送”手段，如格式合同中条款提供方必须提

[1][4] 邢会强：《信息不对称的法律规制》，载《法制与社会发展》2013 年第 2 期，第 112 页。

[2] 刘大洪、廖建求、刘建新：《消费信息不对称的法律规制》，载《法学论坛》2003 年第 4 期，第 46 页。

[3] 唐清泉：《信息不对称下的激励与监控的模型分析》，载《中山大学学报（社会科学版）》2001 年第 2 期，第 119 页。

请对方注意免责条款并予以说明。在合同缔结后，民法则采用“信息纠正”手段，如欺诈和重大误解对合同效力直接产生影响，格式合同中排除对方主要权利的格式条款无效，以上种种工具均是为了矫正信息不对称双方的地位，以期符合意思自治与平等原则。

算法解释权是典型的“信息纠正”手段以矫正自动化决策中双方严重信息不对称的地位，其作用在于使信息从信息优势方向信息劣势方流动，而达到双方衡平。基于民商法的私法属性不需公权力的强制执行力介入，仅通过制度设计来达到信息披露的目的。因此赋予信息弱势的相对人以算法解释权，使其得知不利的自动化决策做出的具体原因，达到对信息不对称事后补救的效果。算法解释权合理性证成可在现行法律寻找类似制度。保险合同中，保险合同具有高度信息不对称性，保险公司需履行主动告知义务，且告知需遵循最大诚信原则。而在自动化决策合同中，自动决策的算法完全处于“黑箱”中，仅须依相对人请求而履行告知义务，解释不利决策的原因。根据“举轻以明重”的原则，信息优势更强者承担义务却更轻的算法解释权具有当然的理论正当性。

从效率角度考量，由自动化决策者承担算法解释的义务也更加节约交易成本。各种促进信息对称的工具都有其交易成本或制度成本，如保险合同告知义务的交易成本是保险公司成本增加，重大误解合同的制度成本是法院须裁判合同效力。将算法解释的义务配置给自动化决策者是交易成本最低的制度工具。自动化决策者获取不利决策的成本最低，“信号发送”成本与相对人交易成本这样最低。可以预见，如果在短期内算法透明度的问题无法得到根本解决，此项义务由相对人主动提起，自动化决策者解释是成本最低的。

由此可见，算法解释权的确立是民商法的私法属性和意思自治原则使然。这是基于平等主体假设和意思自治基本原则采用的事后的补救措施。与民商法中的其他类似制度相比，算法解释权加诸信息优势地位者的负担甚轻，甚至并非真正意义上的矫正工具，仅作为补救而已。

（二）自由：算法解释权是意思自治的必然推论

当采用自动化决策为商业运行之必要时，即意味着商家须面对大规模的用户，如阿里巴巴交易的创建峰值达到 32.5 万笔 / 秒，支付峰值 25.6 万笔 / 秒[1]。此情形下只能依赖算法的自动化决策进行庞大的平台管理，通过用户协议获得用户对自动化决策的同意成为必然选择[2]，即使用户协议中没有自动化决策的条款，用户接受自动化决策也因实践行为而成为了事实合同。故对算法解释的理论分析首先依据合同理论展开。意思表示是合同效力的核心要素，而算法解释是当事人基于意思自治同意用户协议的必然推论。

通过整理知名互联网服务企业的用户协议可发现，其用户协议均包含获取用户对自动化决策知情同意的条款，即提示用户存在自动化决策，并要求用户服从自动化决策的结果[3]。例如，淘宝网

[1] 阿里研究院高红冰：《2017 新零售在路上：20 个先行者的探索报告》，2017 年 11 月 18 日发布，http://www.aliresearch.com/blog/article/detail/id/21413.html，2017 年 11 月 23 日访问。

[2] 用户协议显然符合格式合同的定义，《中华人民共和国合同法》第 39 条：由“当事人重复使用而预先拟定，并在订立时未与相对人协商”。

[3] 参见新浪微博用户协议：“用户知悉并同意，微博平台有权根据技术规则通过检测验证等方式判断用户帐号所发布的信息是否为垃圾信息，并采取相关措施予以处理。”https://weibo.com/signup/v5/protocol/，以及后文中提到的淘宝与支付宝的用户协议。

的用户协议要求用户接受自动化决策对于违约行为、支付风险的判定结果。“淘宝可依据您的用户数据与海量用户数据的关系来认定您是否构成违约：您有义务对您的数据异常现象进行充分举证和合理解释，否则将被认定为违约。”“淘宝会依照您行为的风险程度指示支付宝公司对您的支付宝账户采取取消收款、资金止付等强制措施。”[1]

用户同意的内容应该被合理告知，任何人都不应该为自己所不了解的事情负有义务，这是意思自治的基本规则。[2]姑且不论格式合同条款中处于知识劣势的用户“同意”的质量，仅通过以上分析可得结论，用户的同意的前提必然是知情，即存在着对存在自动化决策和风险的事先解释，换句话说，有了知情才有同意。那么，用户知情同意所需的告知义务是否延伸至事后解释呢？

如果事先解释已经能够提供用户应知的全部合理内容，事后解释殊无必要。然而，在很多情况下，合同产生的风险并不能在签订合同的时候被完全地描述和预见。上文中淘宝对自动化决策语焉不详的事先解释，并不能使用户真正甚至只是适度的知情。用户知情应包含事先和事后解释，这种安排类似于医疗合同中患者的知情权。自动化决策领域与医疗领域十分相像，算法使用人与医生都具有专业知识，用户和患者一样弱势，而使用网络和参与医疗一样必要。医疗合同中，即使医务人员事先履行了告知义务，并不排除患

[1] 自动化决策对用户行为风险的评估条款（6.2）“6.2 淘宝会依照您行为的风险程度指示支付宝公司对您的支付宝账户采取取消收款、资金止付等强制措施。”《淘宝平台服务协议全文（2016 年 10 月版）》http://b2b.toocle.com/detail--6361764.html，2017 年 11 月 23 日访问。

[2] 参见董安生：《民事法律行为》，中国人民大学出版社 2002 年版。

者在事后的知情权利，即了解自己接受的治疗具体情况。而由于患者很难真正理解医疗程序和风险，医务人员即使事先履行告知义务，也不等于可以将医疗的风险和责任完全转嫁给患者。回到算法的自动化决策领域，当淘宝使用的算法可以判定用户是否违约，或者直接停止提供支付服务时，用户仅仅在事先知道有自动化决策显然不是真正和适度的知情。在算法环境中，尊重用户要求事后解释的权利，应该是企业对于用户告知义务的合理内容。

企业提供详尽的事先解释是否可以排除事后解释的义务呢？任何事先解释都无法完全或者充分地对自动化决策的后果和风险进行描述。即使有，这种事先解释必然文字极多，对用户而言无法理解也与自己不相关。显然，要求患者接受治疗前必须学习医学知识是荒谬的，让用户通过事先解释了解自动化决策，而排除事后解释的义务也是不合理的。

从另一个角度论证，用户接受用户协议也即接受了事先解释中的风险提示，换句话说，用户预见到了自动化决策错误的风险。那么，用户的预见和接受是否可以排除事后解释的权利呢？显然不能。用户意思自治下的“同意”必然包含着，用户有理由期望在发生危害和错误时，企业将以公正和负责任的态度作出回应，否则将无从基于信赖利益接受用户协议。这种合理要求并不因服务协议中没有提及或排除而消失。与此类似的是，很多互联网企业提供的服务协议均要求用户放弃起诉的权利[1]，如必须含有仲裁等条款，但用户要求法院裁决合同纠纷的权利并不因此而消失。如果没有法院

[1] 参见用户条款和法律文书，藏污纳垢之严重令人震惊。其中揭示了很多知名网络平台利用用户协议躲避官司的行为。https://news.cnblogs.com/n/578564/Equifax，2017年12月6日访问。

背后的公权力作为公正裁决和履行合同的保障，用户势必从一开始就不敢信任企业并接受用户协议。同样，也是基于这种基本的信赖用户才可能同意接受自动化决策。

由上得出结论，即赋予用户要求自动化决策使用者事后解释的权利，是用户基于意思自治同意用户协议的应有之义。事后的算法解释，是合同意思自治必然衍生的权利，而且不可被事先解释所替代。

（三）正义：算法解释权是对合同风险的合理分配

算法解释权的确立将合理分配涉及自动化决策的合同带来的风险。拉伦茨指出："合同中的均衡与公平原则是民法的精神基础……在双务合同中，给付与对待给付至少必须具有相近的价值，还关系到如何公平地分配那些与合同相关的风险和负担问题"。[1] 现实状况是，自动化决策根据作出影响用户合同权利的决定，用户只有接受的义务并承担全部自动化决策带来的风险，双方给付与风险负担完全不对等。算法解释权能够有效地促使企业和用户之间的权利义务，以及基于自动化决策产生的风险负担趋于等价。

自动化决策是一种独特的"知识和无知的结合"，其带来的损害符合风险多样性、突发性和随机性的特点，是人工智能技术发展必然伴随的风险。[2] 自动化决策的算法一旦发生错误会给整个社会运行带来巨大风险。2010 年由于算法的错误，美国股市道琼斯

[1] [德] 卡尔·拉伦茨：《德国民法通论》上册，王晓晔等译，法律出版社 2003 年版，第 60 页。

[2] 参见杜仪方：《风险领域中的国家责任——以日本预防接种事件为例证》，载《行政法论丛》第 14 卷，法律出版社 2012 年版，第 455 页。

指数下跌达 998.5 点，一万亿美元财富蒸发。[1] 治理算法的思路不仅包括事前的风险防范，更包括事后的风险分配——算法解释权的制度价值在于研究如何分配风险以求得全社会利益最大化。

现有的状态是由相对人承担全部自动化决策带来的风险：接受结果（无论对错）并提供数据推翻决策。对于影响相对人的自动化决策来说，决策错误可能由两个原因造成，其一是使用的数据错误，其二为算法本身的错误。而算法解释对此种错误造成的风险均可充分消解。如果是算法决策的数据错误，可通过对算法决策的解释发现自动化决策作出的依据，从而让用户获得更新数据获得重新决策的机会，避免错误数据被多个算法反复使用。如果是算法本身的错误，如算法本身有歧视因素（如性别歧视或种族歧视），则可通过算法解释充分避免在全社会带来更大范围内的风险。

通过算法解释将其再分配给算法的开发者或使用者是基于以下因素考量的：其一，算法的开发和使用者具有风险分散的能力。风险虽然本质上具有无法被完全控制的特征，但对于自动化决策技术的掌握而言，算法的开发和使用者总是具有一定程度上的控制能力，从而影响风险的进程。考虑到相对人的力量过于弱小，应把风险分配给技术力量更为强大的算法开发者和使用者，可诱导可控制风险之人尽可能地在初期就降低风险以避免损害发生。其二，自动化决策事实上的强制性。相对人提供数据接受自动化决策，看

[1] 2010 年 5 月 6 日早 10 点美国股市大跌 2.5%，后到东部时间下午 2:42，股市剧烈波动后进入自由落体状态，2:47 仅仅 300 秒之后，道琼斯指数创下了有史以来单日最大跌幅。然而，在一分钟之内，道琼斯指数又暴涨了 300 点。虽然原因众说纷纭，但普遍认为堪萨斯城的一位财富投资经理人，他的算法过快出售掉了价值 40 亿美元的股指期货，导致其他算法跟风。参见克里斯托弗 · 斯坦纳：《算法帝国》，李筱莹译，人民邮电出版社 2014 年版，第 4 页。

似基于私法的用户协议。但由于互联网行业垄断态势决定相对人无法“用脚投票”来拒绝用户协议。如果拒绝则意味着无法获得贷款、租房、就业机会，相当于自主隔绝于社会生活，因而具有事实上的强制性。虽然欧盟有法律规定相对人应享有“拒绝接受数字化决策，要求人为干预”的权利，但其仍停留在学理讨论阶段。[1]而且自动化决策是为了应对海量数据以提高效率，可以想见此种权利启动可能仍以自动化决策出现严重问题为前提。其三，保护相对人的信赖利益是由算法开发者和使用者承担算法解释责任的基础。合理信赖之保护的不断加强为法律现代化进程中的主线之一。[2]受害人基于信赖利益委托算法使用个人数据进行自动化决策。法律这样分配风险有助于形成人对算法自动化决策的基本信任，而工业的发展、科技的研发等都需要一种信任模式的建立和良性运作。[3]

反对算法解释权可能源自担忧其限制技术创新降低社会效率。然而，算法解释权并非为了公平而牺牲效率的选择。效率价值可以体现在责任认定的具体规则上，或通过责任限额制度、保险制度与责任基金制度来分担责任，以防科技企业损失巨大无以为继。算法解释权的设立是保证基本公平的必然选择，在无可用法律资源的情况下如不提供自动化决策造成损害的救济，则受害人完全没有自我保护的可能性，这种受害人完全无助的境地显然是法律所应避免

[1] Goodman, Bryce and Seth Flaxman. 2016. *European Union Regulations on Algorithmic Decision-Making and a Right to Explanation.* in 2016 ICML Workshop on Human Interpretability in Machine Learning. New York, ArXiv e-prints.

[2] 马新彦：《信赖与信赖利益考》，载《法律科学》2000年第3期，第75—84页。

[3] 龙卫球：《我国智能制造的法律挑战与基本对策研究》，载《法学评论》2016年第6期，第12页。

的、违背基本公平正义理念的。更何况算法解释权不仅可以救济受害者，也可能避免未来风险进一步扩大的状况出现。

基于以上讨论，人工智能发展迅猛而法律未及应对，商业化自动化决策合同双方权力差距较一般的格式合同更为恶化，为衡平双方地位应配置独立的算法解释权。除此之外，算法解释权是意思自治原则的必然推论，是合同信息不对称的矫正工具，也是对合同风险的合理分配。此番探讨引出下一个问题，如何设置算法解释权的内在构造与具体制度，以实现公平与效率的兼顾呢？

第三节 算法解释权的制度设计

如果说前文是算法解释权理论正当性和实践效用性的论证，本节则是对具体制度设计的畅想。算法解释权的确立满足了自动化决策领域基本的公平正义，此部分制度的设计则体现了对相关科技发展、效率等社会利益的考量。需要注意的是，权利的内在构造、适用范围、行使程序等具体规则可根据人工智能等技术的发展而调整。在技术起步发展阶段，适当限定算法解释权行使的范围可偏重促进产业发展，这也是现阶段制度设计更应重视的价值；而当人工智能得到充分发展后，则应适度放宽行使的条件以偏重保护人的权利。

一、算法解释权的内在构造

算法解释权的目的在于披露信息与提供救济，因此在构造算法解释权时既把为相对人提供救济作为首要目的，又要兼顾保护算法使用人的创新、节约公共资源等因素。这就决定了算法解释权只能由具体决策的相对人在事后提起。算法解释权的内在构造从权利主体、解释标准、解释权内容层次三个方面展开。

算法解释权的主体是认为受到自动化决策不利决策的相对人，如经过算法评估不被雇用的候选人，自动化信用评分体系拒绝批准贷款的相对人等。负有解释义务者为自动化决策的设计、部署和使用者，如网络平台、保险公司、银行等。

那么，算法解释权的解释内容标准如何？对解释内容的顾虑主要在于，提供的解释是否应包括技术细节，答案显然是否定的。解释包括技术细节既有害商业秘密之保护，又使相对人不能理解而无实际意义。技术上的源代码并非法律上的可解释性之“有法律意义的信息”。出于救济的目的，解释的内容应符合两个标准：第一，具有相关性，即必须与相对人所受到的具体自动化决策相关；第二，相对人能够理解。最终目的是证实自动化决策可资信赖。在此原则上，除了可理解性和相关性外，还应针对不同的自动化决策内容制定不同的解释标准，而非“一刀切”，涉及人的权利越基本和重要，解释内容的标准应该越高。

算法解释权以救济为要旨，故其具体内容应包括两个层次。第一层次为事后的具体解释，第二层次为事后的更新解释。此外，还应对自动化决策者拒不提供解释或没有提供相对人满意的解释提供进一步协商和救济的选择。以上层次应为层层推进的关系，上一层次的解释完备后即排除下一层次的解释权利，以最大程度节约资源提高效率，减轻自动化决策使用人的负担。

第一层次为事后的具体解释。这一层次使相对人了解具体决策的规则和因素，既可以排查具体决策适用的规则是否包含有歧视性、非法性问题，又可以让相对人知晓具体作出不利决策的原因。在符合相关性和可理解性标准的前提下包括两个层面：其一，解释与具体决策相关的系统功能，例如自动化决策系统的逻辑、意义、算法设定的目的和一般功能，包括但不限于系统的需求规范、决策树、预定义模型、标准和分类结构等。其二，解释具体决策的理由、原因、产生决策结果的个人数据，例如每种指标的功能权重，机器定义的特定案例决策规则，起参考辅助作用的信息等。[1]

举例而言，银行使用公民数据（如纳税记录，收入记录等）对用户进行信用评级决定是否发放信贷。这种信用评分的自动化决策，用户可以申请信贷公司或算法提供者解释算法的功能、通用的逻辑（比如参与决策的数据类型和特征，以及决策树的类别）、算法的目的和意义（进行信用评分以发放贷款）、设想的后果（可能影响信用记录，影响利率）。在第二个层面，用户可以要求解释具体决定的逻辑和个人数据的权重，例如用户的信用评分结果参考了哪些数据以及这些数据在决策树或者模型中的权重。第一个层次的信息类似行政复议中对行政决定的合法性审查，通过对算法的决策基本情况的了解，用户有权知晓算法是否合法，是否包含有歧视因素等。而第二个层面的审查类似行政复议中对行政决定的合理性审查，即每个数据在评分中所占的比重是否合理。否则，如果一个人被互联网信贷公司拒绝，他被告知算法充分考虑了他的信用记录、年龄和邮政编码，但此人仍然不清楚每种因素所占比重和哪个因素导致自己被拒绝，解释权便形同虚设。

[1] Goodman, Bryce and Seth Flaxman, *European Union Regulations on Algorithmic Decision-Making and a Right to Explanation*, in 2016 ICML Workshop on Human Interpretability in Machine Learning. New York, NY: ArXiv e-prints.

第二层次为事后的更新解释。相对人在知晓有关不利决策的原因后，有两种选择：其一为发现不利决策是由算法错误引起的，可以要求算法使用人对自动化决策进行修正。其二，为发现不利决策是由于使用的数据造成的，要么可以更新数据（提供正确或删除错误数据）要求重新自动决策，要么可提出退出自动决策。

第一种情况下，如果相对人发现不利决策是由算法引起的，如求职被拒者发现算法歧视年轻女性，则可以要求算法使用人更新自动化决策的算法。以事后救济为目的的算法解释权，必然包含了使权利状态回复公平正义的事后更新的请求权。第二种情况下，算法是根据历史数据作出的，如果相对人发现算法使用的历史数据错误，应有权提供正确数据，或消除错误数据的不利影响，要求重新做出决策，或者退出自动化决策。如前文的美国 Zillow 二手房销售网被顾客起诉自动估价算法 Zestimates 严重低估了顾客的房产价值，给其二手房销售造成了严重障碍的案件[1]，如果结果发现算法使用了有关该房产的错误数据造成了房价低估，用户可以要求更新正确数据。如果此番解释仍不能使估价回归常态，用户有权要求退出自动估价的决策。应特殊注意的是，这种退出自动化决策的否决权行使应受到一定限制，即在前两个层次的解释权都无法解决的情况下方可适用。但此种退出决策的否决权十分必要，在相对人遭受不公又无法解决时，应提供其不受自动化决策的权利。类似的情况是，当病人在了解摘除肿瘤或器官移植等医疗手术风险后，决定接

[1] *See Cook County homeowner sues Zillow for low* "Zestimate"（Dec.3，2017），http://www.chicagotribune.com/classified/realestate/ct-re-0514-kenneth-harney-20170510-column.html.

受医生的手术，但并不意味着病人一定有义务完成手术，即使在手术中病人仍可使用否决权要求终止手术。

算法解释权内部的配置和内在构造属于基本的制度设计，应设有开放空间，给未来具有智能性的算法预留一定程度法律地位的可能性。考虑到现阶段为相对人提供救济的必要性和紧迫性，应同时考虑权利实施中的具体规则，使此种权利能够尽快落地，实现从权利到利益的转化。

二、算法解释权的适用范围

算法的应用极为广泛，从百度的搜索结果排名，到视频网站的定制广告，并非所有的算法都适用算法解释权。对算法解释权的适用不仅应从使用者和使用方式出发考虑，还应在对相对人的影响方面进行限制。

第一，从算法的分类看，算法解释权应适用于所有评价类算法。根据学者对算法的分类[1]以及现有算法功能的基本归纳[2]，可将算法大致分为以下几类：

算法功能	应用类型	实　　例
优先排序	搜索引擎，问答类服务	百度、知乎、谷歌
分类	声誉、信用评分，社交评分	大众点评、支付宝、芝麻信用
相关性	预测发展和趋势	视频推荐、犯罪预测
过滤	邮件过滤、推荐系统	头条新闻、垃圾邮件过滤系统

[1] Diakopoulos, N., *Algorithmic accountability: journalistic investigation of computational power structures*, 3 Digit. Journal 398—415 (2015).

[2] *Algorithmic Accountability*, *On the Investigation of Black Boxes*, (Dec.9, 2017), https://towcenter.org/research/algorithmic-accountability-on-the-investigation-of-black-boxes-2/.

需要强调的是，这种分类仅仅是从规制意义上对算法功能进行的大致分类，并未涵盖所有算法功能以及算法的类型。其中评价类算法通过历史数据对财产、声誉、人的资格直接进行评价或排序，计算结果对人或财产置于评价体系内排序，根据与标准的比较得出结果。如文中所提到的案例包括价格估算、福利发放、贷款评估、教师资格评价等绝大多数都属于评价类算法。由于评价类算法自动化决策结果直接关系到相对人的得失，有经济上或者法律上的直接影响，故而评价类算法均应适用于算法解释权如Yelp、大众点评之类的网站对商家的评分和排序直接关系到商家客流量，二手房估算网站Zillow的价格估算也直接关系到用户出售的价格。如果使用的评价类算法直接涉及资格（教师资格评分）、机会（贷款或雇用），则毫无疑问地更应适用算法解释权。

其他的算法自动化决策对相对人并非没有直接影响，如社交媒体脸书可能推荐热点新闻，淘宝等网站可能分析用户信息以推送定制广告。但此类自动化决策对用户权利影响甚微，且可以通过用户的自主行为调整和改变（如用户自行搜索其他结果就可能改变推送内容），故而出于节约社会资源的考虑暂不予配置算法解释权。

第二，适用算法解释权的自动化决策应主要为算法的“自动化”决策，即未达到人类参与决策的必要程度。

对于纯粹的算法自动化决策结果应赋予相对人解释权，那么是否只要有人参与决策就可以不必配置算法解释权呢？欧盟《通用数据保护条例》提出，算法解释权仅限于“完全基于自动化决定的处理”，即只要人参与决策过程都意味着其不再是“自动化决策”，即不应适用第 22 条有关算法解释权的规定。[1] 此项规定未免过于绝对且流于形式主义，可以想见将会导致很多自动化决策使用者设置人在“临门一脚”处来规避算法解释权。适用算法解释权的自动化决策不应以形式为标准，而应该取决于人的参与是否达到必要程度。

那么何为人对决策的参与达到了“必要程度”呢？在此首先应判断算法的作用。如果算法负责准备决策的依据或证据，则不属于自动化决策。但如果人最终完全采纳了算法自动化决策给出的建议，并未对决策做出任何人为的干预，如验证、修改或者更改决定的行为，则显然有理由将其作为自动化决策。举例而言，CT、核磁共振等医疗器械在扫描人体后，机载电脑会根据图像给出诊断建议，但仍需医生阅读报告并给出诊断后，方依照此诊断进行治疗。在此种情形下，则是算法为人为决策提供证据。但如果医疗器械扫描后直接开出处方，则为算法的自动化决策。

在判断是否自动化决策而应适用算法解释权的问题上，应本着宁严勿纵的原则，因为人对计算机的本能依赖与决策惰性已经在心理学研究中得到了广泛证实。人类极容易受到“自动化偏见”的影

[1] 人的参与是否排除算法解释权的适用的问题在欧盟的立法中也经历多次反复。在最早《欧盟通用数据保护条例》中欧洲议会（EP）草案提案的第 20（5）条提出只要“主要”由算法自动化决策即可使用算法解释权（有关资料主体的权利或自由不得单独或主要基于自动处理，而应包括人类评估……）。但是到了正式公布的 GPDR 版本中，欧盟委员会（EC）则变成了“完全基于自动化处理的决定”。欧洲议会（EP）比欧盟委员会（EC）更希望严格限制自动化决策，可是最后文本中“主要”的主张并未被采纳，只有严格的“单独”的自动化决策有未来适用的可能。*See* Sandra Wachter，Brent Mittelstadt，Luciano Floridi，*Why a Right to Explanation of Automated Decision-Making Does Not Exist in the General Data Protection Regulation*，7 International Data Privacy Law 76—99（2017）.

响，指的是即使人能够认识到情况需要另外一种选择，也更倾向计算机判断。[1]判断过于关注人是否参与的形式则可能造成损害实质正义的结果。

第三，适用算法解释权的自动化决策必须对相对人具有法律效力或重大影响。[2]算法自动化决策广泛应用早已对人类生活方方面面产生影响，但本着效率原则，算法解释权的适用应限于对相对人产生重大影响的自动化决策中。

对当事人产生法律效力较为容易判定，即对当事人具有法律上的直接影响，此类判定根据法律规定即可。例如，自动化决策是否批准当事人的假释申请、判断当事人获取福利的资格。但是一些公认对相对人具有较大影响的自动化决策，如在线信用卡申请和自动化招聘，其对相对人的影响表现为拒绝相对人签订合同，很难谓之为具有法律效力。此类自动化决策可以归类为具有“重大影响”。“重大影响”的判定应考虑多种因素。尤其是对相对人不利的决策是否具有“重大影响”还应结合当事人的具体情况，如拒绝批准贷款对经济条件较差的人造成“重大影响”，对经济条件相对较好的人则可能不构成重大影响。此外，还应结合自动化决策是否具有可替代性。如果作出自动化决策的算法使用者垄断程度较高，则更易被判断为“重大影响”，而如果具有较强可替代性则不构成。自动化决策具有“重大影响”的标准应结合实践逐步依靠判例发展规则体系。

[1] Carr, N., *The Glass Cage: Where Automation Is Taking Us*, Random House: London.

[2] *See* Sandra Wachter, Brent Mittelstadt, Luciano Floridi, *Why a Right to Explanation of Automated Decision-Making Does Not Exist in the General Data Protection Regulation*, 7 International Data Privacy Law 76—99 (2017).

综上所述，适用算法解释权的自动化决策应为对相对人具有法律效力或重大影响的，人类参与未达到必要比例的评价类算法。以上适用条件的限定，既提供给相对人以救济，又能防止算法解释权的滥用给自动化决策使用者增加过多负担。

三、算法解释权的行使程序

算法解释权对于自动化决策使用者是一种法律上的不利负担，故应遵循法定的程序。庞杂程序的制度设计不是本章讨论的目的，仅在此列举几点基本构想。

第一，应秉着算法使用人先行处理的原则。从行为动机上说，自动化决策的使用者的相对人一般数量甚巨，出于避免出现大规模集体诉讼与自动化决策效率优化的需要，有动机进行自动化决策算法的纠错与调试。从能力上说，算法使用人与算法开发者对算法的规则、设计更为了解，也较司法机关能够更快地为相对人提供解释与数据更新。设立算法使用人先行处理的原则，一方面可以要求当事人在现行协商解决之后再进入司法程序，以减少司法负累；另一方面方便当事人，可以不经过烦琐的司法程序获得算法决策的解释，以及及时更新数据的权利。

目前的虚拟财产纠纷，电商平台消费合同纠纷等一般均由平台设置的内部自治机制进行调节或由其根据内部规约作出纠纷解决决定，这也是互联网自治的发展方向。但同时用户力量过于弱小，消费者权益容易被漠视等问题也日益凸显。单独依靠内部规约来解决算法解释权问题极其容易陷入与普通纠纷类似的境地。但评价类算法实际上的具有类似平台范围内“法律”类一般规则的地位，显然要比用户之间的纠纷更为重要。因此，算法解释权的请求如果想在制度上得到算法使用者的重视，还需在算法监管、算法透明度等方面加强对评价类算法的预先监管，以及完善算法解释请求权与诉讼的衔接制度。

第二，算法解释权的程序要素。程序要素包括相对人提出算法解释权请求的程序，自动化决策使用者履行义务的步骤、方法、形式等综合要素。[1]

算法解释权不应由相对人提起请求即启动，而应设置一定的启动程序以排除权利滥用。那么是否应由相对人举证自动化决策结果错误，以启动算法解释权呢？这样的启动方式对相对人的负担过于沉重。相对人或需提供自我的正确数据，或需找到条件相当的其他自动化决策相对人以证明有错误可能。而这两种启动方式要么需要相对人大致了解算法自动决策使用的数据和决策路径，要么需要花费时间精力调查其他人的情况。在满足三个适用条件的情况下，相对人举证对自身有法律效力或重大影响，即可提起算法解释权。

相对人提起算法解释请求权后，自动化决策者有没有停止原行为的义务呢？既然算法解释请求权为质疑结果的请求权，自动化决策自然不存在停止的意义。但基于自动化决策而生的状态，或暂停服务，或取消资格等行为，应推定其为合理而不要求因算法解释权的提起而停止，直到生效判决推翻自动化决策。

自动化决策者提供的算法解释与决策原因应为书面形式，并应规定法定期限。一定的法定期限一方面督促决策者尽早履行解释义务，另一方面可使相对人在前置程序无法得到解释的情况下可以寻

[1] 参见马怀德：《行政机关赔偿协议程序》，载《法律适用》1994 年第 2 期，第 15—17 页。

求诉讼路径的救济。书面解释应达到具有可理解性、相关性，即具有法律上的意义，不符合法定标准的书面解释应等同于未提供解释。

第三，管辖权与举证责任分配。我国互联网法院的设立开创世界互联网司法先河，对于未来算法解释权相关纠纷也是较佳的解决思路。有关人工智能和算法的知识具有较强的专业技术性，且在短期内无法广泛普及，设立专门的互联网法院，由专门的算法技术机构予以协助较为实用。

举证责任是加诸当事人的不利负担，其分配一定程度上决定了案件结果。在现有的少数案件中，自动化决策的相对人或基于用户协议，或基于行政机关的要求均需承担自动化结果错误的举证责任。考虑到相对人对自我正确数据的调用能力较算法使用者更高，应要求相对人提供正确数据，但证明标准仅为决策存疑即可，不应为决策错误。因证明决策错误对相对人加诸的举证责任过重。算法解释权的内容包含要求对算法本身合法性和合理性的审查，类似于因具体行政行为提起诉讼后，对抽象行政行为的附带性审查。应考虑将证明算法合法、合理、无歧视的责任分配给自动化决策的使用者和设计者。如果自动化决策具有歧视性，需要多个自动化决策作为数据集才能得出歧视的结论。

算法解释权行使的程序设计需充分考虑自动化决策相对人在技术和力量上的弱势地位，不宜为其分配过多的程序性义务。此类程序上可参考行政诉讼的程序，将自动化决策使用者地位类比行政机关进行设计。除司法机关之外，算法具体决策的理由和情况的解释，应专门为审计算法创建监管机构，辅助司法部门为相对人提供专业技术帮助。

不同的制度具有不同的价值目标取向，而引导确定制度的价值目标取向的基因是它所要弭息的法律争议的性质。算法解释权是在产业发展效率和相对人保护平衡原则指导下的制度设想。虽然其具体规则设计并非本章篇幅能够胜任，但其目标的内容应分解消融在未来每一项具体制度设计中。算法解释权具体规则面临着重重障碍，技术方面机器自动深度学习使得算法决策日益“黑箱化”，制度方面商业秘密、知识产权仍有重重限制，经济方面各国都在发展人工智能产业且不倾向为其施加义务。如何在这些阻力下，设计出兼顾各利益相关方的具体制度，是对立法者和司法者智慧的考验。

第四节　算法解释权的制度功能定位

一、算法解释权作为技术方案的误区与澄清

自动化决策算法解释权面临的许多质疑都来源于将算法解释作为技术方案的误区。这样的质疑包括：一是认为而且由于机器学习技术的发展，算法的决策过程对于其开发者都是不透明的，因此也无法提供实质的自动化决策算法解释。[1] 二是用户不能理解算法解释权提供的算法源代码，因此算法解释权制度没有价值。有学者指出，绝大多数用户都是“技术文盲”，即缺乏理解数据建立算法和机器学习模型的基础技术知识。因此即使为用户提供了自动化决策

[1] Wachter S., Mittelstadt B., Floridi L., *Why a right to explanation of automated decision-making does not exist in the General Data Protection Regulation*, 7 International Data Privacy Law 76—99 (2017).

的算法解释，也没有实质性帮助。这种将算法解释作为技术方案的观点，混淆了自动化决策算法作为技术方案的内部解释和作为法律路径的外部解释。持此观点者认为只有披露源代码才能获得解释，是将提高透明度和产生社会信任的“外部解释”误认为技术开发需要的“内部解释”。

自动化决策算法的内部解释和外部解释具有不同的制度功能。内部解释，是程序员或科学家作出的技术解释，具体指通过观察模型的输入和输出之间的关系，检查某部分的作用，而排除系统故障、增强系统可靠性并验证系统功能。[1] 这与外部解释并不相同。外部解释指以精确的方式（忠实于自动化决策系统）和人类可理解的方式作出的自动化决策理由解释，用以建立公众对自动化决策的信任，验证其遵守了法规与政策的要求。[2] 正如评价餐厅的卫生标准并不需要知道其菜单的配方，评价汽车的碰撞标准也不需要了解汽车的技术细节一样，通过外部解释获取自动化决策的算法解释，无需获知算法源代码的技术细节。

由于内外部解释的制度功能的不同，其解释对象、标准、内容也存在巨大差异。内部解释以内部技术人员为对象，标准是“可判断性”（interpretable），[3] 内容包括自动化决策系统如何运行，以实现技术故障诊断与修复的制度功能。而外部解释是以用户和监管部门为对象，标准是“可理解的”（comprehensible），内容是使外部可

[1][2] Leilani H. Gilpin，David Bau，Ben Z Yuan，Ayesha Bajwa，Michael Specter，and Lalana Kagal，*Explaining explanations: An approach to evaluating interpretability of machine learning*，arXiv preprint arXiv：1806.00069，2018：3.

[3] David Gunning，Explainable artificial intelligence（xai），Defense Advanced Research Projects Agency（DARPA）. nd Web，2017：9.

知晓自动化决策是如何作出的，如此方可使没有技术背景的人得以追溯自动化决策。[1]

基于内外部解释的区分，可得出结论：自动化决策算法解释权并不要求用户理解源代码即可实现制度功能。自动化决策算法的外部解释要么需要算法设计层面的价值取向、决策各要素权重，要么需要算法运行层面的运行机制解释，而这些功能性信息需要平台提供，但形式并非算法源代码。现实中的算法解释也未深入算法源代码的层面。例如，魏则西事件后，联合调查组要求百度采用以信誉度为主要权重的排名算法，[2]其对算法的调查（获得解释）和整改限于设计价值理念层面。又如 2015 年的任某诉百度名誉权案件中，法院调查获得的算法解释则限于运行机制层面。法院认定百度自动补足算法的搜索建议"即任某姓名系百度经过相关算法的处理后显示的客观存在网络空间的字符组合"，而这种外部解释已经足够判决得出"百度无主观过错"的结论。[3]因此，外部解释或限于算法设计层面的价值考量，或限于算法运行层面的结果追溯，这些功能性信息的解释不需要调取源代码，因此也无需担忧算法的解释会损害平台的商业秘密。

继而可能产生的疑问是，如果不进行源代码的检验，谁来验证平台提供的算法解释是否真实？首先，自动化决策的算法解释必须

[1] Vladeck D. C., *Machines without principals: liability rules and artificial intelligence*, 89 Washington Law Review 117（2014）.

[2] 参见佚名：《国家网信办联合调查组公布进驻百度调查结果》，中国政府网，http://www.gov.cn/xinwen/2016-05/09/content_5071628.htm，2017 年 8 月 20 日访问。

[3] 陈昶屹：《任甲玉诉北京市百度网讯科技公司侵犯名誉权、姓名权、一般人格权纠纷案——网络侵权中"被遗忘权"的适用范围与条件》，见《最高人民法院中国应用法学研究所人民法院案例选》，中国法制出版社 2017 年版，第 83 页。

具有可验证性，即能够解释算法决策结果。这种外部的验证一般可通过输入相似的条件，观察是否得出相似的自动化决策结果来验证。例如，平台对某用户的信用评分较低，当用户提出自动化决策的算法解释请求后，完全可以通过调取与该用户相似条件的用户评分数据对算法解释进行验证，而无需进入源代码的层次。其次，用户个人发起的自动化决策的算法解释权制度目的是救济用户个人。如果用户认为自动化决策的算法解释不具有可验证性，应有其他相应制度进一步救济。

自动化决策的算法解释权作为法律路径的功能是生产社会信任。自动化决策的算法解释权能够为用户个人提供决策相关的信息，其生产信任的功能既指向过去，更指向未来：一方面能够解释过去的决策回报用户基于用户协议投入的信任，另一方面提供解释增强未来用户个体对于自动化决策的信任。用户有理由期望平台将作出公平合理的自动化决策，这种合理要求并不因服务协议中没有提及或排除而消失。从算法解释可以作为未来的信任生产机制而言，自动化决策算法的不透明性使得民众对于自动化决策本身就缺乏信任，相继发生的算法歧视、算法共谋、大数据杀熟等事件更使得自动化决策的公正性广受社会质疑。平台能够提供解释、解释具有可验证性等均可解除社会公众对于算法黑箱的质疑，提高自动化决策的透明度，促进决策公正。

综上所述，获得对自动化决策算法的解释，目的是追溯自动化决策结果的来源，考察自动化决策的价值考量，而非获得自动化决策的内部技术细节。既无需担忧用户无法理解算法自动化决策的解释，更无需因此否定自动化决策算法解释权的制度价值。因此，对算法解释的认识应及时从技术方案的误区中走出，将算法解释作为生产社会信任的法律制度，探讨其在算法治理体系中的功能与地位。

二、算法解释权是算法治理的私权安全网

自动化决策算法解释权是救济用户的私权利，它由用户个人向自动化决策的使用者（本章语境下的商业平台）请求发起。作为私权利性质的请求权，自动化决策算法解释权具有无法替代的救济作用，在算法治理体系中承担着保障用户个人权利的安全网的作用。

算法解释权制度作为一项法律制度，其功能仍然受到一些质疑。有观点认为，作为私权利的算法解释权行使成本过高，用户个人难以获得救济。商业自动化决策的设计者和使用者一般为大型互联网平台，与用户在技术、资源等方面力量相差极为悬殊。因此以用户一己之力去请求平台提供自动化决策解释，需要付出极大的时间精力和金钱成本而收益较低。诚然，私权利性质的算法解释权面临着权利行使成本较高的问题，但是其在算法治理的法律体系中起到无可替代的作用。

第一，在算法治理体系中的各项制度中仅有私权利路径可由用户个人启动，代表了用户的立场。在现有的算法治理体系中，算法问责制、算法透明度规则、平台自律等相关机制均在实践中推进。然而，这些制度要么代表政府的立场，要么代表自动化决策使用者（平台）的立场。如算法问责制代表政府立场，政府要求自动化决策的使用者（平台）符合法律要求，承担违规的责任。又如平台的自治规则代表平台立场，平台通过平台架构使得用户必须遵循平台规定的行为流程。自治规则以淘宝网的纠纷解决机制、腾讯微信公众号的抄袭举报规则为代表。在政府、平台和用户三方力量的对比

中，用户处于极为弱势的地位：既没有政府公权力一样强大的力量抗衡平台，也没有技术力量做自动化决策算法的审查，甚至没有力量“用脚投票”离开平台。因此，私权利保护路径具有不可替代的作用。

第二，算法治理体系中，仅有算法解释权针对具体自动化决策的修正。在现有的用户个体可以行使的私权利清单中，仅有自动化决策的算法解释权针对具体的自动化决策，可以起到修正具体自动化决策的作用。例如现有法律制度中，《通用数据保护条例》中的一系列提供给用户（数据主体）对抗平台（数据控制者）的私权利包括：质疑自动化决策结果，[1]获得解释，[2]不受纯粹的自动化决策并获得人为决策的权利。[3]在这些私权利的选择中，用户选择是全有或全无的“留下还是离开”——要么拒绝自动化决策的结果，要么选择重新获得一个决策。唯有自动化决策的算法解释权，给了用户修正一个具体决策的机会。在自动化决策无所不在的人工智能时代，这极为重要：全盘接受还是拒绝都意味着巨大的成本，只有修正还意味着在原有算法决策体系内保有位置并获得正确决策结果。因此，自动化决策的算法解释权的制度价值，即使在用户的私

[1] GDPR Article 22(3) In the cases referred to in points(a) and(c) of paragraph 2, the data controller shall implement suitable measures to safeguard the data subject's rights and freedoms and legitimate interests, at least the right to obtain human intervention on the part of the controller, to express his or her point of view and to contest the decision.

[2] 虽然这一权利是否具有法律效力尚有学者提出质疑，但《通用数据保护条例》仍是第一部提出数据主体获得自动化决策算法解释权利的法律。

[3] GDPR Article 22(1) of the General Data Protection Regulation (GDPR) "the data subject has the right not to be subject to a decision based solely on automated processing, including profiling, when it produces legal effects concerning him or her or at least it similarly significantly affects him or her".

权利保护路径中，也是无可替代的。

第三，即使算法解释权因行使成本高而极少被主张，也能宣告用户权利，彰显法律态度，起到算法治理体系中的安全网的作用。“安全网”一词常被用于描绘社会保障体系的作用，指当公民遭遇变故与不幸时，社会保障体系能够满足公民基本需求，缓解社会焦虑与不安。[1] 如果算法治理体系中的一系列事前的风险防范制度、事中的正当程序以及事后问责制度都未能起到作用时，私权利性质的算法解释权，就成为了保护用户个人权利、恢复社会信任的最后一道防线。因此“安全网”一词形象地描述了自动化决策算法解释权在算法治理体系中的定位。算法解释权权利行使的成本可通过具体制度的设计而逐步降低，但不能以此作为其没有制度价值的理由。例如，为了实现产品质量安全，法律设计了多层次的制度体系：包括事前的行业准入制度、产品质量体系标准，事中的行政部门质量抽查检测，事后的刑事、行政责任以及产品侵权责任。显然，不能寄希望于以私权性质的产品侵权责任发挥最为重要的作用，但产品侵权责任作为私权救济路径有其必要的存在价值。

至此可以得出结论，作为私权利的自动化决策算法解释权在一个完整的算法治理法律体系中的地位是不可取代的。作为一项法律制度，算法解释权可以追溯决策来源、生产社会信任，更重要的是可以作为救济用户个人的最后一道防线。

[1] 唐钧：《最后的安全网——中国城市居民最低生活保障制度的框架》，载《中国社会科学》1998 年第 1 期。

第五节　作为政府监管工具的算法解释制度

我国现存的自动化决策解释有法院查明案件事实的审理场景、监管部门平台监管中的解释场景，以及某些由消费者发起的平台投诉流程。其一，法院审理与算法自动化决策有关的案件中，算法解释是法官认定网络平台的主观过错及法律责任的前提。如前文提到的 2015 年的任某诉百度名誉权案件，判决书中的责任认定包含着法院对百度自动补足算法得出搜索建议的过程与因素的解释，事实上本案的承办法官也曾到百度公司进行实地调研听取其“算法解释”。[1] 又如，个性化推荐算法向用户推送隆胸广告，用户以百度侵害其隐私权提起诉讼。承办法官撰文详细介绍原告获得算法利用其 cookie 数据投放个性化推荐广告的过程，也是基于在审理过程中获得的自动化决策的算法解释。[2] 审理案件中的算法解释对象仅为涉案具体自动化决策，目的和范围以认定（排除）自动化决策算法使用者（网络平台）的法律责任为限，程序上多由法庭调查发起，并未与审理过程分离形成单独的程序。其二，在监管部门的要求下，平台需进行自动化决策算法的体系性解释。2018 年广电总局认定“内涵段子”应用程序“存在导向不正、格调低俗等突出问题”，[3] 其中必然包含着被动的算法解释。这种算法解释的对象一

[1] 感谢陈昶屹法官对笔者在 2018 年夏天一场学术会议中的当面赐教。

[2] 张晓阳：《基于 cookie 的精准广告投放技术及其法律边界刍议以朱烨诉百度公司隐私权纠纷为视角》，载《电子知识产权》2015 年第 5 期，第 81—87 页。

[3] 参见《“内涵段子”被永久关停　张一鸣发文致歉反思》，http://www.cankaoxiaoxi.com/society/20180423/2262696.shtml，2018 年 8 月 20 日访问。

般为算法的体系化解释（解释算法的运行机制、设计理念），解释的目的和范围多以行政处罚的认定为需要，程序上由监管部门主动发起。其三，平台基于消费者投诉或提高消费者体验主动进行的算法解释。例如QQ音乐平台的音乐推荐算法会提示用户，例如“歌单中推荐的摇滚歌曲是基于之前用户对某人的搜索和播放产生的”。

自动化决策的解释制度作为打破信息垄断的工具，需要提供查明事实（决策原因）与行为指引两种重要的信息。查明事实指向既有的自动化决策结果是如何得出的，行为指引指向未来如何得到更优的自动化决策结果。这两类信息能够充分满足政府代表公共利益进行监管的需要，也能够满足个体受到不利决策后的救济需求。具体而言，自动化决策算法的运行涉及四方利益主体：第一，政府监管部门，需稳定社会秩序保障公共利益；第二，商业平台作为自动化决策的开发者和使用者，一方面有合规需求以避免行政处罚，另一方面需提高用户体验以追求商业利益；第三，个人数据被自动化决策处理的相对人，他们的数据被算法读取和计算，权利直接受到算法决策的影响；第四，自动化决策的相对人。[1]其中，第三和第四类主体可能合一，也可能不同。如果出现自动化决策的体系性或个别决策错误，政府监管部门需要查明事实以实现问责并要求改进自动化决策体系，相对人的需求是了解自动化决策理由并获得更优决策的行为指引，这些需求都需要自动化决策的开发者和使用者提供解释来满足。

举例而言，自动驾驶汽车发生了事故，事故涉及不透明的自

[1] Ras G., van Gerven M., Haselager P., *Explanation methods in deep learning: Users, values, concerns and challenges, Explainable and Interpretable Models in Computer Vision and Machine Learning*, Switzerland: Springer, Cham, (2018), pp. 19—36.

动化决策算法，[1] 如何设计制度以满足各方需求实现社会利益最大化？自动驾驶自动化决策包含主体有：政府监管部门（交通安全管理和消费者权利保护部门）、自动驾驶企业、路边被撞的行人（其数据被自动驾驶汽车实时收集处理）、自动驾驶汽车的使用者。一旦自动驾驶汽车发生严重车祸，政府部门需要了解事故原因以追求责任监督企业整改，自动驾驶汽车的车主与被损害的路边行人也需要知晓事故原因以获得赔偿，[2] 而这些均需要自动驾驶汽车企业提供解释说明，方可知晓事故原因实现监管需要与救济需要。例如，2018 年的优步自动驾驶事故的调查结论，是驾驶系统对骑自行车的行人误判 [3] 引起的，这也成为了确定法律责任和下一步技术改进的基础。获得的信息可以被用来评估自动化决策结果的正当性、准确性，并可回应公众的担忧。[4] 这种自动化决策的算法解释可以达到的目的是加强用户对于系统的信任，确保自动化决策系统不违反公平和中立的原则。允许用户检查，纠正和修改数据中不准确的标签将改善机器学习应用的整体数据质量。

自动化决策的算法解释制度提供已有自动化决策的理由，以及如何优化自动化决策。这都是实现决策公平至关重要的信息。作为代表公共利益的监管部门，需获取信息以问责并敦促平台改进；寻

[1] 在最近的 Uber 事故中，车辆撞死一名行人，在复杂的自动化决策系统中，发现事故的根本原因需要数周时间。

[2] Marshall A., *The Uber crash won't be the last shocking self-driving death Transportation*, Wired, Retrieved, 2018, 18（6）.

[3] Timothy B. Lee., *Report: Software bug led to death in Uber's self-driving crash*, *May 2018.*（Mar.20, 2019）, https://arstechnica.com/tech-policy/2018/05/report-software-bug-led-to-death-in-ubers-self-driving-crash/.

[4] Doshi-Velez F., Kim B., *Towards a Rigorous Science of Interpretable Machine Learning*, arXiv preprint arXiv: 1702.08608（2017）.

求个人利益的公民个体，需获取信息以纠正错误决策并获得行为指引。这就决定了自动化决策的解释制度势必包含监管部门与公民个人两种启动方式。

一、监管部门启动的算法解释：保障公共利益

人工智能时代，政府重要任务是保障自动化决策公平这种核心公共利益。国家的任务不仅限于保障公民自由、生命和财产等消极目的，也应积极作为促进可能的民众福祉。[1]随着风险社会的来临，以及平台权力和算法权力的崛起，普通民众日益被边缘化，政府日益承担了主动防治风险与承担风险带来的损害的角色。政府作为一个共同体的中介角色，是广大民众同意和推举的产物，且由公民纳税来支撑它的存在和运转，由此，满足公共利益的需要是公共行政在理论上的唯一目的，正如芝加哥大学教授列奥纳德·D. 怀特指出“行政是实现或执行公共政策时的一切运作”。

监管部门启动的自动化决策算法解释，在保障公共利益方面具有无法被个体启动的算法解释权取代的制度功能——对于相对人个体来说，通过算法解释来救济个体是沉重的时间精力负担，除非涉及重大个人利益难以有动力启动。因此，对于涉及公民重大权利的自动化决策，需要公权力出手监管作为保障基本权利的安全网。而很多自动化决策看似对公民个人并无重大影响，却关乎重要的公共利益。例如“今日头条”中新闻的推送算法，对于个人来说无法称

[1] 德国法学家耶林最早将“社会利益”与“个人利益”相结合，并着重强调“社会利益”，他的“社会利益”学说构成了利益法学的直接思想渊源，而且推动了资本主义法律由个人本位向社会本位的转变。进入 20 世纪 70 年代后，新自由主义开始萌芽，德国著名法学者 Hano Peter 提出国家辅助性理论，认为实现公共利益是国家责无旁贷的绝对任务。

为“具有重大权利影响”，很难从保护个人权利的角度配置算法解释的权利。但是，新闻推送影响社会舆论议程，监管部门可基于保护公共利益的目的启动算法解释。

那么紧随而来的问题是，为什么需要建立单独的自动化决策解释制度，而不是让其仍然保持现状作为查明事实流程中的一部分呢？具体而言有以下原因：第一，自动化决策具有不可见性，换句话说，自动化决策隐藏在平台的行为中，监管部门未必知晓其存在。例如，在招聘中的简历筛选算法，或医疗保险公司对投保人的风险评估算法。将算法作为决策辅助工具的自动化决策使用者常以并不知晓机器为何如此决策为由回避解释说明，因此需打破最后一步黑箱，使得监管部门与相对人可以获得解释。第二，查明事实的流程需要某些特定的损害出现才能启动，而自动化决策解释制度的启动不以损害结果为要件。对于监管部门来说，新闻推送产生信息茧房误导舆论，或者平台的差异化定价都不是传统意义的违法行为。而当出现确定的损害结果时，可采用自动化决策的问责制度，用以和自动化决策算法解释制度衔接。

随之而来的问题是，为什么是自动化决策的解释制度？换言之，同样作为披露信息的制度，为何自动化决策的解释不可以被自动化决策的透明度替代？二者的功能均为自动化决策信息的披露，都可以减少用户和自动化决策开发者和使用者之间的信息不对称，[1] 增强用户对于自动化决策系统的信任。[2]

[1] Diakopoulos N., *Algorithmic Accountability: Journalistic Investigation of Computational Power Structures*, 3 Digital journalism 398—415, (2015).

[2] Eslami S M A, et al., *Neural scene representation and rendering*, 360 Science, 1204—1210 (2018).

原因在于，自动化决策的解释制度能够有效节约个体的认知资源，实现对于公民个人的救济。算法透明度与可解释性信息制度的披露信息范围、启动的原因、信息披露标准与信息公开对象不同。其一，透明度要求信息披露的范围更加广泛，倾向于系统功能的通用性说明；可解释性披露的信息范围更为具体，倾向于自动化决策适用的具体种类与具体个案的信息披露。透明度对于公众的认知资源是极大的损耗。参照网络平台的用户协议，以及保险合同的冗长条款。虽然这些都是为了增加消费者的认知，但由于认知负担过于沉重，反而使得普通用户从不阅读此类协议。其二，透明度并非由具体结果启动，而是广义的信息公开制度；可解释性的启动则是因为出现了公共利益或个人利益受损害的可能，至于是否启动由监管部门或相对人评估。其三，透明度的目的是披露信息，但这并不意味着监管部门和公众接受平台所披露的信息是合理的或者有效的。透明度可以使得社会对自动化决策有更大的控制感和接受感，但是自动化决策可解释性制度要求提供的解释必须是可理解的，或者能够为自动化决策结果提供合理理由，否则就要承担相应的法律责任。其四，透明度的信息披露对象可能是公开的，这样可能产生危害隐私或者通过披露的信息创建算法操纵的可能性。但可解释性往往只针对发起的监管部门和相对人，因此一定程度上更有利于商业平台保守其商业秘密。

由此，自动化决策算法解释的制度构建应以保障公平作为原点，以查明事实和提供行为指引作为内容，建立监管部门基于公共利益启动算法解释，和公民个人基于个体救济启动算法解释的并行架构，并围绕两种不同功能的解释分别构建其具体制度。

二、监管部门启动的自动化决策算法解释的制度场景

商业自动化决策领域，监管部门保护的公共利益大致可以划分为保护公平竞争与保护消费者权益两大类。因此，监管部门启动的算法解释用以调整两类关系：其一，商主体之间关系，打击垄断与不正当竞争以维护公平交易；其二，商主体与消费者之间的关系，要求平台合规以保障消费者权益。基于此两点制度目的，监管部门启动的算法解释可嵌入于反垄断、日常监管实时查明等制度场景中。

第一，保障公平交易的算法解释。自动化决策算法和大数据的应用带来对公平竞争市场保护的挑战。尽管平台提高了市场价格的透明度，但是定价算法却可以借数据融合与学习实现默许共谋，即通过对竞争对手的价格调整迅速作出回应。或者同一行业的商家可以使用同一种动态定价算法共谋达成价格协议，形成算法驱动的“中心式辐射的共谋场景”。如此不仅可以有效攫取高额利润，还可以成功躲避竞争法的规制。[1] 算法与数据的结合使得商业平台具有了“上帝视角”，执法者也有必要创新思路，拓展公平市场交易认定条件。

对于那些现有执法工具无能为力的反竞争行为，执法机构有必

[1] 如我国著名的“个推”公司，与新浪微博、墨迹天气、飞猪、携程等数十个常用的 App 合作，进行数据共享，使得用户在不同旅游平台上获得的机票报价基本相同。美国的 Boomerang 公司为数十家大型零售企业提供定价算法，参见 Boomerang Commerce，What’s Worse Than An 800-Poungd Gorilla Undercutting Your Price? Http://www. Boomerangcommerce.com/resources/whats-worse-than-an-800-pound-gorrila-undercuting-your-prices/，2019 年 1 月 5 日访问。

要严阵以待，改进监管手段，创新思路。[1] 然而，事先预防性规制不敷适用。例如，算法在设计的过程中不太可能被赋予“价格共谋”的设计与指令。[2] 在此情况下，只有监管部门代表的公权力具有与商业平台对抗的力量，可以要求商业平台对算法的设计与使用作出解释。在此类自动化决策算法解释既包括算法设计目的、应用与使用数据的解释。[3] 除此之外，反垄断执法还需要更新对于违反公平交易行为的认定规则。[4] 为了保护互联网企业的商业秘密与知识产权，企业可以在严格的保密工作下向特定的执法机构进行信息披露与算法解释，并充分提高算法稽核工作的效率以适应企业在算法技术上的精进。

第二，基于公共利益要求平台合规的算法解释。监管部门基于消费者保护和案件调查启动自动化决策的算法解释，以审查平台是否合规，预防危害公共利益的系统性风险。算法解释作为一种事后监管手段不可取代。自动化决策结果是可观察可衡量的实质性结果，事后的算法解释可执行适当的标准，监督平台合规的行政成本较低。采用“解释—问责”的制度设计以提高算法可解释性，通过举证责任倒置的方法要求平台自证合规性。

[1] [英] 阿里尔·扎拉奇，莫里斯·E. 斯图克：《算法的陷阱：超级平台、算法垄断与场景欺骗》，余潇译，中信出版社 2018 年版，第 121 页。

[2] [英] 阿里尔·扎拉奇，莫里斯·E. 斯图克：《算法的陷阱：超级平台、算法垄断与场景欺骗》，余潇译，中信出版社 2018 年版，第 125 页。

[3] 算法可以促进数据融合，通过不同的数据源将获取的信息整合在一起，进行统一处理与分析，最终得出商家想要找寻的结论。

[4] President's Council of Advisors on Science and Technology, Big Data and Privacy: A Technological Perspective (Washington DC, Executive Office of the President, May 2014), x, (Nov.10, 2018), https://www.whitehouse.gov/sites/default/files/microsites/ostp/PCAST/pcast_big_data_and_privacy_-_may_2014.pdf.

监管部门要求平台提供可解释的决策，即需要平台能够记录并忠实重放导致特定决策后果的计算。[1] 例如，2017 年底支付宝曝出不当使用消费者个人数据后，国家互联网信息办公网络安全协调局约谈了支付宝芝麻信用管理有限公司的有关负责人。[2] 某些互联网平台的算法因提供重要广泛使用的信息而具有公共产品的属性，如搜索引擎的竞价广告、新闻和社交媒体平台的推送算法等，要求算法的设计者和使用者对算法设计进行解释是预防公共利益受到损害的系统风险的重要需求。

可能产生的问题是，反垄断执法可能与其他法律产生重叠，如可能冲击民法规则、消费者权益保护法乃至数据保护规则等。考量平台和消费者的依存情况、议价能力悬殊、网络效应强弱，外部选择的有限性、高昂的用户转化成本等，必然需要对算法解释的范围、主体、对象、内容与标准的制度框架设计进行深入探讨。

三、监管部门启动的自动化决策算法解释的范围

监管需求的算法解释范围仅为优先或强制解释的范围而非排除性限制。监管部门发起自动化决策的算法解释应遵循保障公共利益的原则，但并不排除任何监管对象。如果把自动化决策比作是应用于不同行业和领域的产品，显然对于关系国计民生等重大公共利益的产品国家应该实施更加严格的监管标准与措施，但这并不意味着

[1] Adler, P., Falk, C., Friedler, S. A., Nix, T., Rybeck, G., Scheidegger, C., ... & Venkatasubramanian, S., *Auditing Black-Box Models for Indirect Influence*, 54 Knowledge and Information Systems, pp. 95—122 (2018).

[2]《国家互联网信息办公室网络安全协调局约谈“支付宝年度账单事件”当事企业负责人》，载“中国网信网”http://www.cac.gov.cn/2018-01/10/c_1122234687.htm，2019 年 2 月 19 日访问。

其他产品不需监管。毫不夸张地说，商业自动化决策的适用人口动辄数以亿计，[1] 或关系社会舆论议程，或占据市场交易半壁江山，比任何一种产品都需要质量监控和动态监测。即使是冰激凌这种产品，也需要根据我国监管部门的要求标注奶、糖、防腐剂等各种原材料成分与热量值，同时工厂也有完备的质量标准体系和可追溯系统。[2] 显然，为商业平台的自动化决策设定需要解释的算法范围与标准实属必须。

第一，自动化决策算法是涉及公民个人的重大利益的评价类算法。监管部门应优先要求涉及公民重大利益的自动化决策算法的设计者和使用者提供解释。其中重大利益的标准，[3] 应将涉及公民人身权利、受教育权利、健康权等自动化决策设定为有提供算法解释义务的类别。例如，医院的器官捐献排名算法决定哪位患者享有优先器官移植的权利，涉及公民健康权利，排名在后而延误治疗的患者应享有获得自动化决策解释的权利。此类自动化决策关系公民重要权利，监管部门应代表自动化决策的相对人对其决策质量进行监管。

[1] 2018 年 7 月 17 日，抖音称全球月活用户数超过 5 亿，快手则宣布月活用户达到 2.66 亿；2018 年 8 月 23 日，阿里巴巴集团发布季度财报宣布淘宝的年度活跃消费者增加 2400 万至 5.76 亿；2018 年 12 月 21 日，新浪微博副总裁曹增辉披露目前微博月活 4.46 亿。

[2]《食品安全法》第六十七条规定了预包装食品标签应标明：①名称、规格、净含量、生产日期；②成分或者配料表；③生产者的名称、地址、联系方式；④保质期；⑤产品标准代号；⑥贮存条件；⑦所使用的食品添加剂在国家标准中的通用名称；⑧生产许可证编号；⑨法律、法规或者食品安全标准规定应当标明的其他事项。

[3] 公共部门的自动化决策，如量刑算法和假释算法等涉及公民自由和人身权利，更应该提供算法解释。但由于本章所论述的对象为商业自动化决策，其权利基础不同，故不作论述。

第二，自动化决策算法非评价类算法，但结果涉及公共利益。其一，非评价类算法决策效力不直接及于相对人个体，但有可能影响公共利益。举例来说，制造企业车间机床的质量并不直接关系消费者产品安全，但因其处于产业链上游质量管理部门仍需对其监管。很多大型互联网企业之间的算法与数据交易并不涉及消费者个体，但基于社会数据产业安全，监管部门仍需要求可能涉及公共利益的自动化决策提供算法解释。其二，预测、推荐、过滤类自动化决策对相对人个体影响可忽略不计，但结果涉及公共利益。典型的如搜索引擎的竞价排名算法，社交媒体平台的新闻推送算法等。此类自动化决策不涉及个体重大利益，但涉及公共利益需要监管部门启动算法解释。

第三，自动化决策算法训练的数据来源体量巨大。自动化决策的算法在设计时往往并无偏见，而是由于训练算法的数据具有偏见和歧视才使得算法的自动化决策结果出现了歧视。换句话说，算法作为技术并无歧视，而是在应用中才发生了歧视。这种歧视不能体现于具体的自动化决策中，而是需要对大量自动化决策进行统计分析才能发现。因此，监管部门应对使用数据达到一定体量的自动化决策算法设置必要的监管要求。

四、监管部门启动算法解释的内容

自动化决策算法的解释功能在于“打开黑箱”。[1] 而“黑箱”中哪些元素需要接受合规性的审查则是自动化决策算法解释的内容问题。算法解释的反对者认为，作为一种算法治理路径，算法解释

[1] Pasquale F., *The black box society*, Harvard University Press，2015.

并无必要，且由于监管机构与公众属于“技术文盲”而无效用。[1] 然而，自动化决策算法解释的对象并非算法的设计信息，而是一系列具有法律意义的信息。正如当汽车制造商披露碰撞测试结果时，并不需要披露车辆设计的商业秘密；卫生部门发布餐厅检查评分时并不需要公布餐厅的菜单配方。一个完整的自动化决策算法解释应该逐步启动以下解释内容层次，并随着算法解释启动路径和制度目的不同而调整。

第一，自动化决策算法的存在。作为监管部门，需知晓商业平台哪些功能由机器的自动化决策进行；作为消费者，有权知晓自身获得的是否是自动化决策算法的结果。例如，消费者有权知晓自己获得的商业平台的商品搜索结果是否为个性化推荐算法运行的结果，抑或是自己所得到的价格是否受到了定价算法的个性定价。知晓自动化决策算法的存在，例如个性化推送和定价算法的存在，是消费者或监管部门启动算法解释的前提。自动化决策的可见性正在逐渐成为算法治理的必要前提。如我国《电子商务法》为网络平台对搜索算法设置了明示义务。[2]

第二，自动化决策算法的人类参与。自动化决策算法的设计者和使用者应在提供算法解释时，披露自动化决策中人类参与的因素。具体包括：一是算法设计者、算法使用者、算法运行的监督者和责任者。算法的设计团队成员的名单应予以公布。盖因对责任人

[1] *See* Powell A., Joshi A., Carfantan P. M., et al., *Understanding and Explaining Automated Decisions*, Available at SSRN 3309779, 2019.

[2]《电子商务法》第四十条规定，“电子商务平台经营者应当根据商品或者服务的价格、销量、信用等以多种方式向消费者显示商品或者服务的搜索结果；对于竞价排名的商品或者服务，应当显著标明广告”。

的披露，会给当事人带来责任压力，使其在设计和使用中避免伦理道德的偏差，而产生职业声誉降低的风险。另一方面公布成员名单可以避免在设计中搭便车的风险，[1] 躲在实验主义的盾牌之后躲避干预和法律责任。二是目标自动化决策的设计目标和意图，可考察设计者设计时是否符合伦理道德的要求。解释自动化决策算法中的人类参与因素，可有效解决监管部门责难时，算法设计对监管的规避行为：如主张算法损害有多个潜在的责任方，设计并无过错；或主张设计行为是智力创造过程不应受到法律的规制。

第三，自动化决策的相关数据。此解释步骤可称为数据更新和救济步骤，可以排除错误的自动化决策是由数据偏差而产生的，决定是否有继续解释的必要。其一，对于个体发起的自动化决策解释，如果是使用个人数据作出的自动化决策，责任人应保证个人数据的准确性、完整性、不确定性及时效性（例如年龄等信息会随时间推移变化）。如果错误是由数据输入造成的则可避免对整体算法的解释。其二，对于监管部门发起的自动化决策解释，应涵盖群体样本的数据，以及数据处理的各项指标，包括数据的定义、收集、洗涤、审核和编辑，数据标签的建立等。[2] 防止避免具有历史偏差的数据造成自动化决策体系性风险和错误。

[1] Nissenbaum, H., *Accountability in a computerized society*, 2 Science and Engineering Ethics 41—64（1996）.

[2] 例如，2013 年，波士顿采取了创新方案解决普通市政道路坑洼问题。Boston Street Bump 程序可以使用智能手机运动感应功能，向市政府报告用户驾驶时遇到的街头坑洼引起的震动，以确定要修复的街道上的问题。有趣的是，数据中心统计城市的富裕地区比贫困地区有更多的坑洞。这是由于智能手机在贫富地区不均等分配造成的。*See* PHIL SIMON, *Potholes and Big Data: Crowdsourcing Our Way to Better Government*（Sep.2, 2017）, https://www.wired.com/insights/2014/03/potholes-big-data-crowdsourcing-way-better-government/ .

第四，自动化决策算法的系统功能。算法自动化决策的系统解释要解决的是整体设计和一般决策因素权重的问题，包括解释与具体决策相关的系统功能，例如自动化决策系统的逻辑、意义、算法设定的一般功能，涵盖但不限于系统的需求规范、决策树、预定义模型、标准和分类结构等。换句话说，自动化决策算法的系统功能并非指公开与算法源代码相关的问题，而是一种事后的算法功能的通用解释。这种通用解释对于政府监管部门来说十分必要。如果前面三类自动化决策解释客体都没有发现问题所在，对自动化决策算法的系统通用解释允许政府邀请专家对算法进行评估，基准误差以及测试可能存在的歧视偏差。

第五，具体自动化决策算法的理由说明。具体的自动化决策算法解释的理由说明包括：具体决策的理由、原因、产生决策结果的个人数据。理由说明不仅要使相对人知晓决定是如何做出的，同时还应提供相对人可修正自动化决策的方法。例如每种指标的功能权重，机器定义的特定案例决策规则，起参考辅助作用的信息等。[1]在决策涉及相对人实体权利、程序权利及救济权利，涉及“最低限度的公正”时应就自动化决策系统的运营过程、运营结果、做出行为的推理，给出理由说明。[2]

说明理由的欠缺，相当于没有理由，可能导致相应自动化决策的无效或被撤销。尤其是提供给相对人的具体决策算法解释，应包括以下三层。其一，应解释具体决策考虑的主要因素以及各因素不

[1] Mahendran A., Vedaldi A., *Understanding deep image representations by inverting them*, Proceedings of the IEEE conference on computer vision and pattern recognition, pp. 5188—5196 (2015).

[2] 宋华琳：《英国行政决定说明理由研究》，载《行政法学研究》2010 年第 2 期。

同的权重。其二，应提供某个因素改变时，自动化决策可能发生的改变，指出决定性因素。例如，“由于您最近两个月的银行贷款没有偿还，所以这次的信用卡申请被拒绝”。其三，解释为何相似的情况可能有不同的决定，或不同的情况可能有相似的决定。[1]

以上五项组成了一个完整的自动化决策算法解释，整体思路是根据解释的必要性逐层解释。五项解释客体分别用于排除：是不是自动化决策，是否存在设计责任，是不是数据偏差引起的决策错误，是不是算法系统功能造成的决策错误，以及是否存在具体决策理由且理由是否合理，最终目的是使监管部门体系性了解自动化决策的设计和运行，使被决策的相对人获得理由说明和救济路径指引。

五、算法解释的标准

自动化决策算法解释的标准并非技术概念，而是对具有法律意义的信息的程序性要求和实质理性化的要求。因此，监管部门技术力量的欠缺和相对人算法知识的薄弱并不减轻自动化决策算法设计者和使用者披露信息的义务。相反，要求此种信息必须以合乎程序标准与实质标准的方式提供，以加诸义务于自动化决策算法设计者和使用者的方式来破解信息不对称。

（一）自动化决策算法解释的形式标准

第一，解释的客体完整。监管部门应统一提供格式解释文本，

[1] Doshi-Velez F., Kortz M., Budish R., et al., *Accountability of AI under the Law: The Role of Explanation*, 3 Social Science Electronic Publishing (2017). 转引自宋华琳、孟李冕：《人工智能在行政治理中的作用及其法律控制》，载《湖南科技大学学报社会科学版》2018 年第 6 期。

保证算法设计者和使用者提供的解释客体完整且无遗漏，否则应视为无效的解释。

第二，自动化决策的算法解释应为具体相对人提供理由说明，不能提供则应视为没有理由而决策，直接导致自动化决策的失效。

第三，解释语言清晰平实，以书面形式作出。[1] 以书面形式作出可保证自动化决策的使用者作为相对人为监管部门提供解释，和作为为相对人提供解释的主体均留存证据。

（二）自动化决策算法解释的内容标准

第一，内容的可验证性。[2] 这是指解释的内容能够符合自动化决策“数据输入—结果输出”的设计。可验证性是最为重要的自动化决策算法解释内容的标准，如果一个解释不符合算法“输入—输出”的系统设计的话，很显然不具备基本的正确性。

第二，内容的可理解性。这是对“具有法律意义”的算法解释的基本要求，否则无法纠正双方信息不对称。具体要求还应包括其一，要具备高清晰度，提供的解释、数据说明和理由说明不模糊，尤其对于与相对人重大权利相关的解释而言，解释清晰对相对人救济的有效性极为重要。[3] 其二，解释要在必要基础上具有简约性。

[1] 欧盟《通用数据保护条例》第 12 条提出数据主体获得的这些信息需要以“透明的，可理解的和容易获得的方式，以清晰和平实的语言作出”。

[2] Arbatli，A. D. and Akin，H. L.，*Rule Extraction from Trained Neural Networks Using Genetic Algorithms,* 30 Nonlinear Analysis：Theory，Methods & Applications 3（1997）；Zilke J. R.，Mencía E. L.，Janssen F.，*DeepRED—Rule extraction from Deep Neural Networks, International Conference on Discovery Science,* Switzerland：Springer，Cham，2016；Ribeiro M. T.，Singh S.，Guestrin C.，*Model-Agnostic Interpretability of Machine Learning*，arXiv preprint arXiv：1606.05386（2016）.

[3] Kleinberg J.，Lakkaraju H.，Leskovec J.，et al.，*Human Decisions and Machine Predictions,* 133 The quarterly journal of economics 237—293（2017）.

根据奥卡姆的“剃刀原则”，自动化决策解释的复杂程度不可过高，最佳的简约程度部分取决于用户的能力。

第三，内容的高度解释能力。[1] 普遍性是指算法解释可以适用的平台架构的范围较大，从而获得更高的解释效用。高度的解释能力是指提供的算法解释可以解释的具体自动化决策的数量。[2] 换句话说，具有高度解释能力的算法解释应该能够普遍解释自动化决策系统的行为，而并非只提供一个具体决策的解释。一个完整的、详尽的自动化决策算法解释可以用来解决多个具体自动化决策产生的问题，能够有效减轻相对人和监管部门的负担。

第四，内容的满意度。内容的满意度主要针对为相对人提供的具体自动化决策解释，是否能够为相对人提供有效干预未来自动化决策的路径。如是否能够指出哪些数据偏差，未来如何可提高自动化决策的满意度。具有高度内容满意度的自动化决策应该能够提供系统内的工作机制，例如“你未能合格是因最近的三张支票未能支付。如果有效支付，你的评分将达到要求标准的 75%”。[3]

自动化决策算法解释最终目的是证实自动化决策可资信赖，并为当事人提供救济路径，为监管部门提供执法信息。在形式标准满足的基础上，不同的自动化决策算法解释内容可设定不同的解释内容标准，而非“一刀切”。一般来说，自动化决策所涉利益愈加基本和重要，则解释内容的标准应该越高。例如，欧盟《通用数据保护条例》颁行后，奥地利数据保护委员会认为，数据控制人需要披

[1][2] M. T. Ribeiro et al., *Why Should I Trust You?: Explaining the Predictions of Any Classifier,* Proceedings of the 22nd ACM SIGKDD International Conference on Knowledge Discovery and Data Mining, pp. 1135—1144 (2016).

[3] Kathryn Hume, *When Is It Important for an Algorithm to Explain Itself?,* 6 Harvard business review 4 (2018).

露决策标准和加权的程度必须逐案确定，如此方符合权利与责任相一致的基本原则。

人类经历过数次产业革命，生产技术革新带来生产力急剧提升，引起了社会制度和法律制度的巨大变革。然而，从来没有哪次像人工智能时代的到来一样，生产技术和工具具有了“智能”，甚至超越人类自身，这将给人对世界和自我的认知带来颠覆性的变化。如此看来，原有法律制度落后于时代并遭受严重挑战顺理成章，未来法律制度的急剧变革也在预料之内。

算法的法律规制是人工智能时代的重大法律问题。现有对算法法律规制的思考，多为事先监管的风险防范思路，提高算法透明度，设置机器伦理制度，让算法接受公众和专家机构的质询和评估。然而涉及事后监管的算法问责制时，复杂的智能和自主技术系统的法律地位问题与更广泛的法律问题交织在了一起。[1] 机器深度学习等技术，算法的自主性和认知能力不断增强，自动化决策的可解释性、因果关系等原因，都使算法问责制面临制度设计的困境。固然，风险防范对预防大规模危害极为必要，但算法的问责制更能确保人类能够有效地控制这些决策，以及能够有效地为造成的损害分配法律责任。对一个个具体受到自动化不利决策的人来说，算法问责制可以彰显个案中的公平和正义。

[1] 美国时间 2017 年 12 月 12 日上午 9 点，电气电子工程师协会（IEEE）于全球发布了第 2 版的“人工智能设计的伦理准则”白皮书（“Ethically Aligned Design” V2），其中提到了算法问责制的法律框架，提到自动化决策时，指出政府和行业利益相关者应该确定哪些决策和操作决不能委托给这些系统，并制定规则和标准，以确保人类能够有效地控制这些决策，以及能够有效地为造成的损害分配法律责任。http://standards.ieee.org/develop/indconn/ec/autonomous_systems.html，2017 年 12 月 13 日访问。

算法问责制应是一个由多种权利构成的权利束，而事后的算法解释权是最为核心和必要的一支。本章就是为了应对自动化决策广泛应用，而相对人权利无从救济的困境，对算法解释权的正当性从私法领域进行了理论证成。在穷尽现有法律资源仍无法实现救济功能的情况下，算法解释权作为人工智能时代风险分配的方式和对算法权力的规制，具有不可替代的实践效用性。这样的算法解释权的内在构造具有独特的内容要求和双层架构，并且其适用范围、行使程序等具体制度均应在兼顾效率和公平的原则下进行设计。

第十一章

算法决策与人的主体性

2019年3月10日，埃塞俄比亚航空一架波音737Max 8航班从亚的斯亚贝巴起飞6分钟后坠毁，157条生命消逝，举世哗然。飞行数据显示，事故原因为波音公司安装的自动驾驶操作系统（MCAS）出现失误。简单来说，这个系统可以绕过飞行员的人工驾驶，自动让飞机进入俯冲加速状态。事故中，这个系统与飞行员反复争夺飞机的驾驶权。[1] 由于默认设置是算法决策优先于人的控制，导致飞行员反复关闭该系统仍难逃机毁人亡的厄运。

残酷的事故又一次拷问：机器接管决策权力的边界究竟在哪里？一直以来，机器（算法）决策因人类难以企及的准确性和高效率攻城略地，不断接管和挤压人的决策空间：日常生活中的新闻阅读、购物选择、相亲匹配，由算法进行推送决策；交通监控系统代替警察开出罚单，法庭用算法决定犯罪嫌疑人是否获得假释……然而，从已有的经验来看，现行法律制度对人是否可以不受算法决策并不明确。第一，并无有效制度保证个体不受已经作出的算法决策限制，如威斯康星州诉卢米斯一案中，卢米斯认为美国威斯康星州法院的"风险评估工具"[2] 智能量刑系统作出的"高风

[1] See Jack Nicas, Natalie Kitroeff, David Gelles and James Glanz: *Boeing Built Deadly Assumptions Into 737 Max, Blind to a Late Design Change*, https://www.nytimes.com/2019/06/01/business/boeing-737-max-crash.html, 2020-03-20.

[2] Correctional Offender Management Profiling for Alternative Sanctions, or COMPAS.

险”预测是错误的，[1]不难猜想其根本诉求是更改自己受到的自动化决策。一旦算法决策出错，弱势的个体并无推翻算法决策的有效法律路径，会被困于自动化决策的闭环（Loop）之中。第二，并无明确界限划定哪些决策不应由机器作出。例如亚马逊使用AI摄像头识别工作效率低下的员工，计算工人消极懈怠的时间（Time Off Task，简称TOT），直接生成解雇指令，绕过主管开除工人。[2]又如我国一高校使用人脸识别技术，在课堂上监控学生不注意听讲、玩手机的行为，生成报告供老师参考。[3]这些算法决策应用是否符合伦理，个体是否有权利予以拒绝，均引发社会的广泛讨论。

本章以人的不受算法决策的自由为研究对象，首先探讨不受算法决策自由作为人工智能时代的权利，具有保障人自主性与自治性的法理意蕴；其次从具体法律制度切入，以欧盟《通用数据保护条例》（以下简称GDPR）为基础样本，深入分析不受算法决策自由的私权框架、制度理念以及其得失利弊。通过对法理意蕴和具体制度的探讨，结合我国人工智能算法决策的治理现状，为构建保障不受算法决策自由的法律制度提供对策建议。

[1] Freeman K. Algorithmic injustice: *How the Wisconsin Supreme Court failed to protect due process rights in State v. Loomis*. 18 North Carolina Journal of Law & Technology 75（2016）.

[2] Colin Lecher: *How Amazon automatically tracks and fires warehouse workers for "productivity"*, https://www.theverge.com/2019/4/25/18516004/amazon-warehouse-fulfillment-centers-productivity-firing-terminations, 2020-03-18 accessed.

[3] 佚名：《高校试水人脸识别：翘课玩手机全能识别》, https://news.163.com/19/0902/08/EO2C10PI0001899N.html，2020年3月22日访问。

第一节　不受算法决策自由的法理意蕴

不受算法决策的自由不仅具有权利救济的工具性价值，更重要的是具有保障人类主体性与自治性的法哲学意义。不受算法决策的自由首要价值在于打破算法决策的闭环，赋予个体权利以修正机器自动化决策。更为关键的是，人工智能时代，技术首次超越了受人支配的客体范畴，产生了人与技术工具主客体颠倒的异化现象。

一、不受算法决策的自由免于人的主体性受损

在人工智能时代，万物皆可计算。算法决策将人作为纯粹的数据，进行纯粹的计算。主体性哲学作为现代法权意识形态和制度体系的观念基础，历史性地推动了人类生存状态的现代性转型，最终落实为普遍的法权关系结构。[1] 但是在人工智能时代，人遭遇了严重的“主体性危机”。

（一）人的数据化和算法决策的去人性化

人的数据化消解了人的主体性，将个体的人作为冰冷的数据，将群体的人当做可以被控制、分解、改变、交易、消费的数据库，成为人工智能时代的“物化”（rcification）方式。人也在此过程中从决策的主体，沦为了被决策的客体。

算法决策的前提是人被数据化以方便机器计算。可识别的个人信息与行为数据中包含着人格性的利益，对人格利益的处分只应属于人（数据主体）自己，因此用户必须知情同意。人的数字化需要

[1] 参见陈璞：《论网络法权构建中的主体性原则》，载《中国法学》2018 年第 3 期，第 71—88 页。

人自愿交出自己的数据。也是出于这个原因，个人信息应该比单纯的数据得到更为周延的保护。个人数据进一步被商品化，数据在不同的企业、平台、政府之间被出售流通，在这个过程中，包含个人信息的数据成为了流通性的商品，[1]数字化表达的人被简单地视作在市场上买卖分享的数据资源。[2]人工智能时代数据商品化程度令人触目惊心。2018 年 11 月 30 日，万豪国际集团旗下喜达屋集团发生客户预订数据库信息泄露事件，高达 5 亿的个人信息被披露流传于网络。[3]有些国家甚至政府也加入了数据交易网络，2017 年，荷兰情报和安全部门被披露从非法来源购买了大量的个人信息数据库。这些数据库包含超过一亿人的姓名、电子邮件和密码，或是被盗，或是来源于网络黑客，在网络黑市上被出售。[4]在一切皆可数据化的世界中，人已经变成了一个个跳动的代码，数据成为通用的大众商品，交易网络中商业、政府和犯罪等数据交织在一起。[5]

[1] MARTIN GUNNARSON & FREDRIK SVENAEUS, *THE BODY AS GIFT, RESOURCE, AND COMMODITY: EXCHANGING ORGANS, TISSUES, AND CELLS IN THE 21ST CENTURY*, 9—30(Martin Gunnarson & Fredrik Svenaeus eds., 2012).

[2] *See, e.g.*, Fanny Coudert, *The Europol Regulation and Purpose Limitation: from the "silo-based approach" to ... what exactly?*, 3 EDPL 313—324(2017); N. Purtova, *Between the GDPR and the Police Directive: navigating through the maze of information sharing in public-private partnerships*, 8 IDPL 1, 1—3(2018).

[3] 参见：喜达屋连锁酒店顾客信息泄露，受害者可能达到五亿，http://www.rcinet.ca/zh/2018/11/30/157305/，2019-04-10。

[4] *See* CTIVD, *Toezichtsrapport nr 55, Over Het Verwerven Van Door Derden Op Internet Aangeboden Bulkdatasets Door de AIVD en de MIVD*(2017), https://www.ctivd.nl/documenten/rapporten/2018/02/13/index., *See* Brinkhoff S.: *Big data data mining by the Dutch police: Criteria for a future method of investigation.* 2 European Journal for Security Research 57—69 (2017).

[5] Floridi L: *The fourth revolution: How the infosphere is reshaping human reality.* OUP Oxford, 2014.

算法决策的过程也是一个使个人和社会“去人性化”（dehumanisation）的决策过程。[1]机器是从数学的角度进行计算，在一套人为定义的自洽系统内部进行符号推演[2]，而该系统无需考虑人类的偏见、情感等。算法决策的设计者和使用者一直依附于“技术中立”的保护伞，声称无涉于价值判断。直到自动驾驶、差异化定价、操纵选举等违背人类道德和伦理的事件出现，算法决策去人性化的一面才引起了政府和公众的担忧。

判断一个决策是否符合伦理道德对人类来说是个简单的命题，但对于机器来说则十分困难。例如德国前总统的武尔夫夫人案，在谷歌上搜索她的名字时会自动联想“妓女”或“应招”之类的词汇。这些由机器基于搜索量、新鲜度等因素计算，并由算法发布的信息对其造成了巨大的困扰。一个决策结果的诞生可以分为能力层面（解决经验问题）与道德问题（回答应不应该），在能力层面算法决策远胜于人类，但在“应不应该”这样的判断上，机器尚不能给出满意的回答，或者说我们是否允许机器进行道德决策还是一个需要斟酌的问题。

（二）不受算法决策的自由可避免人的主体性消解

算法决策对人的数据化和计算减损了人的尊严与人格，严重消解了人的主体性。进入人工智能时代，大数据和算法并没有成为加强人的主体地位的积极力量，人的物化和异化反而随着科技的发

[1] Bygrave calls this dehumanisation of social processes. Lee A. Bygrave, 2014, *Data Privacy Law, An International Perspective*, Oxford University Press. See also Meg Leta Jones, The right to a human in the loop: Political constructions of computer automation and personhood, 47 Social Studies of Science 216—239 (2017).

[2] 蒋舸:《作为算法的法律》，载《清华法学》2019 年第 3 期。

展而更加普遍和深化。一方面，人本身被客体化，被抽象为数字并嵌入整合到人工智能时代数据体系中，沦为了生产过程的被动客体；[1]另一方面人的活动同人本身分裂和疏离，越来越不属于自己。除了个人信息被数字化表达，人的喜好、穿着、活动轨迹、饮食偏好等行为均被数字化、收集和分析。

人的主体性丧失（物化）并不是一个新鲜的概念，一直以来受到人文主义的批判。文艺复兴运动以人的理性描述人为万物之灵。人不再是客体（奴隶作为财产），而是成为了法律（权利）的主体，人也成为了具有一定法律技术和伦理内涵的法律术语。[2]法国大革命之后，人的主体性地位确立，成为现代法学体系的基石。进入现代社会，对女性的物化一直是女性主义者批判的对象。消费女性身体、用父权审美物化女性以及性交易、色情电影等物化女性的商业行为，均将女性作为父权性的和商业消费的客体，造成对女性人格尊严的消解。

正如康德所言，人不应该“仅仅作为手段”（nicht bloss als Mittel）而实存，更应作为目的而实存。[3]从某种意义上说，人类进步的历史是避免将人异化为财产、客体、物等的历史。[4]最简单的例子，许多国家的法律和国际法都秉持人体不应该成为商品的

[1] 张西平：《工业文明中人的困境——卢卡奇浪漫主义哲学述评》，载《中国社会科学》1998 年第 1 期，第 33—44 页。

[2] 参见齐延平：《“人的尊严”是〈世界人权宣言〉的基础规范》，载《现代法学》2018 年第 5 期，第 23—39 页。

[3] 俞吾金：《如何理解康德关于“人是目的”的观念》，载《哲学动态》2011 年第 5 期，第 25—28 页。

[4] 参见齐延平：《人的主体性、德性与法的现代性》，载《学习与探索》2006 年第 6 期，第 85—89 页。

原则。[1]禁止将人作为商品销售自己的器官作为典型的例子，说明将人或人的一部分作为商品是与人类尊严并不相容的，人不是商品或是无法用价格衡量的。

算法决策对人主体性威胁的极端表现是无人武器系统[2]，系统对平民、房屋、财产进行计算评估而发动攻击，将平民伤亡作为战争附带损失计算入成本。无人武器系统能够在没有人类直接参与选择目标，或授权对目标使用致命武力的情况下发起致命攻击。而面对这种彻底去人性化的算法决策，美国军方的政策是在发动致命袭击时，要保证人为干预决策（human in loop），即人必须作为决策系统的一个组成部分。致命袭击的决策周期系统被称为“杀伤链”，包括寻找、确定、追踪，锁定、执行和评估（find，fix，track，target，engage and assess）。[3]

由此可见，算法决策的前提——人的数据化使得人被物化（客体化），算法决策的去人性化又进一步消解了人的主体性地位。人工智能时代，如何挽救和保留人的主体性地位，实质上成为法律制

[1] *See* Convention on Human Rights and Biomedicine of the Council of Europe art. 1, Apr. 4, 1997, E.T.S. 164; Universal Declaration on the Human Genome and Human Rights, art. 1, 2 (a); International Declaration on Human Genetic Data, art. 1; Universal Declaration on Bioethics and Human Rights, art. 2 (c), 3 (1).

[2] 并非指有人类参与的导弹和无人机，而是 位于世界上几乎任何地方的计算机都可以从监视无人机接收信息，并利用该信息在另一个地点发起和指挥来自导弹武器系统的罢工，所有这些都没有人为干预或监督，从而构成一个自治武器系统。也就是说，自主武器系统包括传感器，自主瞄准和决策以及武器，而这些并不需要直接相互连接或共同定位，而只需通过通信链路连接。https://www.cambridge.org/core/terms.

[3] 18 Julian C. Cheater, *“Accelerating the kill chain via future unmanned aircraft”*, Blue Horizons Paper, Center for Strategy and Technology, Air War College, April 2007, p. 5, http://www.au.af.mil/au/awc/ awcgate/cst/bh_cheater.pdf.

度设计的理论基点。

二、不受算法决策的自由保障人的自治性

算法决策裹挟大数据，通过对人的自主决策的建构使人丧失真正的自由意志，消解了人的自治性。个体不受算法决策的自由，能够保证人暂时离开机器对意思自治的操控，实现真正的自主决策。

（一）算法决策对人自由意志的建构

机器对人自主决策的操纵以“润物细无声”的方式进行。首先，虽然看似数据生态系统的建立完全取决于互联网用户的意愿，即没有知情同意，用户就不会分享和交出自己的个人数据。然而，这样的学说完全建立于一种假设上：消费者有充分的信息并且有自主决策的认知能力。在现实中，用户既不了解数据收集的范围和深度，也无法吸收和内化所涉及的大量信息[1]，并且可能遭受认知偏差妨碍对问题的系统思考。

其次，算法决策通过“轻推”[2]影响用户的自主决策。“轻推”是指通过微小的选择架构的改变，利用人们的偏见、爱好、日常习

[1] 最近的一份报告研究《通用数据保护条例》如何影响由十家网络公司起草的数据政策：（谷歌、脸书、亚马逊、推特、易贝、Instagram 和 Netflix）根据这项研究，在《通用数据保护条例》之后，这些政策的长度平均增加了近 26%，其复杂性也增加了。所研究的十项政策的总阅读时间总计超过三小时，有些政策要求超过 25 分钟。阅读需要的水平“范围从 11 年级到 19 年级”，https://www.bbc.com/news/business-44599968，2019 年 4 月 10 日。

[2] 在 2008 年，Richard Thaler 与 Cass Sunstein 的著作 *Nudge: Improving Decisions About Health, Wealth, and Happiness* 中介绍了“轻推”的概念。（轻推，是以提供决策架构的方法使人的行为以预测的方式进行，而这个过程中并不禁止也没有明显的经济刺激的改变。轻推中的干预必须是人可以轻易并低廉的避免的。例如，命令不是轻推，但是把水果放在货架眼睛的高度是轻推。）

惯等认知来引导行为人决策。[1] 例如，新闻软件和视频播放软件通过自动填充消息与自动播放下一条视频，使得人们无需主动点击而在网站上花费更多时间，这是利用了“无底碗”认知理论。[2] 轻推被广泛应用于商业平台的个性化推荐算法，诱导用户按照平台设计进行决策。[3] 在“轻推”的基础上形成了“注意力经济”[4]。用户沉迷于算法决策带来的快感而无法摆脱，甚至只能依靠公权力出手保护用户的意志自由。例如，国家网信办强制要求抖音推出“反沉迷系统”，以避免用户使用成瘾。

再次，“轻推”可升级为对用户思想和行为的操纵。用户的个人数据，以及对这些数据的分析、计算的算法决策在操纵行为中起着决定性的作用。以亚马逊为例，其不仅为我们提供了所需要的各种商品与服务，甚至在我们自己都不知道需要什么的时候，就已经预先在物流系统中安排好了我们可能即将要买的商品与服务；对于社交媒体而言，“转发”“点赞”“讨厌”，这些简单的按钮已经取代了本来可能展开的更为理性而深刻的辩论与对话。

[1] Hansen P. G. *The definition of nudge and libertarian paternalism: Does the hand fit the glove*. 7 European Journal of Risk Regulation 155—174（2016）.

[2] 康奈尔大学从事消费者行为研究教授发现，给人一个无底碗，自动填入热汤可使人多喝 74% 的汤而不自知。Wansink B., Painter J. E., North J. *Bottomless bowls: why visual cues of portion size may influence intake*. 13 Obesity research 93—100（2015）.

[3] *See How Technology is Hijacking Your Mind — from a Magician and Google Design Ethicist*, https://medium.com/thrive-global/how-technology-hijacks-peoples-minds-from-a-magician-and-google-s-design-ethicist-56d62ef5edf3, 2019-04-07.

[4] 注意力经济：人类能够把注意力集中在处理的信息上的能力有限，即注意力有限，而世界上的信息无限。形成一种类似经济学的有限资源与无限欲望的对价关系，甚至比实际货币的影响更宏大，关系到该企业或个人的收益成败，所以称为注意力经济。*See* Crawford, Matthew B. *The world beyond your head: on becoming an individual in an age of distraction*. New York：Farrar, Straus and Giroux. 2015.

算法决策操纵使人的“自主决策”成为了算法决策引导的结果，逐步丧失对于意志的自主控制权。正如“设计伦理学家”特里斯坦·哈里斯（Teristan Harris）解释为什么人们在互联网上难以抵御某些网站，“屏幕另一端有上千人正在瓦解你的自律”。[1] 人类的自律与决策能力被计算、引诱、分散。算法决策裹挟大数据优势，创造了技术成瘾的风险，对人的认知、情感和身体健康产生了大量的负面影响。[2]

（二）人的自治性的社会政治意义

人的自主决策，在历史中以自由意志、意思自治等多种面目出现，本质是一种人的基本权利。意思自治在资产阶级启蒙运动中赋予了人的意志与神的意志相同的法律地位——把个体的意志上升到可以由国家公权力来保护的法律地位上。意思自治原则把人从对神的依附中解放出来，成为了有独立人格和自由意志的人。正如康德指出，只有人有自由意志，才有天赋的自由权利。

然而，人类的自由意志在被算法决策“轻推”、操纵的过程中丧失了真正的“自由”。意思自治假设的前提是，人是理性的动物，有选择自己行为准则的能力，所以人必须对自己所选择的行为负责。人的自主决策早已被机器分割成了偏好、行为轨迹等数据，并且人的决策结果进一步形成即时反馈数据帮助机器更好地操纵人的意志。例如，无处不在的定向广告推送，随时随地拿起手机的下意

[1] Williams J. M., Harris T. A., Coffman P., et al. *Searching for commands and other elements of a user interface*: U. S. Patent 8, 607, 162. 2013-12-10.

[2] 根据对“谷歌趋势”的搜索数据统计，脸书已经成为与毒品、酒精、色情等并列的十大瘾癖之一。参见［美］赛思·斯蒂芬斯-达维多维茨：《人人都在说谎：赤裸裸的数据真相》，胡晓姣、张晨、左润男译，中信出版社2018年版，第218页。

识动作，都已经成为我们当前生活中习以为常的现象与事实。

启蒙思想家们提出的意思自治、契约自由开始被算法决策瓦解，这种影响不仅及于用户的行为操纵，甚至扩展到了以意思自治和契约自由为基础的社会政治领域。[1]“剑桥分析”公司及其母公司“战略通讯实验室”曾参与过世界各地举行的200多场选举活动，其成果包括用脸书数据干预2016年美国大选、曾在2013年和2017年两次帮助肯尼亚总统赢得选举，以及干预乌克兰大选等。[2]

那么如果人有足够强大的意志力，是否可以逃离算法决策对人的决策的建构力量呢？这是极为困难的。每个人的个体认知资源极为有限，消费过多的认知资源而不采用算法决策的辅助，意味着决策效率的严重降低，会给生活带来各种不便。这类似于“公地悲剧”，尽管平台数据缺失就会丧失预测和操纵的准确性，但每个人都无法放弃算法决策带来的生活效率提升而不肯停止交出个人数据。由于平台使用的算法决策对人类社会生活的深度嵌入，离开算法决策可能不仅意味着不便，还意味着自绝于社会生活，使得人类不得已继续交出自己的个人数据并继续允许机器建构“人的自主决策”。

由此可见，要解决人的主体性和自治性难题，需要赋予个体不同层次的不受算法决策的权利，使个体能够不被过度数据化、客体化，也保证个体在人工智能时代仍然能够不受算法决策的操控，享

[1] 在自由经济时代，“契约早已不仅仅意味着交易手段，其已成为人类的生活方式，主宰了人们的思维模式。其作为一种信念，一种文化传统，成为现实生活中的一种实在力量。正是从这种意义上讲，使市场具有了一种与公权相对抗的功能”。单飞跃：《经济法理念与范畴的解析》，中国检察出版社2002年版，第26页。

[2] 参见佚名：《“脸书”个人用户数据被滥用？“剑桥分析”在全球有何影响》，https://www.bbc.com/zhongwen/simp/world-43482767，2019年4月9日访问。

有真正的意思自治。综上可知，不受算法控制的自由除了保障个体不困于算法决策的闭环中，受到有效的权利救济外，更重要的是避免人主体性的消解和自治性的丧失。不受算法决策的自由是保障人工智能时代人之为人的重要权利。

第二节　不受算法决策自由的制度样本剖析

不受算法决策的自由蕴含的规范价值，已经获得多国立法者的广泛共识。纵览全球范围欧盟立法走在了保障人类主体性与自治性的前列。欧盟确立了对抗算法决策的私权路径，制度框架的设计体现了绝对的个人信息自决权，以及对算法决策减损人格尊严的高度警惕。

一、欧盟《通用数据保护条例》的制度框架：一个私权的路径

对抗算法决策的私权利在 1995 年《欧洲数据保护指令》中已经存在，并到 2018 年实施的欧盟《通用数据保护条例》中进一步得到扩展。数据主体的一系列私权利包括不受纯粹的自动化决策限制，对决策提出异议，获得人为干预。虽然这项权利行使受到种种条件的限制，但仍成为了救济数据主体和规制算法决策的重要工具。

（一）事前拒绝自动化决策的权利：个人信息的高度自治

总体来说，《通用数据保护条例》中第 21 条规定数据主体享有拒绝自动化决策的权利，赋予数据主体自决的权利，以免受到算法的自动化决策，即数据主体有权拒绝任何与之相关的个人数据处

理，即使在数据处理者使用自动化决策合法处理数据的情况下，数据主体仍然有权予以拒绝。这项权利的行使以数据主体对个人信息的高度控制为基础，以知情同意为方式。例如，个人数据因为直接营销（direct marketing purposes）的目的被处理（包括数据画像），数据主体有权利行使拒绝权。这项权利的行使也存在一定限制，比如为了公共利益、公务职权必要、科学或历史研究等目的，数据主体不得拒绝机器自动化决策对个人数据的处理。

《通用数据保护条例》中有关个体反抗自动化决策的制度体现出个人对个人数据的高度控制权。这种高度控制权体现在：第一，赋予数据主体事前拒绝自动化决策的可能。在算法的自动化决策应用越来越广泛的今天，除法律规定的特殊情况外，数据主体可拒绝算法根据个人数据对自身作出的自动化决策。尤其是在商业领域，赋予了个人极强的数据控制权利。例如第 21 条规定，当数据集合的用户画像是基于直接的市场营销目的，数据主体有权在任何时候反对相关的自动化决策。可以想见，数据主体可能会大规模主张对自动化决策的拒绝权，类似被遗忘权在欧盟落地后的实施情况。[1] 第二，数据主体知情同意规则的严格化。与拒绝自动化决策配套的知情同意规则在《通用数据保护条例》中被进一步严格化，具体体现为明令禁止默示同意（opt-out）的规则，要对进行自动化决策做出自主的（freely given）、特定的（specific）、知情的（informed）、明确的（unambiguous）同意，且须以清晰肯定的行为作出（opt-in）。[2]

[1] 该报告称，在 2014—2017 年间，谷歌在全球收到了近 240 万次请求，最终移除率为 43%。谷歌在 2018 年的年度透明度报告中特别公布了做出删除搜索结果的请求来源分类、内容分类和移除率。

[2]《通用数据保护条例》前言条款第 32 项。

第三，对企业算法自动化决策限制增加。对企业应用自动化决策的严格限制既包括自动化决策事前告知义务的增加，[1]也包括停止自动化决策处理个人数据的义务，[2]以及企业对算法自动化决策影响的事前与事后的评估[3]等一系列相关的法律责任。总而言之，《通用数据保护条例》的拒绝自动化决策的权利赋予数据个体对数据高度的控制权，堪称个人数据绝对自治。

（二）不受纯粹决策限制的权利：防止数据主体的人格减损

对于已经发生的自动化决策，如何进行事后救济？《通用数据保护条例》第 22 条的数据主体有权不受纯粹的算法自动化决策限制（the right not to be subject to a decision based solely on automated processing）[4]，即如果这些决策结果是纯粹的算法作出的，且对数据主体有法律效力或重大影响，数据主体有权拒绝某些自动化决策的结果。这项权利的行使也存在一定的范围限制，如果这种有法律效力的纯自动化决策是经过欧盟国家法律授权或者数据主体明确同意的，则排除不受自动化决策的适用，但涉及儿童数据的自动化决策除外。[5]

事前拒绝自动化决策的权利与事后不受特定自动化决策限制的权利，都可以使个体免受算法自动化决策。但二者之间存在巨大差

[1]《通用数据保护条例》第 13 条第 2 款。

[2]《通用数据保护条例》第 21 条第 1 款。

[3]《通用数据保护条例》第 35 条第 1 款。

[4] Article 22（1）of the General Data Protection Regulation（GDPR）"the data subject has the right not to be subject to a decision based solely on automated processing, including profiling, when it produces legal effects concerning him or her or at least it similarly significantly affects him or her".

[5]《通用数据保护条例》第 9 条第 1 款。

别：拒绝自动化决策是一种事前权利，其适用范围更为宽泛，可以从源头上遏制自动化决策对个人数据的收集、计算，使得算法无法决策。而不受自动化决策限制的权利是一种事后救济，仅仅产生在特定的自动化决策之后，使得数据主体可以不受其结果影响。

不受纯粹自动化决策限制的权利，体现了传统欧洲政治文化，即人不可以作为纯粹自动化决策的客体。否则机器会将人视为要计算处理的数据，从而使其非人性化。不受纯粹自动化决策限制的权利在欧洲有长远的历史，早在二十年前 1995 年关于《数据保护指令》（DPD）第 15 条赋予数据主体这项权利。[1]《数据保护指令》第 15 条认为，强有力的行政部门和私营机构对个人使用数据进行自动化决策的行为，使数据主体活在“数据阴影”之下，剥夺了个人影响决策过程的能力。[2] 基于数据的全自动化决策，不

[1] 法条原文如下 Article 15 of the Data Protection Directive reads as follows:

1. Member States shall grant the right to every person not to be subject to a decision which produces legal effects concerning him or significantly affects him and which is based solely on automated processing of data intended to evaluate certain personal aspects relating to him, such as his performance at work, creditworthiness, reliability, conduct, etc.

2. Subject to the other Articles of this Directive, Member States shall provide that a person may be subjected to a decision of the kind referred to in paragraph 1 if that decision: (a) is taken in the course of the entering into or performance of a contract, provided the request for the entering into or the performance of the contract, lodged by the data subject, has been satisfied or that there are suitable measures to safeguard his legitimate interests, such as arrangements allowing him to put his point of view; or (b) is authorized by a law which also lays down measures to safeguard the data subject's legitimate interests.

[2] Isak Mendoza and Lee A. Bygrave, *The Right not to be Subject to Automated Decisions based on Profiling*, University of Oslo Faculty of Law Legal Studies Research Paper Series No. 2017-20, at 3.

应该成为严重影响个人权利的决策的唯一基础。[1] 该条款的目的旨在保护数据主体的利益，使得数据主体可以参与对其重要的决策。[2]

《通用数据保护条例》的条文中特别强调的是“不受纯粹的自动决策的权利”，显示了对人与机器主客体错位的绝不容忍，这也是欧洲数据立法长久以来的历史沿承，尤其是饱含人类人格利益的个人信息作为自动化决策的对象，因为人更加客体化而难以接受。早在 1981 年的欧洲立法文件中就指出：“对自动处理的限制只适用于特殊类别的数据，例如披露有关种族出身、政治见解、宗教信仰、健康或性生活的信息的数据。对于重要、敏感的主题，必须由人类处理信息；如果机器这样做，就会将个人视为要计算处理的数据，从而使其非人性化。”[3] 不受自动化决策的权利是人在算法面前保留自身的主体性的努力。

（三）提出异议与获得人为决策的权利：对算法决策的修正

除去直接拒绝已有的自动化决策，数据主体还可以对具体的自动化决策提出异议。相应地，数据主体需要一个新的决策，即获得

[1] Bygrave LA, *Data protection law: approaching its rationale, logic and limits.* Alphen aan den Rijn, 10 Kluwer Law International 2（2002）.

[2]《数据保护指令》的解释性文本提出了此条款是关于个人数据处理过程中对数据主体的保护，见 COM（90）314 final-SYN 287, p. 29。《数据保护指令》第 15 条赋予个人“不受到行政部门或私营的自动化决策，而这种自动化决策评估的唯一依据是基于个人数据形成的档案或人格的记录。”（Art. 14（1）of the 1990 Proposal）. 在 1992 年，修改后的文件改为，公民享有此项权利，“不受到行政部门或私营主体的自动化决策，该决策的作出仅仅基于定义其人格的数字档案”（COM（92）422 final-SYN 287）。

[3] *See* Jones M. L. *The right to a human in the loop: Political constructions of computer automation and personhood.* 47 Social studies of science 226（2017）.

人为干预的权利。[1]类比而言，《通用数据保护条例》第22条提供的系列私权利如同当事人推翻法院判决的权利一样，即拒绝自动化决策结果与提出异议（contest）类似于提出上诉，而获得人为决策则相当于获得新的判决结果。

对自动化决策提出质疑与表达观点，即数据主体可以对已经形成的自动化决策结果，提出质疑或者反对意见，并要求获得人为干预。适用的自动化决策的范围包括基于数据主体同意、履行合同需要或根据法律其他规定所形成的自动化决策结果。而义务主体是数据控制者，并且这是采取适当措施保护数据主体的自由权利和正当利益的基本内容（at least）。

获得人为决策的权利，作为在自动化决策错误或遭受不公平待遇的情况下，数据主体享有的补救性权利。这种获得人为干预的权利被看做是保护数据主体权利、自由与合法利益的适当措施。制度目的是通过人为干预，获得一项新的决策结果。

通过梳理可得知，《通用数据保护条例》在人对抗自动化决策的制度中构建了事前的拒绝自动化决策的权利，以及事后对不受纯粹的自动化决策结果限制的权利，数据主体也可对自动化决策提出异议并要求获得人为决策。《通用数据保护条例》在人对抗自动化决策的制度中充分赋予了人（数据主体）高度的信息自决权，并以保护人对机器的主体性为制度目标，以人的决策作为监督与纠正自动化决策的方法。

[1] Article 22 (3) In the cases referred to in points (a) and (c) of paragraph 2, the data controller shall implement suitable measures to safeguard the data subject's rights and freedoms and legitimate interests, at least the right to obtain human intervention on the part of the controller, to express his or her point of view and to contest the decision.

二、《通用数据保护条例》的理念及其制度偏差

《通用数据保护条例》相关制度中对自动化决策的防范路径为拒绝提供数据，隐含着人机之间存在对立关系的假设。拒绝自动化决策的权利体现了《通用数据保护条例》对于自动化决策应用的高度防范。自动化决策的“粮食”是数据，数据的正确性和全面性决定了自动化决策的质量与准确性。根据《通用数据保护条例》的规定，数据主体有高度的信息自决权，可以拒绝将自己的数据“喂”给机器。这必然影响到自动化决策的质量。《通用数据保护条例》中拒绝自动化决策的权利本身就构建了人与自动化决策之间的竞争性对立关系，即认为自动化决策损害人类利益，于是通过人类拒绝提供个人数据的行为损害自动化决策。

这种对人格尊严的高度保护和对算法决策的警惕和防范有着深远的历史因素，与整个20世纪机器自动化数据处理系统一直与欧洲个人与群体遭受的虐待和侮辱有关。从20世纪初，欧洲和美国开始通过数据统计提高社会管理效率。当时对个人数据的自动化处理的机器是赫尔曼·霍勒里斯（Herman Hollerith）发明的打孔卡片机，这种机器被用来进行人口普查。[1]这种通过人口普查进行社会治理的传统在美国沿袭下来，发展成为美国数据文化的基石。[2]但是，将人数据化的人口普查成为了欧洲人的噩梦。20世纪30年代，纳粹官员创建犹太登记处的基础就是人口普查的数据，进一步通过人口普查数据找到受害者。后来将人口数据进行打孔卡片的机

[1] Heide, *Punched-card System and the Early Information Explosion*, Baltimore: Johns Hopkins Press, 2009, pp. 1880—1945.

[2] 参见涂子沛：《数据之巅》，中信出版社2014年版，第40—74页。

器处理的技术被用来接收和跟踪集中营内的犹太人行动。[1]第二次世界大战是欧洲许多政治和社会变革的催化剂，而欧洲数据保护立法很大程度上是对于纳粹滥用数据处理的回应。[2]因此，不难理解为何德国在欧洲率先通过了1970年《一般数据保护法》，并逐渐以成文法与判例确立为个人信息自决权在宪法上和私法上的双重性质的权利。[3]这种理念也充分体现在了从20世纪七十年代到最近的欧洲数据法律制度中，一直沿袭至今。[4]

概言之，历史的惨痛教训使得欧洲法律对个人数据的自动化处理高度警惕严加防范。但此种人机对立理念下，制度的建构与实施也出现了一系列现实问题。

[1] Black 2013 IBM and the Holocaust：*The Strategic Alliance Between Nazi German and America's Most Powerful Corporations*. New York：Crown Publishers. *See* Schwartz PM and Peifer KN *Prosser's Privacy and the German Right of Personality: Are Four Privacy Torts Better than One Unitary Concept?* 98 Cal. L. Rev. 1925—1988（2010）.

[2] Schwartz PM and Peifer KN *Prosser's Privacy and the German Right of Personality: Are Four Privacy Torts Better than One Unitary Concept?* 98 Cal. L. Rev. 98 1925—1988（2010）.

[3] 参见贺栩栩：《比较法上的个人数据信息自决权》，载《比较法研究》2013年第2期，第61—76页。

[4] 1970年，德国（当时的联邦德国）黑塞州率先通过了一般数据保护法，该法仅适用于公共部门，特别适用于自动化数据处理。1983年德国的《人口普查法》案件中，全面调查个人数据信息的人口普查引起了公民提起宪法诉愿。此案对个人信息自决权的确立具有极其深远的影响。尤其是法院在判决中提出“为保护德国人民必须限制自动化数据处理，以防止个人仅仅成为数据主体”。欧洲范围内，1981年的欧洲委员会提出第108号“关于自动处理个人数据的个人保护公约”，明确其目的是“加强自动化处理个人数据方面对个人的法律保护”。再到1995年的《数据保护指令》对个人数据被自动化处理的保护甚至从机器处理扩展为“结构化纸张文件的手动处理”，因为手动处理也可以模拟自动化的处理过程。最后到《通用数据保护条例》对机器自动化处理个人数据保护进一步加强，并通过在自动化决策中加入人为干预的方式，解决纯粹机器自动化对个人数据处理的影响。

（一）私权路径的权利减损

人机对立理念下的一系列拒绝自动化决策与推翻自动化决策的权利由于权利适用的诸多条件语焉不详，以及现实中的困难，很难发挥实际作用。《通用数据保护条例》中人拒绝自动化决策与推翻自动化决策的系列权利，条款适用本身存在较大问题。

第一，《通用数据保护条例》第 22 条适用范围非常狭窄，仅适用于纯粹的机器自动化决策系统，即人没有参与到机器自动化决策中。欧洲的学者指出，很少有哪些纯粹的自动化决策做出的决定是真正重要的，而影响个人权利的自动化决策仅仅加盖人的图章就可以规避第 22 条的适用。为此有学者讽刺一只受过训练的猴子即可胜任盖章工作。[1] 因此，推翻自动化决策的相关权利仅适用于非常有限的案件，并且不包括最相关的、歧视性的、有害和普遍的案件。[2] 由于同样的原因，《通用数据保护条例》第 22 条的前身，1995 年的欧洲《数据保护指令》第 15 条存在的二十年间也经常被回避。[3] 尤其是 2014 年德国联邦法院对 SCHUFA 案件的终审判决，更是以自动化决策的基础公示受到商业秘密保护为由，彻底将德国

[1] *See* M. Veale and L. Edwards, *Clarity, Surprises, and Further Questions in the Article 29 Working Party Draft Guidance on Automated Decision-Making and Profiling*, 34 Computer Law & Security Review 2 (2018).

[2] *See Why a Right to Legibility of Automated Decision-Making Exists in the General Data Protection Regulation*, 7 Gianclaudio Malgieri Giovanni Comandé International Data Privacy Law 243—265 (2017).

[3] 例如，在意大利对《数据保护指令》第 15 条的实施中，禁止完全依据自动化决策根据个人数据或资料作出司法或行政行为。而对于私营部门的类似决定，则是为了赋予数据主体不受自动化决策限制的权利。此外，《数据保护指令》第 15 条还要求自动化决策必须对人产生法律或重大影响，必须是单独的自动化决策等条件限制。Art. 14 of the Personal Data Protection Code of 2003.

的信用评分系统排除出《数据保护指令》第 15 条的适用范围。[1] 由于该法条实践中并未被使用，被学者称作纸牌屋（意即不切实际无法实现的计划），[2] 可以预见欧盟《通用数据保护条例》第 22 条也面临着类似的命运。

第二，欧盟《通用数据保护条例》相关制度适用条件非常模糊。首先，欧盟《通用数据保护条例》第 22 条适用于产生法律效力或其他重大影响的决定，而其中的“重大影响”并无明确定义。例如，一些商业领域的自动化决策看起来对个人影响微不足道，但是对社会的整体影响不容忽视，例如精准推送对于社会公平和阶层分化可能产生重大的影响。其次，拒绝算法自动化决策的权利有一定的限制范围，如允许基于“合法利益”处理个人数据进行自动化决策，但是究竟合法利益由谁来判断，标准为何并不清楚。法律的模糊使得数据的处理者和个人并不知晓行为的边界与权利的具体内容，适用较为困难。

第三，欧盟《通用数据保护条例》相关权利行使的现实困难。自动化决策的不公可能直接导致个人行使对抗自动化决策的相关权利。但是自动化决策包含的歧视和偏差必须通过大量群体决策的样本才能显现。大多数自动化决策的歧视和偏差是无意的，而非编制算法阶段有意的偏差。研究人员发现，自动化决策存在的偏见与

[1] Judgment of the German Federal Court Bundesgerichtshof 28 January 2014—VI ZR 156/13. LG Gießen 6 March 2013—1 S 301/12. Also, AG Gießen 11 October 2014 — 47 C 206/12. *See* Sandra Wachter, Brent Mittelstadt, Luciano Floridi; *“Why a Right to Explanation of Automated Decision-Making Does Not Exist in the General Data Protection Regulation”*, 7 International Data Privacy Law 76—99 (2017).

[2] Bygrave LA, *Minding the machine: Article 15 of the EC data protection directive and automated profiling*. 17 Computer Law & Security Rev 17—24 (2001).

歧视问题往往在整个用户的语料库分析中方可显示出来。[1] 因此，以个人力量发现与对抗自动化决策的不公存在现实困难。

（二）信息自决的作用局限

欧盟《通用数据保护条例》的第 21 条和第 22 条赋予了数据主体对个人信息的高度自决权，而个人信息自决权作为欧洲立法上同时具有宪法性质和私法性质的权利有着其自身的重大局限。[2]

第一，由个人自决的信息对自动化决策的质量并无显著影响。高度的信息自决权究竟包括哪些个人数据并不明晰，欧盟《通用数据保护条例》对数据的扩大化解释仍不能涵盖自动化决策所使用的数据。个人数据在欧盟《通用数据保护条例》第 4 条第 1 款中定义为“与已识别或可识别的自然人有关的任何信息”。而信息自决权涵盖的数据如果以可识别性作为关键要素，应考虑数据控制者所有合理且可能使用的手段，而这显然是无法实现的。首先，信息自决权无法涵盖匿名化的数据。自动化决策可能根据曾经是个人的、后经过匿名化处理的数据。如由社交媒体收集的个人数据制作的配置文件，用于广告精准投放等针对性营销。其次，信息自决权也无法涵盖个人数据以外的、对自动化决策有重要作用的数据，因影响个人重大权利的自动化决策可能并不涉及个人数据。例如，自动驾驶汽车事故可能杀死乘客或行人，但自动化决策所涉的数据可能仅仅与交通相关，并不包含个人数据。因此，高度的个人数据自决权对

[1] *See* Kate Crawford and Metedith Whittaker, *The AI Now Report, The Social and Economic Implications of Artificial Intelligence Technologies in the Near-Term*, Washington, 2016, artificialintelligencenow.com, p. 6.

[2] 杨芳：《个人信息自决权理论及其检讨——兼论个人信息保护法之保护客体》，载《比较法研究》2015 年第 6 期，第 22—23 页。

对抗自动化决策的效果存疑。

第二，信息自决本身就受到多重限制，与自动化决策应用的多场景现实不符，很难起到对抗自动化决策的作用。信息自决权看似赋予数据主体对自身数据的控制，但实际中存在多种消解信息自决的规则，仅仅在以保护周延著称的欧盟《通用数据保护条例》中存在 30 多种基于公共利益的限制以及非经过数据主体同意可以进行数据收集的情形。自动化决策早已应用于诸多生活场景，个人早已自愿或被迫分享了大量个人信息（例如进入公共区域的人早已对人脸、形象等生物识别信息失去了控制）。[1] 在自动化决策多场景应用的情况下，通过信息自决来对抗自动化决策不仅不现实，甚至类似于乌托邦式的幻想。[2]

由此可见，高度的信息自决权拒绝提供数据而对抗自动化决策，但其存在数据范围模糊、现实多重限制等诸多问题，并非对抗自动化决策的有效路径。

（三）与未来趋势的冲突

人机对立理念与互联网社群的特性、信息自由的大趋势与人工智能产业经济的发展相悖，与整个社会数据流通与信息自由的大趋势背道而驰。基于此理念的法律制度不仅未必能够实现对权利的周延保护，甚至可能阻碍人工智能对社会福祉的促进，最终减损个人权益。

第一，事前拒绝自动化决策的权利支持绝对的信息自决，实质上阻碍数据的流动和利用。个人信息自决虽然赋予了数据主体对数据的控制力，但是这种初始的权利设置对于数据流动形成了障碍。

[1][2] 梅夏英：《在分享和控制之间数据保护的私法局限和公共秩序构建》，载《中外法学》2019 年第 4 期，第 845—870 页。

欧盟《通用数据保护条例》第 21 条延续了 1995 年《数据保护指令》数据主体反对数据控制者在商业目的下对个人数据进行处理和利用的权利，甚至将这项拒绝自动化决策的权利不限于数据的商业利用，甚至在一定范围内数据处理者合法处理数据的情况下，依然能够予以拒绝。高强度的信息自决使得个人与数据之间更有黏性，更倾向于拒绝对个人数据的收集和使用，从而降低数据流动阻碍创造价值。[1]

第二，人机对立的理念与历史趋势背道而驰，导致相关产业的发展落后。对个人权利的保护是否必须以减损和限制自动化决策的方式实现？人工智能时代，经济的发展要求数据具有公共性、开放性和共享性，将个人数据控制在个人手中拒绝分享使用无疑会减损数据的价值，而个人的权益却得不到保护。欧洲的数字经济竞争力衰减已经成为事实：据统计，2018 年 5 月欧盟《通用数据保护条例》生效以来，许多广告交易平台及其他广告发布商的欧洲广告需求量下降了 25%—40%，一些美国广告发布商已经暂停其欧洲网站上的所有程序化广告。[2] 2018 年 11 月，美国国家经济研究局发布欧盟《通用数据保护条例》对科技创业投资短期影响的报告显示，从 2017 年 7 月至 2018 年 9 月，欧盟《通用数据保护条例》导致很多担心法律风险的企业宣布停止欧洲服务，造成中小企业陷入融资困境，降低欧洲市场活跃度，交易数量和私募资金数量明显下降（分别减少了 17% 和 40%），在短期内削弱了欧盟数字经济的竞争力。

[1][2] 许可：《欧盟〈通用数据保护条例〉的周年回顾与反思》，载《电子知识产权》2019 年第 6 期，第 4—15 页。

由于历史的惨痛教训，欧洲形成了人格保护与自动化决策对立的立法理念，并贯穿于整个20世纪的数据立法史。人机对立理念下的法律制度以个体的人格权保护作为至高目标，对自动化决策高度防范与警惕，这样的制度必然导致自动化决策受到广泛限制，人工智能相关产业发展缓慢，而由于种种现实原因，人格权保护的制度目的，与保护人主体地位的价值理念也未必能够真正实现。

第三节　不受算法决策自由的制度构建

在进一步探讨不受算法决策的自由如何落地之时，应该跳出私权利路径的局限，以更为广阔的视角进行相关制度的设计。由于公私领域借由算法交织而成复杂权力体系与庞大架构，个人处于权力结构位置的最末端。因此私权路径存在的多种弊端，应通过外部制度的设计予以规避，以矫正个体与技术权力悬殊的力量对比。突破私权路径，需在算法决策的不同层面嵌入人的伦理道德。私权意义上的信息自决，也适度扩张其范畴，保障个体有离开算法决策与“断网”的自由。对于修正算法决策的人为决策，也应明确其标准以使其作用落在实处。

一、突破私权路径：从外部将伦理嵌入算法决策

仅依靠私权路径无法满足对权利主体的救济需要，应从算法决策各流程嵌入人的伦理道德，以保证个体受到的算法决策包含人的伦理道德，而非“纯粹”的算法决策。嵌入又可以分为三种方式：第一，人设计法律制度以在数据保护等方面嵌入伦理道德；第二，法官在个案司法裁量过程中要求伦理道德嵌入算法决策；第三，平

台在自律中以人工核查的方式将伦理道德嵌入算法决策。

无论是数据政策还是算法决策的规制，实质上都需要平衡公民个人权利和数据自由流动的经济利益，在各种利益之间找到平衡。利益的平衡并不必然需要道德判断，但是当利益中有人格利益和权利时，这种利益平衡的判断就有了道德的维度，以用来应对技术快速发展带来的众多道德模糊地带的数据应用。当法律因滞后性无法给出明确答案时，道德维度下的利益平衡成为判断的标尺。

第一，通过对算法决策的事前评估将伦理道德嵌入算法决策。欧盟的数据立法中把伦理道德作为规制算法决策的重要手段。在欧盟的数据保护体系中，数据评估是极为重要的工具。这种数据收集、使用方式的评估实质上也是对于算法决策所涉及的利益进行评估。欧盟的立法者们认为，任何国家有关数据和自动化决策既不能也不应该仅仅是技术上的应用，这也是数据保护评估与欧盟《通用数据保护条例》分离的关键原因。[1]政府需要平衡公民个人权利和数据自由流动的经济利益。这种利益平衡也体现在欧盟《通用数据保护条例》的条文中，根据条文，各种利益的平衡是为了数据控制者（例如平台和政府）与第三方追求的合法利益而处理个人数据。[2]简单地说，处理“合法利益”的目的变得越来越重要，需要进行背景的评估。这种合法利益包括人的基本权利和市场发展之间的平衡，而无论是数据评估还是欧盟《通用数据保护条例》本质上都是这些利益之间的平衡。

第二，法官在个案中通过道德判断将伦理道德嵌入算法决策。

[1] De Hingh, A *Some Reflections on Dignity as an Alternative Legal Concept in Data Protection Regulation*. 19 German Law Journal 1269—1290（2018）.

[2] Helen Nissenbaum, *Privacy in Context*, Stanford University Press, p. 154（2009）.

欧盟《通用数据保护条例》本身包含了很多需要进行道德判断的条款。例如，第 24 条关于数据控制者义务的一般规定，采取了基于风险的判断方法。它要求，监管者必须考虑到“自然人权利和自由的可能性和严重程度各不相同的风险”。Recital 75 中描述了各种值得保护的个人权利和自由的特定风险和危害，但抽象条款在司法实践中的解释和应用仍需要法官的道德判断，包括平衡信息社会中数据使用的风险与收益，这种判断包含道德维度的利益衡量。人的判断是无可取代的正义制度的组成部分，也是数据计算无法达到的。

第三，算法决策的使用者（平台）通过人工核查将伦理道德嵌入算法决策。脸书拥有全世界最好的算法师，却仍然必须雇用人员来进行内容审核，以达到各国的合规要求。[1] 在算法决策被使用作为司法辅助的国家，也应强调人在司法决策中的责任。我国推行智慧法院，美国各法院也采取了算法系统帮助量刑和衡量是否假释，司法活动中算法决策扮演越来越重要的决策。司法决策关乎人的自由甚至生命，包含更多人格尊严的道德判断，但是警察与法官此时同样是大数据的消费者和客户，与亚马逊或脸书的用户并无差别，依赖于开发提供数据分析的程序的工程师。尽管司法所涉及的行政和法律程序可以提高效率帮助人类作出判断，但是不能最终消除人在司法程序中的责任，这包含了对证据的判断，对不同解释的采纳，达成合理的意见。在司法程序中采用算法决策的同时必须依赖于人的理性。

人本主义数据伦理是认识和解决数据和算法决策的重要视角。

[1] De Hingh, A *Some Reflections on Dignity as an Alternative Legal Concept in Data Protection Regulation*. 19 German Law Journal 1269—1290（2018）.

人本主义数据伦理倡导数据共享，消除数据孤岛，挖掘数据的潜在价值，发挥数据的效用，鼓励创新，增进人类福利。同时，人本主义数据伦理提倡有规范的数据共享，为数据共享设立边界，防止数据滥用。个体权力和数据安全是其重要边界所在。人本主义数据伦理尊重个体的数据权利，确保个体的自由权利，实现人的全面自由的发展。数据保护可以或者应该被解释为保护个人身份或者个人诚信，因为个人数据在人工智能时代是个人身份和能力方面的重要组成部分。[1]

二、扩张信息自决：保障人离开算法决策与断网的自主性

信息自决的概念本身即局限于私权领域，而信息自决的概念和适用范围不仅应包含个人对自己数据信息的自决权，更应扩展至包含对个人信息是否受到算法决策、是否联网的自决权。打破与逆转人被客体化的过程，应通过制度设计来保障人的自由："逃离"算法决策干预的自由。而如何逃离算法决策？可分为两种逃离的程度：第一，逃离算法决策程序的自由；第二，离开网络的自由。

第一，离开算法决策的自由，是指通过法律保障人不受算法决策控制和引导，为人提供可基于意思自治进行决策的自由。例如我国《电子商务法》中要求电商平台提供"非个性化"的搜索结果，一定程度上提供给用户逃离无所不在的算法决策对人类自主决策的诱导，为人的意思自治开辟"绿色通道"。这是某种程度剥离算法决策对人自主决策的控制和干扰的尝试。

[1] Luciano Floridi, *On Human Dignity as a Foundation for the Right of Privacy*, 29 PHILOS. TECH. 307—312 (2016).

离开算法决策的自由需要法律的保障，这能够保证人类所处的客体化的进程仍然掌握在自身手中而非机器手中。离开算法决策的自由已经在多种法律制度的设计中初见端倪，典型的如自动化决策的透明度制度。透明度制度本质是信息披露，也就是使得人类可以获知算法决策的设计目的和引导人类决策的路径，从而使人具有依靠自己离开算法决策诱导的能力。此为打破了算法决策对于搜索结果对人类决策的引导，让人能够通过信息披露获得真正自主决策的权利。

然而，离开算法决策的自由如果依赖信息披露制度，是远远不够的。除了提供选择，仍应要求算法决策的使用者将用户逃离算法决策的程序简单化。例如，一些网站的会员资格申请非常容易，但是一旦取消要求用户必须填写烦琐的表格。平台通过增加离开的成本来避免用户逃离算法决策。这仍然意味着对于人有限认知资源的消耗，而必将在追求效率的现代生活中被边缘化而无法发挥应有的作用。因此，应由法律强制要求算法决策的使用者在为用户提供离开算法决策的路径时，保证其程序与进入算法决策的复杂程度相同。

第二，离开网络的自由。人是否有离开网络的自由？与宗教信仰自由包含着信仰自由与不信仰自由类似，能够上网和离开网络都应该成为这个时代人的基本自由。当网络兴起之时，网络被认为“赋权”（empower）于弱势群体，获得网络连接成为国际公认的基本人权。[1]而在人工智能时代，离开网络，拒绝被客体化也应该

[1] Best M. L. *Can the internet be a human right*. 4 Human Rights & Human Welfare 23—31（2004）.

成为自由的题中之义。

在万物互联导致人的内在与外在客体化的过程中，最先受到侵害的是社会的弱势群体。南京河西区域的环卫工人被配发了一款有定位功能的智能手表，工人们只要在原地停留休息20分钟以上，手表就会自动发出“加油”的声音。即使已经完成工作将街道清扫干净，环卫工人也不被允许休息。[1]无独有偶，深圳宝安区的环卫工人早就被安装了GPS定位器，每小时都有里程份额，达不到标准就是不合格，面临着失去工资甚至失业的风险。网络尚未实现监视和打击犯罪的大同理想，社会最底层的民众已经成为被捆绑于网络之监视的对象。

离开网络意味着脱离现代生活，是否应通过法律赋予人离开网络的自由？在网络之下人是否能够享有满足社会生活需要的服务？例如某些服务只接受网络支付方式，实际上就是将不愿或不能网络支付的人排除在服务范围之外。法律可考虑要求某些服务必须同时为使用和不使用网络的人提供，以免造成对不上网的人的歧视。网络的功能应该是给人类带来便利，而并非剥夺人在现实社会生活的权利。

三、明晰修正路径：确定人为决策的范围与标准

让人获得人为决策，就是恢复人类主体地位的应对措施。人类干预算法决策的方法为：一是打破封闭的算法决策，保证人在决策环中（human in loop），二是让人类来理解机器语言，基于此两点

[1] 中国经济网：南京一地给环卫工配智能手表，原地停留超20分钟自动喊“加油”，https://baijiahao.baidu.com/s?id=1629948314301854723&wfr=spider&for=pc，2019年4月8日。

的制度设计也成为了人试图保留主体性的主要方法。那么，一个实质性的“人为决策”，要求人对算法决策达到何种程度的影响呢？

第一，要求人的因素可以真正影响决策结果，即要求参与决策的人批判性的分析由算法产生的自动证据。这将推动未来的数据保护官（DPO）或同等的内部人员对数据分析的了解，对决策没有价值的数据排除掉。另一方面涉及算法决策整理的修正，即人类的数据分析师要排除无意义的相关性数据（数据洗涤），机器学习出现偏差影响未来的决策。[1]

第二，要求人完全可以从各个环节解释决策。参与干预决策的人，应该参与决策的任何环节，包括但不限于评估决策，评估机器技术，执行一些反事实测试（通过输入修改决策）等。[2] 原因在于，自动化算法决策的算法具有不可预测性和动态性，而且算法决策结果和大数据之间是相关关系，而非人类所理解的因果关系。因此，要求干预决策的人必须了解机器算法的逻辑（而由于深度学习技术通常情况下数据控制者是不了解算法逻辑的）。

第三，如果不能做到以上两点，则应该由人作出具有合理理由的新决策。

从反面来说，人只是在名义上干预，而实质是将机器评分转化为结果的决策，不应被认定为实质性的人为决策。特别是在分析和

[1] Antoni Roig, *“Safeguards for the Right Not to Be Subject to a Decision Based Solely on Automated Processing (Article 22 GDPR)”*, European Journal of Law and Technology 8, no. 3（21 January 2018）: 6, http://ejlt.org/article/view/570.

[2] Sandra Wachter and Brent Mittelstadt, *“A Right to Reasonable Inferences: Re-Thinking Data Protection Law in the Age of Big Data and AI”*, SSRN Scholarly Paper（Rochester, NY: Social Science Research Network, 13 September 2018）, https://papers.ssrn.com/abstract=3248829.

预测方面由机器辅助进行的“人为决策”，例如雇主对员工工作表现的评估，银行对客户经济状况的评估，保险公司对投保人健康状况的评估，社交媒体平台对用户个人偏好的评估等[1]，通常都基于机器评分系统作出，人只是在名义上进行决策干预。这种被动的“人为决策”完全基于算法决策提供的证据，应该属于欧盟《通用数据保护条例》第22条第（1）款规定的全自动化决策。[2]

总体来说，一个决策可以被称为“人为”决策，应具备典型的人类功能，尤其要包含人类的判断能力和决策的敏感性。如此，人为决策（干预）才有实际的意义。有了人为的干预才能让相对人实质上获得自动化决策的解释。因为机器基于大数据相关性作出的决策忽略了法律理论和法律规定对因果关系的要求。英国和爱尔兰2018年的数据保护法案正在向这个方向发展。[3]

第四节　人工智能时代的人

算法决策带来的人的主体性问题似乎印证了赫拉利在《未来简史》中提到的观点：人的本质也是算法。这种技术权力对人的主体

[1] Danielle Keats Citron and Frank A Pasquale, *"The Scored Society: Due Process for Automated Predictions"* 89 Washington Law Review 1 (2014).

[2] Giovanni Comandé, *"Regulating algorithms regulation? First ethico-legal principles, problems and opportunities of algorithms"*, in Tania Cerquitelli, Daniele Quercia, Frank Pasquale (eds), Transparent Data Mining for Big and Small Data, (Springer International, New York 2017), 169—207.

[3] Malgieri, Gianclaudio, *Automated Decision-Making in the EU Member States Laws: The Right to Explanation and Other "Suitable Safeguards"* (August 17, 2018). Available at SSRN: https://ssrn.com/abstract=3233611 or http://dx.doi.org/10.2139/ssrn.3233611.

性的消解作用会逐步演进——从技术改善人类生活，到技术重新设计人类，再到废除人类的灭绝主义。[1] 这一过程被同样的“进化”信念驱动，将人类视作需要改进的客体，而技术则是改善的工具。与赫拉利一样支持技术乌托邦的观点甚至认为，以一种使其与计算机的运作几乎无法区分的方式来定义心灵的生命是没有障碍的。人类的独特性应该被理解为一种特定的生物结构，就像计算机配置一样，它是一个进化规模的短暂事件。[2] 对技术的崇拜在人工智能时代发展成为了数据宗教[3]，数据宗教否定了人类的心灵，从而将一切精神性的东西从神性地位开除出去，因为所有这些东西都可以通过算法生成、控制，人类生命的意义也不再那么崇高和绝对正确，它只是数据系统的一个组成部分。

“人”的概念在技术权力的推动下不断“滑坡”（flope），而且这种趋势现在看来不可避免。首先，计算机硬件将变得更快，更便宜，更强大，更复杂，对大脑的研究将继续探索意识的“力学”，技术对人脑的模拟并非技术上的不可能。其次，商业利益的驱动，政府监管需求等将出于不同利益推动算法决策的进步。最后，人已经接受了数据化、商品化、客体化，接受了以人工增强身体表现（整容、机器辅助决策、基因编辑），微妙的人与机器的界限很有可能在无意识间滑过。技术已经不仅仅是人类的工具和媒介，而是一种深刻改变人与自然关系的力量。技术就是人的欲望和力量的体现，是权力

[1] Rubin C. T. *Eclipse of man: human extinction and the meaning of progres*. Encounter Books,（2014）.

[2] Harari Y. N. *Homo Deus: A brief history of tomorrow*. Random House,（2016）.

[3] Sam Brison：*Dataism: God is in the Algorithm*，https://medium.com/understanding-us/dataism-god-is-in-the-algorithm-84af800205cd，2019-04-12.

的象征。[1]隐藏于算法决策背后的力量，是算法决策的使用者、平台和政府。在对人工智能时代人的客体化过程的描述中，我们看到的是技术权力对于普通民众，弱势群体的进一步碾压。

如何以法律制度保护人工智能时代的“技术难民”，使人保有作为人的尊严？法律制度应思考技术给人的主体性地位乃至人类命运带来的巨大后果，其中对技术本质的认识和对技术的警惕是责任伦理的首要任务。[2]司法决策是否可以全部委托给算法决策？儿童收养的福利决策是否可以由机器作出？面对人工智能科技发展的狂热，哪些领域不应由算法决策染指？即使技术成熟（类似基因编辑与克隆），某些算法决策是否也应禁止研发？

迄今为止，法律的态度仍不明确，各方面在人工智能伦理方面的努力或有成果或遭遇挫折。2017 年生命研究所在阿西洛马会议中心召开了人工智能伦理道德会议，提出了阿西洛马原则，提出应尊重人类价值（第 11 条），包括“人的尊严、权利、自由和文化多样性”[3]。2019 年 4 月欧盟颁布了高水平专家组撰写的《可信任人工智能的伦理框架》，提出了人工智能的基本宗旨之一为“确保尊重人的自由和自治”。但谷歌在 2019 年尝试的“AI 伦理道德委员会”却由于多方意见不统一遭遇失败。如何通过法律制度和其他治理方式，将伦理道德嵌入人工智能，保有人类的尊严并承担未来人类命运的责任，仍是一个亟待各方加入的话题。

[1][2] Jonas H. *Technology as a Subject for Ethics* Social Research, pp. 891—898 (1982). 转引自张旭：《技术时代的责任伦理学：论汉斯·约纳斯》，载《中国人民大学学报》2003 年第 2 期。

[3] Asilomar A. I. Principles. (2017)[C] //Principles developed in conjunction with the 2017 Asilomar conference [Benevolent AI 2017]. 2018.

1942年阿西莫夫在其科幻小说中提出了“机器人三原则”：第一，机器人不得伤害人类；第二，机器人必须遵守人类的命令，除非命令与第一原则冲突；第三，机器人必须保护自己，只要不与第一或第二原则冲突[1]。再次回想波音737空难中与机器争夺决策权的飞行员，受到机器量刑却无力反对的卢米斯们，“机器人不得伤害人类”的原则还是科幻吗?

[1] Murphy R., Woods D. D. Beyond Asimov: *The Three Laws of Responsible Robotics*. 24 IEEE Intelligent Systems 14—20 (2009).

第十二章

域外算法规制的制度与实践

如果说自由市场中存在价格这只“看不见的手”调配资源，那么数据的应用和流动中，算法就是那只调配数据的“看不见的手”。数据已经被定义为重要的生产要素，那么算法是加工和处理这一生产要素的工具。算法支配数据的计算方式和流动方向，其决定了平台上用户能够看到的商品，打车平台司机分配到的订单，新闻平台上读者获得的消息，甚至算法参与对福利分配、司法量刑、工作录取等资源分配。联合国教科文组织 2018 年发布的《重塑文化政策报告》中，指出算法既是平台的支配力量，也是文化表达和获取的变革力量。[1] 算法的不当开发与滥用可能造成社会体系性的风险，如果说个案的不正义是污染了河流，那么算法的不正义就是污染了水源。

在世界范围内，美国人工智能产业较为发达，欧盟《通用数据保护条例》成为世界数据立法效仿对象，因此对美国与欧盟算法治理情况的梳理有助于为我国算法治理提供借鉴。

[1]《联合国保护和促进文化表现形式多样性公约》的《重塑文化政策报告》是全球文化政策的重要文件，旨在“保护和促进文化表现形式多样性”并“为文化的繁荣发展和自由互动创造条件”。该报告强调了数据优化算法是文化表达和获取文化的未来变革力量。大型平台成功的关键之一是要理解数据 / 元数据不仅仅是副产品，还是代表一种具有超常价值的新型商品，可以转售或重复使用。例如，优化推荐算法并出售广告。谷歌、脸书、亚马逊和其他大型平台不只是“在线中介”，它们还是数据公司，因此，他们竭尽全力保护和充分利用其主要输入。UNESCO Global Report “RelShaping Cultural Policies”, “the 2005 Convention on the Protection and Promotion of the Diversity of Cultural Expressions”.

第一节　欧美的算法规制研究概述

对世界各国算法规制法律体系的划分基本可分为美国、欧盟和其他地区三个板块。美国倾向于将算法作为直接的规制对象，采取外部问责与行政监管并重的方式，核心理念为反算法歧视、追求决策公平合理。欧洲将算法治理嵌套于数据治理体系中，采取个人赋权与数据处理流程控制的方式，核心理念为追求人的自治权与人格尊严，对算法自动化决策应有高度警惕。自 2019 年脸书的剑桥分析丑闻以来，各国加强了算法监管，收紧了网络信息内容治理，平台责任日趋严格化。

一、美国的算法事后问责体系

由于美国多种族、多文化的社会背景，美国算法规制的核心理念在于避免算法歧视（尤其是种族歧视），重视算法决策的公平与正确。美国算法规制的框架为事后追责、行政监管并行。算法监管的部门以联邦贸易委员会为主，其他联邦政府部门分散监管。立法上联邦与州、市均有算法立法，司法上各级法院形成多起算法相关判例，执法上各级政府部门存在多项部门制度与执法案例。

一是美国算法规制的核心理念是避免算法歧视和错误的发生。算法歧视事件是美国算法立法的主要推动力。2016 年底美国的卢米斯诉威斯康星州案件引起了美国社会对 COMPAS 量刑算法存在种族歧视的关注。随后 2017 年美国纽约市展开的算法问责特别工作组行动，专门针对政府公共部门使用的算法，其目的就是为了“避免算法产生歧视性的后果”。2019 年 4 月，美国住房与建设部起诉脸书，因为其算法定向投放广告的行为被发现存在种族歧视。这一事件也直接催生了美国国会议员提交的《算法问责法案》。纵观美国联邦、州立法等法案，避免算法歧视与错误，避免算法将社会不平等结构性锁定，成为算法规制的核心价值。

二是美国在世界上率先将算法作为直接规制对象，从联邦到地方进行算法立法。其一，算法立法密集。2019 年 4 月议员向国会提交《算法问责法案》，拟将年收入超过 5000 万美元的公司，或拥有 100 万以上用户或设备的科技企业纳入调整范围。此外，华盛顿州、伊利诺伊州、佛罗里达州、加利福尼亚州均在 2019 年出台算法相关法案。其二，立法针对的算法应用场景广泛。政府、法院等公共部门使用的算法、私营公司使用的算法等均有相关的法案。如纽约市 2017 年专门针对政府使用的算法的特别工作组问责法案，以及 2019 年伊利诺伊州专门针对算法视频招聘的法案。

三是美国“结果导向性”算法治理，依靠外部专家、行政机构与法院进行事后问责，将立法的稳健和司法判例的灵活相结合。特朗普政府为产业发展采取“结果导向性”方法，即危害结果发生后实行算法问责。[1] 即算法的使用者与控制者有义务报告并证明算法系统设计和决策应用的合理性，并有义务减轻算法可能带来的任何负面影响或者潜在危害。其一，行政机构在算法危害事件发生后采取多种手段。美国联邦贸易委员为应对 21 世纪算法的使用和预测型数据分析的使用，在竞争法和消费者保护法领域进行了一系列听证。甚至在事态严重时对企业组织内部结构与事务干预监管加强。

[1] 白宫科学技术政策办公室在《美国工业人工智慧白宫峰会摘要》(2018 年）中表明了特朗普政府对人工智能的监管和政策方法。

例如在剑桥事件后，联邦贸易委员会在脸书公司设立三个委员会，其工作人员不由企业任免并可向联邦贸易委员会直接汇报工作。其二，法院在算法问责中扮演了重要角色。2016 年的优步案件使得优步的定价算法受到法院的审查；2016 年的卢米斯案件确立了量刑算法使用必须法官参与的规则；2019 年因算法错误将其判定为保险欺诈，逾四万名密歇根州居民提起集体诉讼，此案的审理将对算法损害如何弥补提供借鉴。

四是美国算法治理具有主次分明、多元主体参与的特点。其一，监管部门主次分明。由于算法应用的广泛性，美国政府的算法规制具有以联邦贸易委员会为主、其他联邦各部门职权范围内为辅的特点。原因在于，算法多由谷歌、脸书等大型互联网平台企业开发及部署，因此联邦贸易委员会具有监管的先发优势。与此同时，美国食品与药品管理委员会、联邦公路局、住房与建设部均展开自身业务范围内的算法监管。第二，多元主体参与算法治理。政府监管引领算法治理，但司法部门、企业自律与非政府组织也扮演了重要角色。企业方面，微软设立人工智能伦理委员会，联邦政府与亚马逊合作开发促进算法公平性的项目。非政府组织则从事社会公众教育，有的则与政府合作直接致力于制定法律和政策。如“为了人民”（Propublica）组织发现了 COMPAS 量刑算法存在的种族歧视问题；美国公民自由联盟（ACLU）帮助对影响个人权利的算法的使用提起诉讼；“AI Now”组织则专门针对纽约市算法监管行动发布报告，评价政府监管行动的得失并提出建议。

2020 年是大选年，美国算法治理将算法推荐网络信息作为治理的重中之重。2019 年的《减少在线用户虚假经历法案》专门规制算法操纵与干预用户的现象；随着大选政治广告争议的发酵，美国国会参议院的《停止支持互联网审查法案》希望取消大公司享有的内容责任豁免。总体来说，美国是世界上率先展开算法规制的国家，并且规制呈现加强与收紧的态势。

二、欧盟与个人权利保护交织的算法规制

由于欧洲的法律传统与纳粹带来的历史教训，欧盟算法规制的核心理念是保障个人私权利，并对算法自动化决策的使用高度警惕。欧盟算法规制的框架是通过个人赋权对算法进行限制，将算法规制嵌套于数据处理流程中。算法监管的部门以各国数据主管部门为主，其他部门依职能进行分散监管。算法规制以风险控制为价值取向，以风险大小作为不同程度算法规制的分类标准，并提供刚性法律文件与柔性行为指南相结合的制度指引。

第一，算法规制的核心理念是保障个人权利，尤其是人的自治权与人格尊严，对算法自动化决策的适用高度警惕。欧盟《通用数据保护条例》最早提出个人的算法解释权、不受算法自动化决策的权利、反对算法自动化决策的权利等。从个人赋权的角度对抗数据控制者的自动化决策。此外，由于数据使用的历史教训，[1] 欧洲立法对“完全的自动化决策”将人作为客体进行计算高度警惕，尤其严格限制算法在司法活动中的使用。如法国立法禁止用算法来对法官的既往判决进行分析;《通用数据保护条例》也专门规定了个人有权利拒绝“完全的自动化决策”，但由于个人与数据控制者力量悬殊，且加入人为干预即可规避这些条款，这一愿景难以实现。

[1] 20 世纪 40 年代，最早的人口普查数据被德国纳粹用来挑选公民进入集中营，因此从 1995 年的欧洲数据保护公约开始，就对将人的基本情况简化为数据进行统计和计算高度警惕，进而发展出了信息自决权等一系列针对数据的个人私权利。

第二，立法者认识到数据保护与算法规制的不同价值取向，呈现算法立法与数据保护并重的态势。《通用数据保护条例》规制数据处理全流程，算法规制与数据保护呈现胶着状态。但自2018年以来，立法者逐渐认识到数据保护制度偏重私权与合规，无法顾及公共利益与网络治理，因此算法规制成为网络治理的新抓手，欧盟及各成员国呈现算法立法与数据立法分立且并重的态势。一是由于近三年英国脱欧事件与欧洲各国大选，算法对网络信息内容的决定性作用与社会动员力量引起了立法者的关注。欧盟议会指导意见要求在线平台确保政治广告透明性、阐述算法推荐内容机制并允许第三方验证，以应对算法操纵新闻议程。2019年4月英国网络治理部门DCMS发布《网络伤害白皮书》，“网络伤害”概念涵摄恐怖组织煽动性宣传、激化弱势群体宣传、算法推荐诱导民主选举，甚至网络恶搞（Trolling）等治理议题，成为世界网络治理年度热点。德国提出重视内容分发算法给民主选举带来的风险，建立风险缓解机制，甚至考虑建立事前许可。二是《通用数据保护条例》中的算法制度也在近几年获得实质性推进。除了第22条外，《通用数据保护条例》中的算法数据处理评估制度、算法认证制度获得实质性推进，官方于2019年发布了行为指引与认证标准。欧盟议会的《算法责任与透明治理框架》提出建立算法影响评估（AIA）机制；欧盟部长委员会向成员国提出立法建议，应对算法对内容与用户行为的“过程操纵”能力。三是各国在数据立法之外，推进新的算法立法。德国联邦政府数据伦理委员会提出立法动议，将算法列为与数据并重的调整对象。法国《数字共和国法案》明确了算法解释权具体规定。此外，英国数据保护机构将《通用数据保护条例》算法相关条款扩大解释，将“包含人为干预”的算法纳入调整范围，并在2020年1月发布私营公司算法解释的行为指南。

第三，算法规制以风险预防为导向，设计为司法活动、行政决定、私营公司严格程度递减的算法制度体系。一是制度设计以风险控制作为价值取向。《通用数据保护条例》是风险控制的法案，要求算法的设计者和应用者采取与风险程度相适应的技术和组织措施，降低数据处理活动可能给数据主体基本权利和自由造成影响的风险。此外，算法自愿认证、算法影响评估、行为指南系列文件均以事前控制算法风险作为制度目标。二是制度适用上，《通用数据保护条例》第25、35条引入了数据影响评估制度，德国数据伦理委员会提出了算法评估方案，作为算法规制的前提。总体来说，对评估个人人格方面的司法判决提供了最严格的限制，为行政决定提供了中等程度的限制，而私人决策要求的限制较少。法国的《数字共和国法案》、匈牙利和奥地利的算法相关制度均更为针对司法活动中使用的算法、行政活动中使用的算法。而对私营公司的针对消费者的算法主要由《通用数据保护条例》规制，商业竞争中使用的算法则由反垄断部门规制。三是柔性制度成为算法治理的重要组成部分。第29条工作组的一系列行为指南构成了欧盟算法治理的重要内容，不仅提供了远比法律条文详细的解释，而且还提供了各种示例，各私营公司和政府部门均可对照进行详细操作。此外，各国数据保护部门也沿袭了这一做法，如英国数据保护局（ICO）提供了关于算法解释的一系列指引，推动了算法解释权在欧盟的落地。

第二节　算法规制的具体制度

本节将梳理各国算法规制的具体制度，包括何种情况将启动算法规制，何种手段进行算法规制，哪些主体参与算法治理，算法规制的法律责任体系等。

一、算法规制的启动

算法应用极为广泛，对所有的算法进行监管既无必要也不现实。因此，各国均以风险作为算法规制启动的条件，而风险的评估按照算法使用规模、敏感程度两类标准。其中使用规模标准较为简单易于把握，而敏感程度标准则以算法评估作为前置程序。

（一）算法使用规模标准

将算法应用设计的用户数量作为高风险标准是为了避免算法造成的系统性风险。这种适用范围的确定以美国《算法问责制法案》为代表。算法责任法案针对的是有权访问大量信息的大型公司。它适用于年收入超过5000万美元，拥有至少100万人或设备的信息或主要充当买卖消费者数据的数据经纪人的公司。法国也将当前（或将来）接触软件应用程序的用户数量构成确定监管措施是否适当的重要基准。法国立法认定，每月连接数超过500万的平台比连接数较少的平台受到更严格的监管。只有大型平台才需要遵守（除了一般的透明性法规，该法规特别要求它们公开有关其经济依存关系的信息）由当局监控的（自我强加的）最佳实践规则。

另一种方法是将营业额和涉及大规模用户的使用场景作为标准。德国反托拉斯法以营业额和利润为标准确定被规制算法范围。

如反托拉斯法（针对管理金融工具中算法交易）以营业额作为门槛。美国《算法问责法案》则要求大型科技公司必须评估各种算法，包括影响消费者合法权益，试图预测和分析其行为，涉及大量敏感数据或“系统地监控可公开访问的大型物理场所”的任何算法。

（二）算法敏感程度标准

第一种敏感标准是部门标准，直接将司法系统使用的算法、公共部门使用的算法作为敏感算法进行监管。加拿大的与算法相关的法律，以及法国相关法律均专门针对政府等公共部门使用的算法。欧盟的算法规制则分为司法活动、行政活动与私营部门分别进行规制。美国纽约市，以及华盛顿州、佛罗里达州的算法立法针对公共部门，《算法问责法案》《加州消费者隐私法案》和伊利诺伊州的法案则针对私营公司的算法。在美国司法案例中也可见一斑的是公共部门和私营主体算法不同的透明度标准，如在一系列针对谷歌搜索引擎的排序算法案件中，法院支持谷歌使用排序算法对信息进行处理编辑[1]；允许银行使用高频算法进行交易[2]；允许被告医院使用算法准则证明麻醉过程并无失误[3]；等等。但对于政府使用算法的案例，则认为政府不可使用不透明的算法发放福利[4]或减少相关福利[5]，要求州检察官把算法中输入的数据释

[1] Ryoo Dental. Inc. *v.* Thomas D.Han DMD,（C.D. Cal. 2015）.

[2] People ex rel.Schneiderman *v.* Barclays Capital Inc，47 Misc. 3d 862，863—864，1 N.Y.S.3d 910，911—912（N.Y Sup. Ct.2015）.

[3] Hinlicky *v.* Dreyfuss，6 N.Y 3d 636，848 N.E.2d 1285（2006）.

[4] T. *v.* Bowling. No.2：15-CV-09655，2016（S.D.W. Va. Sept. 13，2016）.

[5] G.B. *v.* Agency for Persons with disabilities，143 So.3d 454（Fla Dist. Ct. App. 2014）.

放给原告[1]；或者由于算法不够透明而判决交通管理部门（DMV）败诉[2]。

第二种敏感标准则是形式标准，将“完全的自动化决策”与“对当事人有法律效力及重大影响”作为敏感算法。其一，《通用数据保护条例》第22条规制“完全的自动化决策”，但由于此条广为诟病，各成员国则进行了不同的界定。德国联邦法院采用了限制性解释，认为任何最低限度的人为干预都会排除《通用数据保护条例》第22条的适用性。相反，英国的数据保护的权威则采取了扩大性解释：如果涉及不相关的人为干预，第22条应该适用。其二，如《通用数据保护条例》第22条所规定的自动化决策，要求对数据主体产生“实质性地影响（substantially affects）”，欧盟29条工作组指南中列举了示例。[3]根据欧盟29条工作组的指南，对个人的评分算法和具有重大影响及法律效力的算法，直接被认为是敏感算法，需要接受较为严格的监管。其三，根据算法处理对象的敏感程度确定算法的敏感程度。如欧盟和美国均对于儿童数据的算法列为敏感类算法进行特殊规制。

第三种敏感标准则根据算法评估的前置程序进行确定。美国、加拿大、欧盟均有相关制度，经过对算法的评估作为是否启动监管的条件。例如，美国《算法问责制法案》将要求联邦贸易委员会制定评估“高度敏感”自动化系统的规则。该法案要求科技公司对以

[1] People v. Lopez, 50 Misc. 3d 632, 644, 23 N.Y.S. 3d 820, 829 (N.Y. Sup. Ct. 2015).

[2] Volkswagen of Am.Inc. v. Smit, 279 Va.327, 689 S.E.2d 679 (2010).

[3] 欧盟第29条数据保护工作组：《识别数据控制者或数据处理者的主导监管机构指引》，2017年4月5日，http://ec.europa.eu/newsroom/document.cfm?doc id=44102，2017年4月24日访问。

机器学习为动力的算法系统（例如面部识别或广告定位算法）进行审核，以消除偏见。公司必须评估支持这些工具的算法是否有偏见或具有歧视性，以及它们是否对消费者构成隐私或安全风险。加拿大也针对不同的算法进行了分级别评估，分为1—4级影响，级别越高则受到的规制越严格（具体见下文）。

（三）前置算法分级评估制度

世界范围内，算法的分级评估制度逐渐成为算法规制的前提。欧盟、德国、加拿大、美国分别建立了不同名称的算法分级评估制度，对不同级别的算法采取不同的规制强度。

第一，各国算法评估制度概述。欧盟方面，《通用数据保护条例》第25、35条规定的数据影响评估制度是针对数据处理造成的对个人权利影响的评估，而算法是数据收集、处理的方式。立法解释文件也提到，其目的“并非为了赋予个人权利，而是试图创造一种环境，在这种环境中将建立较少‘有毒’的自动化系统”。德国数据伦理委员会提出制定算法评估方案，其核心设想在于建立数字服务企业使用数据的5级风险评级制度，对不同风险类型的企业采取不同的监管措施。加拿大的算法影响评估被定义为“可以帮助机构更好地理解和减少与自动决策系统相关的风险，并提供与设计的应用程序类型最匹配的适当的治理，监督和报告/审计要求的评估框架”。

第二，算法评估制度的法律效果。不同级别的算法进行不同强度的监管，以德国为例：（1）对于具有较低潜在危害的系统例如饮料制作机，不应监管；（2）对于具有潜在危害的系统，例如电子商务平台的动态定价机制应该放宽管制，可以采用事后控制机制，加强披露义务等来降低其潜在危险；（3）对于具有一般或明显危害的系统，应考虑以发放许可证的方式，促使审批、监管常规化；（4）对于具有相当潜在风险的系统，例如在信用评估方面具有准垄断地位的公司，应公布其算法细节，包括计算所参考的因素及其权重，算法所使用的数据，以及对算法模型的内在逻辑进行解释；（5）对于自动化武器等具有潜在不合理危险的系统，则应该“完全或者部分”禁止。

二、算法规制的手段

算法规制的制度是算法监管部门的规制手段。可以概括分为以下几类：第一，行为控制手段；第二，信息管理手段；第三，日常监督手段。各国的诸多制度大致属于以上几类，在事前与事中监管中发挥着重要作用。

（一）算法规制的行为控制手段

行为控制手段，是指对于算法处理数据的行为实施法律控制。这是指对于落入了上文所述监管范围内的算法，启动的对算法的数据收集、处理、输出行为的法律控制。这种制度以欧盟的数据处理评估制度为代表。

第一，算法规制启动后，必须制定专门的负责人。如《通用数据保护条例》第 37 条规定，“每个公共部门，每个大规模私营部门控制人以及根据第 9 条处理特殊类别数据的任何控制人（敏感个人数据）必须任命一名监管员”。

第二，算法规制启动后，必须采取“适当的技术和组织措施”，如果数据控制者没有采取措施降低风险，监管员有义务在算法处理数据前咨询数据保护机构，以便投入力量来降低风险。可见数据处理评估制度并不是一种停止数据处理的工具，而是作为一种改进算法处理数据活动，并为未来追究法律责任提供问责点的方法。数据处理评估制度对于增强算法使用透明公开具有重要作用。由于政府信息公开制度在算法使用上往往有限，其或许可以成为一种替代机制。英国数据保护机关 ICO 的调查报告中建议数据处理评估的结果应该公开。

数据处理评估在实践当中已经逐渐开始发挥作用。曾供职荷兰数据保护机关的 Sjoera Nas 在 EDPL 撰文披露了微软公司 Office ProPlus 软件的影响评估报告。[1] 这份报告于 2020 年 2 月份披露，由荷兰政府中央采购部门作出。报告披露微软在未经用户同意的情况下，对用户使用 Word、Excel、PowerPoint 以及 Outlook 等常用软件进行数据收集。微软隐私和法规事务副总顾问事后予以回应，称相关软件已经升级，并对算法进行数据收集的问题进行了修缮。

（二）算法规制的信息透明机制

信息手段，是指监管部门并不作出肯定或否定的评价，但要求算法的设计者和开发者披露相应信息。这种手段以信息披露制度为主要方式。信息披露制度增强了算法设计和开发的透明度，且监管部门的监管成本较低，成为世界各国监管部门常用和青睐的监管手段。

第一，算法信息披露的时间点。一般算法自动化决策要求在事前（收集数据前、接受自动化决策前）进行披露。欧盟《通用数据

[1] Sjoera Nas, *"Data Protection Impact Assessment: Assessing the Risks of Using Microsoft Office ProPlus"*（2019）5（1）European Data Protection Review 107—113. Julie Brill, "Increasing Transparency and Customer Control Over Data"（Microsoft Blog, 30 April 2019）, https://blogs.microsoft.com/on-the-issues/2019/04/30/increasing-transparency-and-customer- control-over-data/.

保护条例》第13条和第14条规定了数据控制者收集信息和获取个人数据时应当履行的事前通知义务，可以为数据主体告知其目的等信息奠定制度基础。具体而言，第13（1）(c）条和第14（1)(c）条要求控制者在收集信息时向数据主体提供个人信息处理目的以及处理法律基础的相关信息。第13（2)(f）条和第14（2)(g）条规定控制者在获取个人数据时，应当向数据主体提供自动化处理过程中运用的逻辑以及该种数据处理对数据主体的重要性和可能产生的后果。

第二，算法信息披露的程度与标准。一般来说，世界范围内遵循着政府使用的算法透明程度应高于企业使用的算法透明程度的规律。就信息披露的程度来说，加拿大、美国等国要求政府等公共部门使用的算法要达到披露源代码的程度。但在美国纽约市2017年算法法案提出此项要求后，随即进行了修改，取消了公布源代码的要求。[1] 加拿大2019年的自动化决策指令要求公布源代码的条文如何贯彻有待观察。欧盟《通用数据保护条例》不对政府与私营企业进行区分，要求数据控制者披露算法原理与设计权重即可。“自动化处理运用逻辑”的信息包括处理过程背后的原理（算法设计）或者决策做出的标准（算法权重）。

就信息披露的标准来说，欧盟要求“易见、易懂、易读”，即对数据主体有意义、数据主体可以理解，呈现方式尽量可视化。欧盟29条工作组在2017年10月专门就此问题发布了AP29指南明确澄清，虽然数据控制者无需总是尝试解释或者全部披露其使用的

[1] 2017年8月24日，纽约市议员James Vacca向纽约市议会提交了1696法案，该法案的原始版本要求公布任何“算法或者其他自动处理数据系统”的源代码。2017年12月7日，修订后的1696法案取消了公布源代码的要求。

复杂算法，但其提供的与原理基础相关的信息必须是对数据主体有意义的。依据指南示例，这些信息包括设计时考虑的主要特征、信息来源相关性以及该原理可能导出的任何结论。在具体呈现方式上，欧盟《通用数据保护条例》背景引言中阐述了 AP29 指南要求数据控制者应当以“易见、易懂、易读”的方式提供真实的、切实可能产生的影响类型示例，包括以可视化技术等方式呈现。

第三，当平台披露的信息不符合标准时，监管部门可以强制要求披露或介入平台运营。如法国 2019 年《反网络仇恨法案》提出要提高数据处理透明度，接受技术资源高级视听委员会的监督，并向后者上报所收到问题的处理情况和必要数据；加强与法国司法系统的合作，取消违法用户的匿名权利并提交用户信息，接受独立检察官的依法审核及必要介入。

（三）算法的日常监督机制

监管机构无法通过自上而下的控制来完成所有工作，因此日常监督机制不可或缺。数据控制者在满足设计要求后，对算法投入运行后仍应进行定期和频繁的评估，这既是日常监管的需求，也是未来算法问责的基础。无论是加拿大的自动化决策指令、美国的算法问责法案均有相关制度。如欧盟 29 条工作组还强调，有效的算法保障措施还应包括对其处理的数据集进行频繁评估，以检查是否有任何偏见（例如，错误的分类，不准确的预测，对个人的负面影响）并制定解决任何偏见因素的方法，包括任何过度依赖相关性。此类评估应构建为自动决策的准确性和相关性的定期审查（例如算法审计系统），并应包括周期性地防止基于敏感数据的错误，不准确和歧视的程序和措施（即不仅在设计阶段，而且之后结果应反馈到系统设计中）。日常评估制度是将来算法问责的主要依据。

这种日常监管机制还可体现在算法审计制度中。以印度数据保护法为例，要求数据控制者聘请独立的数据审计方对算法的数据处理行为进行一年一度的审计，审计的内容包括算法的透明度、企业的相关保障措施，审计结果体现为对数据控制者的信用评级打分。此外，当监管部门认为数据控制者有可能造成算法的损害结果时，也可启动算法审计。

以上制度的梳理表明，算法规制的手段体现了监管部门缺乏专业力量，因此并不直接进行算法专业监管，而是借助专业力量（既有外部专家又有企业内部力量）进行算法应用、算法设计和算法运行的信息披露。监管部门通过信息的获取来确定法律责任的承担与分配。

三、算法规制的主体

本部分将简要概述算法治理的官方主体，以及参与算法治理的社会多元力量。算法监管部门呈现主次分明、专业化的趋势，而多元治理力量的加入也为算法治理提供了不同层次不同形式的治理方式。

（一）算法规制的监管部门

总体来说，目前世界范围内算法监管部门逐渐明晰，并走向专业化、扩张化。各国的算法监管部门呈现出以一个部门为主，其他行业部门为辅的态势。此外，由于算法规制的专业性，专门部门进行算法监管成为趋势。

第一，美国与欧盟都呈现算法监管主次分明的态势。美国很多的算法管理职能都是联邦贸易委员会承担的。在美国国会讨论中的《算法问责制》法案也将联邦贸易委员会作为算法监管的核心部门。

这样的益处在于联邦贸易委员会作为数据保护执法机构较为灵活、激进。2017 年纽约市依算法监管法案成立了一个专门的算法监管小组。但根据 2019 年报道，该工作组在很大程度上未能充分了解这些系统的实际工作原理。在纽约市发布的结论报告中，工作组建议该市对自动决策系统的部门建立一个集中的“机构”以帮助确定最佳管理实践。在欧洲，根据欧盟数据保护法，还要求成员国将数据保护监管机构保持为单独的、专门致力于数据保护的监督机构，并为其提供充足的资金。正如德国的联邦信息安全局已被证明是在网络安全领域中的重要力量，通过预防和检测风险发挥相应作用，并对国家各职能部门基于算法的程序引起的审核监管行为提供有效支持。

在算法应用的行业领域，各国原有行政部门则发挥着主导作用。例如各国自动驾驶汽车一般仍由交通部门管理。美国有多个联邦机构负责数据保护执法工作，包括联邦贸易委员会、金融消费者保护局、联邦通信委员会、卫生部等。在一系列与算法有关的司法案例中，多为各部门在各自的管辖范围内发起诉讼或进行行政处罚，进行算法监管工作。例如，当美国出现了性别歧视的 Apple Card 算法，参议院金融委员会和纽约州金融服务管理局组织了调查。德国对于敏感算法的监管是由多部门拼凑而成，分散于多个机构中，具体包括联邦数据保护机构、联邦竞争管理局、州媒体管理局、联邦金融监管局、国家外汇管理局（负责金融工具算法交易）、联邦反歧视委员会等，就相关问题向联邦数据保护法的国家机构报告。

第二，各国算法监管力量呈现加强专业队伍支持、权限逐渐扩大的趋势。以欧盟为例，近年来，欧盟立法者将越来越多的权力委托给了根据二级法建立的其他机构，原因在于这些机构具有专业知识人才储备。这种将决策外包给专家机构，专家机构对委员会的决策具有决定性影响。欧洲行政网络包括机构（例如，欧洲环境局、欧洲商标局、欧洲防卫局）与三个欧洲监管机构（银行业管理局［EBA］，证券和市场管理局［ESMA］和保险业监督机构［EIOPA］）。在金融工具的算法交易领域，由专业部门进行监管。委员会的三项授权行为指定了应用范围和所需的阈值以及用于金融工具算法交易的个人操作义务。

此外，基于算法的流程的监管是既跨学科、又跨部门。因此对监管部门的执法能力提出了较高要求。以美国联邦贸易委员会为例，美国有呼声呼吁扩大其针对算法规制的执法权限。例如，联邦贸易委员会现在并不能对首次违反 UDAPs 的企业寻求罚款，[1] 只能作出停止令或衡平救济。只有在企业违反停止令和解决协议后，才能进行民事处罚。联邦贸易委员会还缺乏对银行、非营利组织等实体机构的管辖权。

（二）算法监管的多元力量

企业自律、国际组织与社会第三方力量均加入算法治理中，为算法治理贡献来自多元主体的力量。无论美国还是欧盟国家，均提供了可供参考的治理路径。

第一，企业自律。美国的行业自律是算法监管治理的重要力

［1］UDAPs 是指“禁止不公平或欺骗性贸易行为”，UDAPs 在数据保护方面发挥着重要作用。即，如果某互联网企业对自身的隐私政策即是对消费者的承诺，违背了该承诺即可算作“欺骗性贸易行为”。但是未作出数据隐私承诺的企业则不适用该规定。除了违背承诺之外，联邦贸易委员会还认为企业的某些数据保护举措是不公平的，例如当企业设置难以更改的默认隐私选项。

量。美国的科技企业尝试了不同的自我规制方法。例如，谷歌、微软都发布了自身的人工智能伦理标准。[1] IBM 公司在 2018 年发布了一个名为“公平 360”的开源工具包，用于检查数据集合学习模型中的偏差。谷歌为了回应员工对于谷歌与美国国防部合作的不满，宣布不再续签与国防部的合同等。

第二，国际组织[2]。OECD、G20、联合国教科文组织等重要的国际组织均在相关文件中提倡算法的伦理与道德。较为一致的观点包括要发展负责任的可信赖的人工智能，要求算法的运行以人为本，尊重人的尊严、自主、隐私。具体制度倡议算法具有可解释性、透明性、稳健性、安全性，以达成社会治理的平等、安全、公正的价值。

第三，社会组织。社会组织积极参与算法治理，不仅推进以技术手段保障算法公平，也参与维护被算法损害的公民权利。例如，美国的国防部高级研究计划局（DARPA）正在进行算法可解

[1]《国际组织、各国政府与产业界的人工智能伦理道德标准总结》。在 2018 年达沃斯世界经济论坛上，微软发布新书《计算化未来：人工智能及其社会角色》全面阐释人工智能的政策、法律、伦理、就业等影响并提出策略，同时提出微软发展人工智能的六个基本原则。DeepMind 成立伦理与社会部门，确立六大研究方向（隐私、透明性和公平；经济影响：包容性和平等；治理和责任；管理人工智能危险：滥用和意想不到的后果；人工智能道德与价值；人工智能与世界的复杂挑战）和五大核心原则（社会福祉；严格与循证；透明与开放；多元化与跨学科；合作与包容）。

[2] 统计范围内的国际组织包括：联合国教科文组织（UNESCO）、联合国开发计划署（UNDP）、联合国人工智能和机器人中心、联合国红十字国际委员会、联合国工业发展组织、世界科学知识与技术伦理委员会（COMEST）、OECD、G20、G7、IEEE、国际电联（ITU）、世界经济论坛（WEF）、世界知识产权组织（WIPO）、世界卫生组织（WHO）、人工智能促进协会（AAAI）、世界银行、国家互联网协会（ISOC）等。

释（XAI）计划，旨在能够生成更多可解释的人工智能算法系统，增强算法的可信任度。美国公民自由联盟（ACLU）长期以来一直致力于促进公民权利和塑造美国公共利益法律。对影响个人权利的算法的使用提起诉讼，诉讼领域包括言论自由，隐私权，数字版权和刑事司法。Al Now 研究所研究有关人工智能对社会影响的法律和政策发展，发布了一系列报告，为在法庭上挑战算法使用的诉讼律师提供建议。

第四，第三方力量。社会第三方力量已经实质性参与到算法治理中。以欧盟要求社会第三方提供的算法认证制度为代表。类似于产品质量认证制度，算法认证机制即通过具有专业性和独立性的认证机构，根据相关程序和体系评估控制者和处理者，对符合条件的颁发或更新认证，当其不符合或不再符合认证条件时，认证机构对其撤回认证的机制。尽管算法认证属于自愿参与的制度，但欧盟《通用数据保护条例》明确规定欧盟及其成员国应当鼓励认证机制的发展。其中认证的机构，包括具有专业性和独立性被有权监管机构认证过的机构，以及有权监管的机构；认证的对象，即认证程序所必需的所有信息与访问权；认证的期限，颁发给控制者或处理者的认证的有效期最长是三年或五年，在满足一定条件时可以适当延长；认证的目的，是为证明控制者和处理者对数据的处理操作符合欧盟《通用数据保护条例》的要求；认证的标准，建立在有权监管机构或欧盟数据保护委员会批准的标准之上且以自愿的方式进行。认证机构可以验证面部识别系统是否满足专门的隐私保护认证标准（欧盟《通用数据保护条例》第 25 条第 1 款第 3 项）的要求。考虑到算法可转换性，仅通过单项测试的事前评估认证，在实现保护消费者权益中用途有限。但是，借助于有意义的认证后的结果，可以提高市场透明度，从而使消费者能够针对具有指定质量标准的产品或服务做出明智的决定。这将培养社会和个人对数字应用程序的信任。

四、算法规制的法律责任

算法规制的法律责任是指，当算法的设计、部署、应用者违背法律相关规定，引起不利的后果时，应当承担的法律责任。这是对未履行事前义务、事中监管的法律主体的否定性评价。

算法风险的真正负责者一般是向平台和用户直接提供算法应用的开发者。如果算法设计者与算法应用开发者不是同一主体，除非算法设计者直接与用户签订合同等例外情形，由算法应用开发者对算法的目标偏离与性能缺陷负责应当是主要的责任配置原则。部分情况下，算法设计者独立发布某种存在一定应用风险的算法（例如“深度伪造”算法的代码），如满足既有法律责任的构成要件及归责原则，也可以直接承担法律责任。

（一）行政处罚

现有的对于违反算法规制的行政责任，采用罚款、禁令等行政命令的方式，使大型互联网平台公司承担算法开发和应用方面的责任。

第一，罚款是最为常见的处罚形式。如在脸书未能实现其2012年作出的隐私政策承诺，美国联邦贸易委员会作出了民事罚款规定，金额高达5亿美元。法国国家信息自由委员会（以下简称CNIL）有权处以最高额为300万欧元的罚款。根据DRA，一旦欧盟《通用数据保护条例》于2018年生效，CNIL就有权根据欧盟《通用数据保护条例》第83条的规定，对任何违反数据保护要求的行为处以高达 2000 万欧元或企业全球年营业额 4% 的行政罚款。然而，如果法国国内的数据控制者违反了其新修订的数据保护法的规定，而这些规定不在欧盟《通用数据保护条例》的适用范围之内，则其仍被处以 300 万欧元罚款。印度数据保护法规定的罚款金额为最高可达五亿卢比或者上一财政年度全球总营业额 2%的罚款（以较高者为准）。

第二，禁令成为最为严厉的处罚。如在美国华盛顿州的算法法案中，如果违背相关规定，受损害的当事人可向有管辖权的法院起诉部署自动判决系统的公共机构进行禁令救济，包括恢复政府利益、宣告救济或执行令状。

（二）民事责任

民事责任的形式包括传统的损害赔偿、消除影响、赔礼道歉等，适用于算法侵害不同民事权利的场合。具体在算法领域，民事责任可体现为以下几种情况：第一，消除影响，即已有算法决策失去法律效力。当算法透明度不足时倾向于认定相对人不应受到算法的不利决策。在美国的司法案例中，如由于“无法确定算法是如何生成个性化预算”而认定相关决策无效[1]，或认定基于算法的测谎仪器测试结果不可以作为证据[2]。欧盟《通用数据保护条例》中规定了用户对算法决策的反对权，用户有权在一定条件下退出算法决策。第二，提供算法解释、删除用户数据、允许用户退出算法决策的数据主体的相应权利。具体包括：通知用户，控制者应确保清楚而简单地解释算法决策形成的过程；接受用户访问，允许用户获取

[1] T. v. Bowling. No.2：15-CV-09655，2016（S.D.W. Va. Sept. 13，2016）.

[2] State v. Shively，268 Kan. 573，999 P2d 952（2000）.

算法决策的个人数据；更正、删除用户数据，在用户提出请求后，更正和删除“输入个人数据”（算法决策因素）和“输出数据”（算法决策结果）。第三，损害赔偿。当算法造成隐私损害、名誉损害以及歧视性损害之后，受害人可主张民事损害赔偿。

在美国，将具体的规则探索留给了法院在判例中确定。在美国算法问责制法案中，对于不遵守相关规定的企业，可以由州检察院介入，提起民事诉讼以获得适当的救济。

（三）刑事责任

法国于 2019 年 3 月 23 日颁布了第 2019-222 号法律，明确规定禁止使用算法对法官的既往判决进行数据分析。“法官和书记官的个人数据不能被用于评估、分析、比较或预测他们的实际作出或将要作出的专业行为”，任何违反该条新规的人都可能被判入狱 5 年（第 33 条），这大概也是目前世界主流国家对司法领域算法应用监管最为严格的立法例。

第三节　算法规制的世界趋势展望

第一，从模糊的伦理框架落地为具体的制度设计。算法规制或从无到有成为政府监管的对象，或从松至紧成为世界各国进行经济、公共部门管理、行政权力规范的抓手。自 2018 年以来各国框架性模糊性的道德宣言逐步落地为具体法案、地方立法、软法规范。具体而言，治理的算法类型与范围逐步明确，算法相关权利的内容具体细化，算法部署应用者的“软法”行为规范日益丰富。

第二，从偏重事后问责转向风险预防型监管。欧盟《通用数据保护条例》的风险预防型立法逐渐获得各国立法者的青睐，美国、加拿大和德国也逐渐重视算法系统的事前风险防范制度，要求企业承担更多的信息披露义务，以减少监管机构的负担。无论是欧盟《通用数据保护条例》的算法专条还是美国的算法问责都是以事后对于算法部署和应用者施加法律义务作为规制方法。但透明度、可见性、评估、认证等制度充分体现了算法风险预防型流程监管的加强趋势。

第三，从统一粗放监管转向精细化多层次监管。算法系统敏感度与风险评估成为普遍的监管前置程序，在美国、加拿大、法国、德国、英国，以及欧盟的法律文件均有提及。依据算法应用场景、算法处理数据风险、算法使用部门、算法的法律后果等多种风险评估标准，实施不同的算法监管强度。多层次、场景化监管理念渐成主流。

第四，从外部追责监管扩展至内部全流程干预。美国联邦贸易委员会通过设立委员会对企业内部事关数据与算法的重大决策进行直接干预，德国也引入员工代表等利益相关方监督个人信息保护，各平台“吹哨人”内部举报在算法监管中发挥了重要作用。

第五，从个人数据保护扩展至通过算法进行数据系统性治理。如果说个人数据保护强调用户能够自行平衡隐私与数据使用，那么算法治理则更为全面，无需用户提请而展开的自上而下的治理机制。算法规制开展的数据系统性治理，能够通过事前事中的各项制度，将公共利益嵌入到数据收集处理活动中来。因此，算法监管成为网络信息内容治理和消费者保护制度中的热点。无论是大选之年各国对于网络新闻的算法监管，还是政治广告投放的严管，都体现了算法规制不可取代的价值。尤其值得注意的是，近年从剑桥分析公司事件[1]开始，欧美国家开始增加算法公共和政治安全监管议题，但这一部分比较敏感涉及很多冲突话题，处于讨论形成之中。

智能时代，数据如江水奔涌四面汇聚，规制算法如同修建河道，使数据有序流动，造福人类而非危害社会。域外规制的算法经验为我国算法规制制度和机制的建立提供了良好的借鉴。我国现有算法治理与平台治理深度融合，数据保护立法刚刚起步。此时正可吸取欧盟立法先数据保护后算法立法的经验教训，将数据保护与算法规制同时推进，促进我国数据治理体系的建立。

[1] 剑桥分析公司事件是指，英国政治咨询公司“剑桥分析”被指控获取了脸书的8700万用户隐私信息，用以帮助美国前总统特朗普从事2016年美国大选的竞选活动。参见张家伟:《深陷脸书数据丑闻“剑桥分析”公司倒闭》，载新华网，http://www.xinhuanet.com/fortune/2018-05/03/c_1122776912.htm，2019年4月10日访问。

图书在版编目(CIP)数据

权力之治:人工智能时代的算法规制/张凌寒著
.—上海:上海人民出版社,2021
ISBN 978-7-208-16965-4

Ⅰ.①权…　Ⅱ.①张…　Ⅲ.①电子商务-法规-研究
-中国　Ⅳ.①D922.294.4

中国版本图书馆CIP数据核字(2021)第041829号

责任编辑　冯　静
封面设计　一本好书

权力之治:人工智能时代的算法规制
张凌寒 著

出　　版　上海人民出版社
　　　　　　(200001　上海福建中路193号)
发　　行　上海人民出版社发行中心
印　　刷　常熟市新骅印刷有限公司
开　　本　635×965　1/16
印　　张　24.25
插　　页　2
字　　数　275,000
版　　次　2021年5月第1版
印　　次　2021年5月第1次印刷
ISBN 978-7-208-16965-4/D·3718
定　　价　96.00元